建筑施工企业会计岗位实操大全

流程+成本+做账+税法

会计真账实操训练营 编著

中国铁道出版社有限公司
CHINA RAILWAY PUBLISHING HOUSE CO., LTD.

图书在版编目(CIP)数据

建筑施工企业会计岗位实操大全：流程＋成本＋做账＋税法/会计真账实操训练营编著．—北京：中国铁道出版社有限公司，2021．4(2025．1 重印)

ISBN 978-7-113-27481-8

Ⅰ．①建… Ⅱ．①会… Ⅲ．①建筑施工企业-工业会计 Ⅳ．①F407．906．72

中国版本图书馆 CIP 数据核字(2020)第 250081 号

书　　名：建筑施工企业会计岗位实操大全（流程＋成本＋做账＋税法）
JIANZHU SHIGONG QIYE KUAIJI GANGWEI SHICAO DAQUAN (LIUCHENG+CHENGBEN+ZUOZHANG+SHUIFA)

作　　者：会计真账实操训练营

责任编辑：王淑艳　**编辑部电话**：(010)51873022　**电子邮箱**：554890432@qq.com
封面设计：王　岩
责任校对：王　杰
责任印制：赵星辰

出版发行：中国铁道出版社有限公司（100054，北京市西城区右安门西街 8 号）
网　　址：https://www.tdpress.com
印　　刷：河北宝昌佳彩印刷有限公司
版　　次：2021 年 4 月第 1 版　2025 年 1 月第 8 次印刷
开　　本：710 mm×1 000 mm 1/16　**印张**：20　**字数**：322 千
书　　号：ISBN 978-7-113-27481-8
定　　价：69.80 元

前言

要想做一名业务型的会计，首先要熟悉建筑施工企业经营流程，其次才是会计日常账务处理。

编写目的

建筑施工企业经营模式比较复杂，承接项目往往通过竞标或其他方式取得，以发包或承包的形式完成。建筑项目跨市县施工很常见，为顺应这种经营形式，在项目地设立子公司、分公司或项目部承建，是很多建筑公司采用的组织模式。本书以建筑施工业务流程与税务核算为主线，非常详细地介绍项目投标、中标、施工和竣工结算涉及的工程项目收入、成本费用支出、缴纳税费等。以图表＋案例形式，做到真账模拟的目的，情景演示建筑业会计账务处理全流程。

本书有两大亮点：一是“新收入准则”在竣工结算中的运用；二是结合相关章节，将最新税法政策融入案例中解析。

编写特色

◆ 突出流程。根据建筑施工企业会计核算特点，突出经营流程，从承包项目到竣工，详解会计与税务的处理。

◆ 实操性强。针对具体业务进行账务处理，根据日常业务逐笔编制会计分录，使读者正确应用会计科目。

◆ 图文并茂。本书以大量的案例展现建筑施工企业经营业务，尽量用图、表形式呈现，适合零基础的读者，实现从“零”到“一”的飞跃。

读者对象

本书既可作为会计初学者入门图书，也可作为高职高专财税专业教材，以及财务从业人员岗位培训教材。

本套丛书

《建筑施工企业会计岗位实操大全（流程＋成本＋做账＋财报）》

《房地产企业会计岗位实操大全（做账＋成本＋税法＋财报）》

《工业企业会计岗位实操大全（预算＋成本＋做账＋财报）》

《酒店企业会计岗位实操大全（预算＋成本＋做账＋财报）》

《外贸企业会计岗位实操大全（流程＋单证＋出口退税）》

《一般纳税人会计岗位实操大全（做账＋成本＋税法＋财报）》

《小企业会计岗位实操大全（做账＋成本＋税法＋财报）》

本书由会计真操实操训练营专家郑伟担纲编写第 1 至第 13 章，她拥有高级会计师职称，擅长建筑施工企业会计与税务核算。

虽然我们力求完美，但由于时间有限，编写过程中难免存在不足与遗憾，希望广大读者多提宝贵意见，电子邮箱 wcj19761010@126. com。

编　者

目　录

第3章 临时设施

第4章 物资采购

第5章 设备采购

第 8 章　在建工程成本和费用核算

第9章 竣工决算

第10章 建筑施工企业增值税的核算

第11章 企业所得税

第12章 个人所得税

第13章 财务报表

第1章 建筑施工企业业务模式与组织架构

建筑施工企业，是指从事土木工程、建筑工程、线路管道设备安装工程的新建、扩建、改建等施工活动的企业。建筑施工企业从事生产经营活动，应当依照《中华人民共和国建筑法》相关规定依法从事建筑施工业务。建筑施工企业由于跨地区施工，为了便于管理与经营，通常会成立若干子公司（分公司）、项目指挥部进行分级管理。建筑施工企业采用发包或承包的方式完成建筑工程任务项目。

1.1 建筑资质管理

建筑施工企业只有取得相应的施工资质，才能从事房屋建筑、工程施工等业务。施工资质分为综合资质、施工总承包资质、专业承包资质和专业作业资质。根据《建设工程企业资质管理制度改革方案》的规定，将 10 类施工总承包企业特级资质调整为施工综合资质，可承担各行业、各等级施工总承包业务；保留 12 类施工总承包资质，将民航工程的专业承包资质整合为施工总承包资质；将 36 类专业承包资质整合为 18 类；将施工劳务企业资质改为专业作业资质，由审批制改为备案制。综合资质和专业作业资质不分等级；施工总承包资质、专业承包资质等级原则上压减为甲、乙两级（部分专业承包资质不分等级），其中，施工总承包甲级资质在本行业内承揽业务规模不受限制。企业资质全国通用，严禁各行业、各地区设置限制性措施，严厉查处变相设置市场准入壁垒，违规限制企业跨地区、跨行业承揽业务等行为，维护统一规范的建筑市场。

1.1.1 建筑资质等级具体规定

施工资质具体规定见表 1-1。

表 1-1　施工资质具体规定

资质类别	序号	施工资质类型	改革措施
施工总承包资质	1	施工总承包企业特级资质	调整为施工综合资质，不分行业，不分等级
	2	建筑工程施工总承包	保留，设甲、乙两级
	3	公路工程施工总承包	保留，设甲、乙两级

续上表

资质类别	序号	施工资质类型	改革措施
施工总承包资质	4	铁路工程施工总承包	保留，设甲、乙两级
	5	港口与航道工程施工总承包	保留，设甲、乙两级
	6	水利水电工程施工总承包	保留，设甲、乙两级
	7	市政公用工程施工总承包	保留，设甲、乙两级
	8	电力工程施工总承包	保留，设甲、乙两级
	9	矿山工程施工总承包	保留，设甲、乙两级
	10	冶金工程施工总承包	保留，设甲、乙两级
	11	石油化工工程施工总承包	保留，设甲、乙两级
	12	通信工程施工总承包	保留，设甲、乙两级
	13	机电工程施工总承包	保留，设甲、乙两级
专业承包资质	1	地基基础工程专业承包	保留，设甲、乙两级
	2	起重设备安装工程专业承包	保留，设甲、乙两级
	3	预拌混凝土专业承包	保留，不分等级
	4	模板脚手架专业承包	保留，不分等级
	5	桥梁工程专业承包	保留，设甲、乙两级
	6	隧道工程专业承包	保留，设甲、乙两级
	7	钢结构工程专业承包	并入建筑工程施工总承包
	8	环保工程专业承包	合并为通用专业承包，不分等级
	9	特种专业工程专业承包	
	10	建筑装修装饰工程专业承包	合并为建筑装修装饰工程专业承包，设甲、乙两级
	11	建筑幕墙工程专业承包	
	12	防水防腐保温工程专业承包	保留，设甲、乙两级
	13	电子与智能化工程专业承包	合并为建筑机电工程专业承包，设甲、乙两级
	14	建筑机电安装工程专业承包	
	15	城市及道路照明工程专业承包	
	16	消防设施工程专业承包	保留，设甲、乙两级
	17	古建筑工程专业承包	保留，设甲、乙两级
	18	公路路面工程专业承包	合并为公路工程类专业承包或公路工程施工总承包，设甲、乙两级
	19	公路路基工程专业承包	
	20	公路交通工程专业承包	

续上表

资质类别	序号	施工资质类型	改革措施
专业承包资质	21	铁路铺轨架梁工程专业承包	并入铁路工程施工总承包
	22	铁路电务工程专业承包	合并为铁路电务电气化工程专业承包，设甲、乙两级
	23	铁路电气化工程专业承包	
	24	机场场道工程专业承包	合并为民航工程施工总承包，设甲、乙两级
	25	民航空管工程及机场弱电系统工程专业承包	
	26	机场目视助航工程专业承包	
	27	港口与海岸工程专业承包	合并为港口与航道工程类专业承包，设甲、乙两级
	28	航道工程专业承包	
	29	通航建筑物工程专业承包	
	30	港航设备安装及水上交管工程专业承包	
	31	水工金属结构制作与安装工程专业承包	合并为水利水电工程类专业承包，设甲、乙两级
	32	水利水电机电安装工程专业承包	
	33	河湖整治工程专业承包	并入水利水电工程施工总承包
	34	输变电工程专业承包	保留，设甲、乙两级
	35	核工程专业承包	保留，设甲、乙两级
	36	海洋石油工程专业承包	并入石油化工工程施工总承包
施工劳务企业资质	1	不分等级	调整为专业作业资质，由审批制改为备案制，不分等级

工程监理资质具体规定见表1-2。

表1-2　　工程监理资质具体规定

资质类别	序号	监理资质类型	改革措施
综合资质	1	综合资质	保留，不分等级
专业资质	1	房屋建筑工程专业	调整为建筑工程专业，设甲、乙两级
	2	铁路工程专业	保留，设甲、乙两级

续上表

资质类别	序号	监理资质类型	改革措施
专业资质	3	航天航空工程专业	调整为民航工程专业，设甲、乙两级
	4	水利水电工程专业	取消，其资质要求执行有关行业主管部门规定，已取得资质企业可换发同等级电力工程或市政公用工程专业资质
	5	公路工程专业	取消，其资质要求执行有关行业主管部门规定，已取得资质企业可换发同等级市政公用工程或机电工程专业资质
	6	港口与航道工程专业	取消，其资质要求执行有关行业主管部门规定，已取得资质企业可换发同等级市政公用工程或机电工程专业资质
	7	通信工程专业	保留，设甲、乙两级
	8	市政公用工程专业	保留，设甲、乙两级
	9	冶炼工程专业	调整为冶金工程专业，设甲、乙两级
	10	农林工程专业	取消，不再设置资质准入限制，已取得资质企业可换发同等级市政公用工程或机电工程专业资质
	11	矿山工程专业	保留，设甲、乙两级
	12	化工石油工程专业	调整为石油化工工程专业，设甲、乙两级
	13	电力工程专业	保留，设甲、乙两级
	14	机电安装工程专业	调整为机电工程专业，设甲、乙两级
事务所资质	1	不分专业、等级	取消

1.1.2 建筑施工企业资质等级管理

建筑施工企业资质由中华人民共和国住房和城乡建设部（以下简称住房城乡建设部）负责审批。办理住房城乡建设部资质审批事项所需企业业绩应由申请企业向项目在所在地省级住房城乡建设主管部门提出确认申请，个人业绩应由专业技术人员所在企业向项目所在地市级及以上住房城乡建设主管部门提出确认申请。自2024年1月1日起，申请资质企业的业绩应当录入全国建筑市场平台。申请由住房城乡建设部负责审批的企业资质，其企业业绩应当是在全国建筑市场监管公共服务平台上满足资质标准要求的A级工程项目，专业技术人员个人业绩应当是在全国建筑市场平台上满足资质标准要求的A级或B级工程项目。

住房城乡建设主管部门要加强对全国建筑市场平台数据的监管，落实平台数据录入审核人员责任，加强对项目和人员业绩信息的核实。全国建筑市场平台项目信息数据不得擅自变更、删除，数据变化记录永久保存。住房城乡建设部将以实地核查、遥感卫星监测等方式抽查复核项目信息，加大对虚假信息的处理力度，并按有关规定追究责任。

1.1.3 项目施工前应具备的条件

根据《中华人民共和国建筑法》的规定：建筑工程开工前，建设单位应当按照国家有关规定向工程所在地县级以上人民政府建设行政主管部门申请领取施工许可证。但是，国务院建设行政主管部门确定的限额以下的小型工程除外。

建筑工程施工许可证是建筑施工单位符合各种施工条件，允许开工的批准文件，是建设单位进行工程施工的法律凭证，也是房屋权属登记的主要依据之一。没有施工许可证的建设项目均属违章建筑，不受法律保护。当各种施工条件完备时，建设单位应当按照计划批准的开工项目向工程所在地县级以上人民政府建设行政主管部门办理施工许可证手续，领取施工许可证。未取得施工许可证的不得擅自开工。

申请领取施工许可证，应当具备下列条件。

（1）已经办理该建筑工程用地批准手续。办理用地批准手续是建筑工程依法取得的土地使用权的必经程序，只有依法取得土地使用权，建筑工程才能开工。

（2）依法应当办理建设工程规划许可证的，已经取得建设工程规划许可证。按照《中华人民共和国城市规划法》的有关规定，在城市规划区内的建筑工程，建设单位在依法办理用地批准手续之前，还必须先取得该工程的建设用地规划许可证。

（3）需要拆迁的，其拆迁进度符合施工要求。拆迁分为成片大面积拆迁，整栋房屋拆迁和一栋房屋的局部拆迁。需要先期进行拆迁的建筑工程，其拆迁工作状况直接影响到整个建筑工程能否顺利进行。在建筑工程开始施工时，拆迁的进度必须符合工程开工的要求，这是保证该建筑工程正常施工的基本条件。

（4）已经确定建筑施工企业。在工程开工前，建设单位必须已依法通过招标发包或直接发包的方式确定具备同该工程建设规模和技术要求等相适应的资质条件的建筑施工企业。

（5）有满足施工需要的资金安排、施工图纸及技术资料。按照基建程序，施工图纸包括土建工程和设备安装两部分。技术资料包括工程说明书、结构计算书和施工图预算等。

（6）有保证工程质量和安全的具体措施。建筑工程的质量状况往往直接关系到人身和财产安全，是至关重要的大问题，在工程施工作业中必须把保证工程质量放在首位。同时，由于建筑施工多为露天、高处作业，施工环境和条件比较差等原因，工程施工中危及安全的因素较多，对施工安全也必须高度重视。

1.2 建筑工程发包与承包

建筑工程的发包，是指建筑工程的建设单位（或总承包单位）将建筑工程任务（勘察、设计、施工等）的全部或一部分通过招标或其他方式，交付给具有从事建筑活动的法定从业资格的单位完成，并按约定支付报酬的行为。

建筑工程的承包，即建筑工程发包的对称，是指具有从事建筑活动的法定从业资格的单位，通过投标或其他方式，承揽建筑工程任务，并按约定取得报酬的行为。

1.2.1 发包

《中华人民共和国建筑法》第十九条规定，建筑工程依法实行招标发包，对不适于招标发包的可以直接发包。建设工程的发包方式有两种，即直接发包和招标发包。

1. 直接发包

建设工程直接发包是发包方与承包方直接进行协商，以约定工程建设的价格、工期和其他条件的交易方式。《工程建设项目施工招标投标办法》第十二条规定，下列工程项目可以不进行招投标而直接发包：

（1）涉及国家安全、国家秘密、抢险救灾或者属于利用扶贫资金实行以工代赈，需要使用农民工等特殊情况；

（2）工程项目的施工，主要技术要采用不可替代的专利或专有技术的；

（3）在建工程追加的附属小型工程或主体加层工程，原中标人仍具备承包能力的；

（4）施工企业自建自用且在该施工企业资质等级允许业务范围内的工程。

2. 招标发包

招标发包是指建设单位通过招标确定承包单位的一种发包方式。各类工程建设项目达到下列标准之一的，必须进行招标。根据国家发展改革委员会颁布的《必须招标的工程项目规定》，具体如下：

（1）施工单项合同估算价在400万元人民币以上；

（2）重要设施、材料等货物采购，单项合同估算价在200万元人民币以上；

（3）勘察、设计、监理等服务采购，单项合同估算价在100万元人民币以上。

1.2.2 承包

我国建筑工程承包方式有以下几种。

1. 总承包

总承包是指从事工程总承包的企业受建设单位委托，按照合同约定对工程项目的勘察、设计、采购、施工、试运行、竣工验收等全部工程或若干工程的承包。工程总承包的具体方式、工作内容和责任等，由业主与工程总承包企业在合同中约定。建筑施工总承包资质标准是根据建筑工程施工总承包资质制定的标准，房屋建筑工程施工总承包企业资质分为特级、一级、二级、三级。

根据《新版总承包企业特级资质标准征求意见》，取得施工总承包特级资质的企业可承担本类别各等级工程的工程总承包、施工总承包和项目管理业务。

2. 独立承包

所谓独立承包方式，是指发包人（业主）并不将建设工程的全部建设工作发包给某一承包人，而是分别与勘察人、设计人、施工人分别签订勘察、设计、施工合同，勘察人、设计人、施工人负责的勘察、设计、施工任务各自独立对发包人负责。对于一些工程较大的项目，发包人可能分别与几个勘察人、设计人、施工人分别签订若干份独立的勘察合同、设计合同、施工合同，各承包人各自独立完成承包工作。

根据《中华人民共和国建筑法》规定，建筑工程的发包单位与承包单位应当依法订立书面合同，明确双方的权利和义务。发包单位和承包单位应当全面履行合同约定的义务。不按照合同约定履行义务的，依法承担违约责任。

3. 分包

根据《中华人民共和国建筑法》《中华人民共和国民法典》《建设工程质量管理条例》等法律规定，分包是承包人承包工程后，将其承包范围内的部分工程交由第三人完成的行为。分包是法律允许的行为，但违法分包是不为法律所保护的。根据《建筑工程施工发包与承包违法行为认定查处管理办法》的规定：违法分包是指建设单位将工程发包给个人或不具有相应资质的单位、肢解发包、违反法定程序发包及其他违反法律法规规定发包的行为。

分包从内容上分为工程分包和劳务分包。工程分包和劳务分包都需要具有相应资质且必须在资质等级许可范围内从事活动。

1.3 招标与投标

建筑工程发包与承包的招标、投标活动，应当遵循公开、公正、平等竞争的原则，择优选择承包单位。

1.3.1 招标

招标是指招标人（买方）事先发出招标通告或招标单，品种、数量、技术要求和有关的交易条件提出在规定的时间、地点，邀请投标人（卖方）参加投标的行为。

根据《中华人民共和国招标投标法》第一章第三条规定，在中华人民共和国境内进行下列工程建设项目包括项目的勘察、设计、施工、监理以及与工程建设有关的重要设备、材料等的采购，必须进行招标：

（1）大型基础设施、公用事业等关系社会公共利益、公众安全的项目；

（2）全部或者部分使用国有资金投资或者国家融资的项目；

（3）使用国际组织或者外国政府贷款、援助资金的项目。

《中华人民共和国招标投标法》明确规定招标分为公开招标和邀请招标两种方式。

1. 公开招标

公开招标又称无限竞争性竞争招标，是指招标人以招标公告的方式邀请不特定的法人或者其他组织投标。

凡国有资金（含企事业单位）投资或国有资金投资占控股或者占主导地位的建设项目必须公开招标。招标人在指定的报刊、网络或其他媒介上发布招标公告，吸引众多的投标人参加投标竞争，招标人从中择优选择中标单位的招标方式。适用范围：全部使用国有资金投资以及国有资金投资占控股或者主导地位的建设项目，原则上应当实行公开招标，特殊情况如抢险救灾、自然资源或环境限制、涉及国家安全或国家秘密、只有少数潜在投标人等符合法律规定的情形，经过核准方可实行邀请招标或不招标。

建筑工程实行公开招标的，发包单位应当依照法定程序和方式，发布招标公告，提供载有招标工程的主要技术要求，主要的合同条款，评标的标准和方法以及开标、评标、定标的程序等内容的招标文件。

2. 邀请招标

邀请招标是指招标人以投标邀请书的方式邀请特定的法人或其他组织投标。由招标人根据供应商或承包商的业绩，选择一定数目的法人或其他组织（不能少于3家），向其发出投标邀请书，邀请他们参加投标竞争。

非国有资金（含民营、私营、外商投资）投资或非国有资金投资占控股或占主导地位且关系社会公共利益、公众安全的建设项目可以邀请招标，但招标人要求公开招标的可以公开招标。

（1）招标条件。

招标条件包括建设项目已审批、核准或备案；建设项目的招标事项已核准；有相应资金或资金来源已落实；有满足需要的技术资料。

（2）基本程序。

基本程序包括招标→投标→开标→评标→中标→签订合同，具体过程如图 1-1 所示。

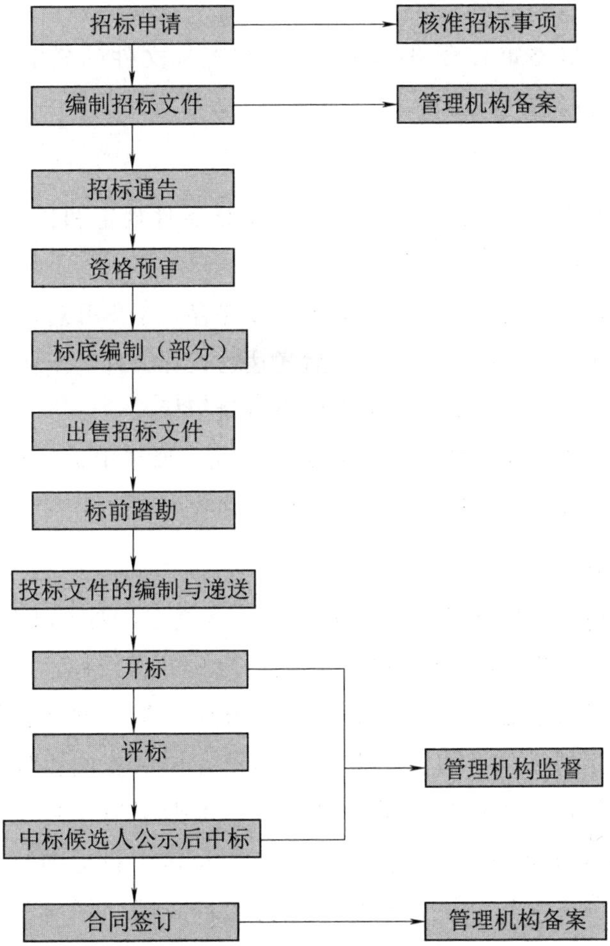

图 1-1　基本程序

（3）根据《建筑工程设计招标投标管理办法》（中华人民共和国住房和城乡建设部令第33号）规定，实行招标的工程应具备的条件如下：

①招标人已经依法成立；

②初步设计及概算应当履行审批手续的，已经批准；

③招标范围、招标方式和招标组织形式等应当履行核准手续的，已经核准；

④有相应资金或资金来源已经落实；

⑤有招标所需的设计图纸及技术资料。

1.3.2 投标

投标是指经资格审查合格的投标人，按招标文件的规定编制投标文件，在招标限定的时间内送达招标人。

1. 规定

（1）投标人应当具备国家对投标人的资格条件规定和招标文件对投标人资格条件的规定；

（2）招标人收到投标文件后，应当签收保存，不得开启；

（3）在招标文件规定的截止时间后送达的投标文件，招标人应当拒收；

（4）投标人少于3个的，招标人应当重新招标。

投标人根据招标文件载明的项目实际情况，拟在中标后将中标项目的部分非主体、非关键性工作进行分包的，应当在投标文件中载明。

2. 联合体投标

《中华人民共和国招标投标法》第三十一条规定，两个以上法人或者其他组织可以组成一个联合体，以一个投标人的身份共同投标。联合体是一个临时性的组织，不具有法人资格。联合体各方应当签订共同投标协议，明确约定各方拟承担的工作和责任，并将共同投标协议连同投标文件一并提交招标人。联合体投标指的是某承包单位为了承揽不适于自己单独承包的工程项目而与其他单位联合，以一个投标人的身份去投标的行为。联合体中标的，联合体各方应当共同与招标人签订合同，就中标项目向招标人承担连带责任。

对投标联合体资质条件的要求。

(1) 联合体各方均应具有承担招标项目必备的条件，如相应的人力、物力、资金等。

(2) 国家或招标文件对投标人资格条件有特殊要求的，联合体各个成员都应当具备规定的相应资格条件。

(3) 同一专业的单位组成的联合体，应当按照资质等级较低的单位确定联合体的资质等级。如在三个投标人组成的联合体中，有两个是甲级资质等级，有一个是乙级，则这个联合体只能定为乙级。之所以这样规定，是促使资质优等的投标人组成联合体，防止货商或承包商来完成，保证招标质量。

1.4 建筑施工企业的组织框架与经营模式

建筑施工企业由于部分项目跨地区施工，为了经营管理，成立许多分公司（子公司）、项目指挥部等派出机构分级管理。

1.4.1 建筑施工企业的组织架构类型

建筑企业的组织架构类型主要有五种：

第一种：总公司—工程项目部，组织结构如图 1-2 所示。

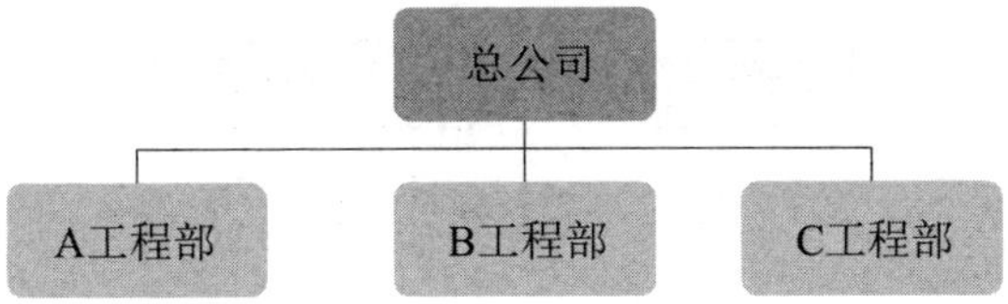

图 1-2 公司总部—工程项目部

第二种：总公司—子公司—工程项目部，组织结构如图 1-3 所示。

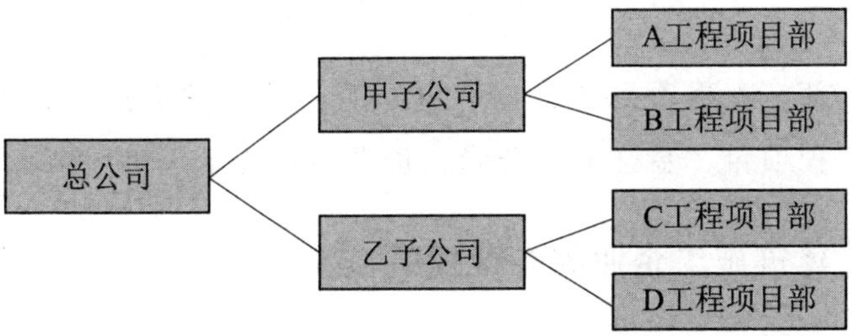

图 1-3 总公司—子公司—工程项目部

第三种：总公司—分公司—工程项目部，组织结构如图 1-4 所示。

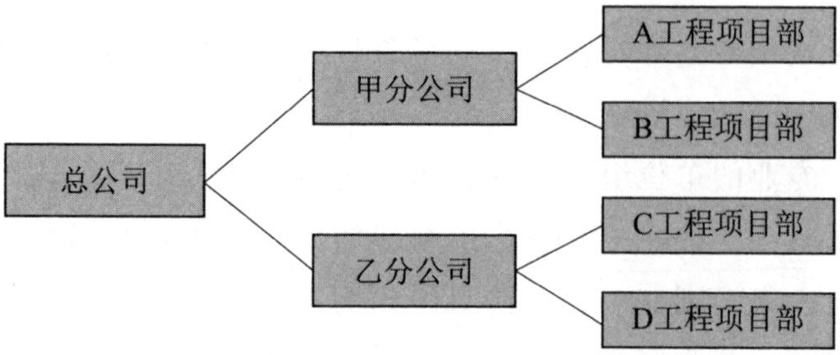

图 1-4　总公司—分公司—工程项目部

总公司对分公司采用经理负责制，即分公司经理为分公司最高管理者，独立向总部负责，分公司经理对分公司所有成员具有绝对管理权，全权负责分公司各项经营活动。分公司对项目部采用项目经理负责制，即指分公司将工程项目承包给项目经理，项目经理与分公司签订承包协议，明确双方权利和义务的一种管理模式。

第四种：总公司—工程项目部，子公司—工程项目部，如图 1-5 所示。

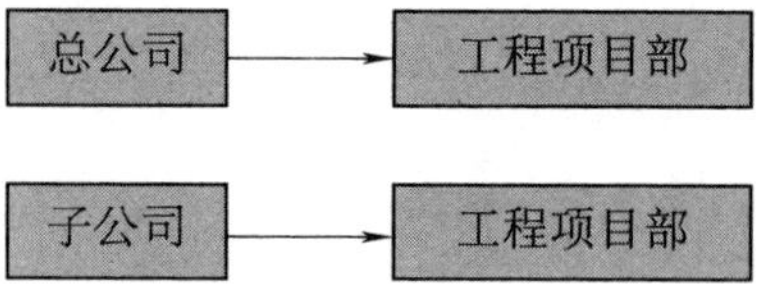

图 1-5　第四种组织形式

第五种：总公司—总承包部—工程项目部，如图 1-6 所示。

图 1-6　第五种组织形式

项目指挥部、工程项目部、总承包部等，没有建筑施工资质，以总公司的名义承揽工程项目、签订承包合同、负责项目施工、工程结算等。

1.4.2　建筑施工企业的经营模式

由于建筑施工企业经营模式的复杂性，也决定会计核算的复杂性。建筑施工企业要根据各自的建筑工程总承包资质，承接各类建设项目。一般业务运营模式主要包括自营（内部）总分包及联营体模式。

建筑施工企业包括自营（含内部总分包）、联营体模式。

1. 自营及总分包模式

建筑施工企业采用自营及总分包模式，应以企业或下属单位的名义独立或联合与业主签订建筑工程总承包合同，按合同约定承担风险，对业主负责；如进行内部分包，总包方需与分包方签订施工分包合同，分包方根据分包合同承担相应的风险，对总包方负责。

> 自营及总分包模式业务流程
>
> （1）项目前期准备流程：投标→中标并与业主订立合同→与分包单位订立合同→临时设施购买与搭建→物资采购→设备采购→收取业主预付款。
>
> （2）项目实施以及项目终结流程：总包方自营部分成本核算→分包成本核算→季末总分包核对及收入成本等确认、月末预缴税金→定期工程结算→竣工决算。

2. 联营体模式

企业或其下属单位同公司内部其他单位或外部单位与业主共同签订工程施工合同，依据合同约定比例共担风险，共享收益。合作方成立联营体（或虚拟联营体），对联营体按照合同约定投入资金并进行工程施工，业主对联营体进行验工计价，后续工程结算和可能的索赔沟通等。

《中华人民共和国建筑法》规定："大型建筑工程或者结构复杂的建筑工程，可以由两个以上的承包单位联合共同承包，共同承包的各方对承包合同的履行承担连带责任。"联合体如果中标，各成员将会共同与招标人签订合同，就中标项目向招标人承担连带责任。

> 联营体模式业务流程
>
> 总包方自营部分成本核算→分包成本核算→季末总分包核对及收入成本确认、月末预缴税金→定期工程结算→竣工结算

1.4.3 建筑施工企业会计科目的设置

会计科目的设置和维护应符合国家相关法律法规的要求，以及《企业会计准则》和业务核算的需要，根据资产、负债、成本、所有者权益、费用、收入等要素选择适合本企业的会计科目，会计科目应在不同会计期间内保持一致。在一个会计年度内，对已经存在发生额的科目，一般情况下不允许再增加明细科目。

一级科目（总账科目、总分类科目）一般由财政部统一制定，二级科目（明细科目、明细分类科目）以及明细科目的设置应当符合企业适用的会计准则规定。会计信息系统中的会计科目编码位数设置为12位，比如，一级科目"2202应付账款"，二级科目"2202-01应付账款—工程款"，三级科目"2202-01-01应付账款—工程款—质量保证金"，四级科目"2202-01-01-01应付账款—工程款—质量保证金—原值"。其中，二级科目可以设置到99，如"2202-99应付账款—其他"。

通常情况下，建筑企业总公司本级的账套采用辅助核算比较合适；而工程项目账套，直接在会计科目下设置明细科目更便于查账。

执行《企业会计准则》的建筑企业，可参考表1-3设置会计科目。

表1-3　建筑施工企业会计科目明细账户设置

科目代码	一级科目	二级科目	三级科目	四级科目	明细科目设置原则
1001	库存现金				涉及外币核算的，在"科目设置"中选择"外币核算"选项
1002	银行存款	银行名称			涉及外币核算的，在"科目设置"中选择"外币核算"选项
1012	其他货币资金				
1012-01	其他货币资金	外埠存款			
1012-02	其他货币资金	银行汇票			
1012-03	其他货币资金	银行本票			
1012-04	其他货币资金	信用卡			

续上表

科目代码	一级科目	二级科目	三级科目	四级科目	明细科目设置原则
1012-05	其他货币资金	存出投资款			
1012-06	其他货币资金	保证金			
1101	交易性金融资产				按"成本""公允价值变动"设置明细科目
1101-01	交易性金融资产	成本			
1101-02	交易性金融资产	公允价值变动			
1121	应收票据				按票据类型设置明细科目
1121-01	应收票据	银行承兑汇票			
1121-01-01	应收票据	银行承兑汇票	已背书未到期票据		
1121-01-02	应收票据	银行承兑汇票	已贴现未到期票据		
1121-02	应收票据	商业承兑汇票			
1121-02-01	应收票据	商业承兑汇票	已背书未到期票据		
1121-02-02	应收票据	商业承兑汇票	已贴现未到期票据		
1122	应收账款				按应收账款性质设置二级明细科目，按不同项目类型的工程款项设置三级明细科目
1122-01	应收账款	工程款			
1122-01-01	应收账款	工程款	铁路		
1122-01-02	应收账款	工程款	公路		
1122-01-03	应收账款	工程款	市政		
1122-01-04	应收账款	工程款	房屋建筑		

续上表

科目代码	一级科目	二级科目	三级科目	四级科目	明细科目设置原则
1122-02	应收账款	质量保证金			
1122-02-01	应收账款	质量保证金	原值		
1122-02-01-01	应收账款	质量保证金	原值	铁路	
1122-02-01-02	应收账款	质量保证金	原值	公路	
1122-02-01-03	应收账款	质量保证金	原值	房屋建筑	
1122-02-01-04	应收账款	质量保证金	原值	其他基建	
1122-03	应收账款	劳务款			
****①	合同资产				
****-01	合同资产	工程款			
****-02	合同资产	材料款			
****-02-01	合同资产	材料款	工程施工原材料款		
****-02-02	合同资产	材料款	物资采购款		
****-03	合同资产	劳务费			
1123	预付账款				
1131	应收股利				
1132	应收利息				根据金融工具的类别设置二级明细科目
1221	其他应收款				按照往来款的性质设置二级明细科目
1221-01	其他应收款	备用金			
1221-02	其他应收款	保证金			
1221-02-01	其他应收款	保证金	履约保证金		
1221-02-02	其他应收款	保证金	投标保证金		
1221-02-03	其他应收款	保证金	民工工资保证金		
1221-02-04	其他应收款	保证金	其他		

① 因财政部未给出具体编号，企业应按实际需要暂设科目代码。

续上表

科目代码	一级科目	二级科目	三级科目	四级科目	明细科目设置原则
1221-03	其他应收款	预付款项转入			
1221-04	其他应收款	应收租金			
1221-05	其他应收款	应收押金			
1221-06	其他应收款	应收代缴税金			
1221-07	其他应收款	其他			
1231	坏账准备				
1231-01	坏账准备	应收账款			
1231-02	坏账准备	其他应收款			
1231-03	坏账准备	预付款项			
1231-04	坏账准备	长期应收款			
1231-05	坏账准备	应收股利			
1231-06	坏账准备	应收利息			
1401	材料采购				可按照材料类别设置二级明细科目
1402	在途物资				可按照材料类别设置二级明细科目
1403	原材料				可按照材料类别设置二级明细科目
1403-01	原材料	主要材料			
1403-02	原材料	辅助材料			
1403-03	原材料	外购半成品			
1403-04	原材料	修理用备件			
1403-05	原材料	包装材料			
1403-06	原材料	其他			
1404	材料成本差异				可按材料、产品的类别或品种设置二级明细科目

续上表

科目代码	一级科目	二级科目	三级科目	四级科目	明细科目设置原则
1411	周转材料				按照“在库”“在用”“摊销”设置二级明细科目
1411-01	周转材料	在库			
1411-02	周转材料	在用			
1411-03	周转材料	摊销			
1471	存货跌价准备				根据存货性质设置二级明细科目
1471-01	存货跌价准备	原材料			
1471-01-01	存货跌价准备	原材料	主要材料		
1471-01-02	存货跌价准备	原材料	辅助材料		
1471-01-03	存货跌价准备	原材料	外购半成品		
1471-01-04	存货跌价准备	原材料	包装材料		
1471-01-05	存货跌价准备	原材料	燃料		
1471-01-06	存货跌价准备	原材料	其他		
1484	合同资产减值准备				
1506	临时设施				可按临时设施各类和使用部门设置二级明细
1507	临时设施摊销				可按临时设施各类和使用部门设置二级明细科目
1508	临时设施减值准备				
1509	临时设施清理				
1511	长期股权投资				按照“成本法”“权益法”设置二级明细科目
1511-01	长期股权投资	对子公司投资			

续上表

科目代码	一级科目	二级科目	三级科目	四级科目	明细科目设置原则
1511-02	长期股权投资	对联营企业投资			
1511-02-01	长期股权投资	对联营企业投资	成本		
1511-02-02	长期股权投资	对联营企业投资	损益调整		
1511-02-03	长期股权投资	对联营企业投资	其他权益变动		
1511-03	长期股权投资	对合营企业投资			
1511-03-01	长期股权投资	对合营企业投资	成本		
1511-03-02	长期股权投资	对合营企业投资	损益调整		
1511-03-03	长期股权投资	对合营企业投资	其他权益变动		
1512	长期股权投资减值准备				
151201	长期股权投资减值准备	子公司			
151202	长期股权投资减值准备	联营企业			
151203	长期股权投资减值准备	合营企业			
1531	长期应收款				按照应收款性质设置二级明细科目
1532	未实现融资收益				按照不同性质设置二级明细科目
1601	固定资产				按照固定资产类别设置二级明细科目

续上表

科目代码	一级科目	二级科目	三级科目	四级科目	明细科目设置原则
1601-01	固定资产	房屋及建筑物			
1601-02	固定资产	施工设备			
1601-03	固定资产	运输设备			
1601-04	固定资产	办公设备			
1601-05	固定资产	其他			
1602	累计折旧				按照固定资产类别设置二级明细科目
1602-01	累计折旧	房屋及建筑物			
1602-02	累计折旧	施工设备			
1602-03	累计折旧	运输设备			
1602-04	累计折旧	办公设备			
1602-05	累计折旧	其他			
1603	固定资产减值准备				按照固定资产类别设置二级明细科目
1603-01	固定资产减值准备	房屋及建筑物			
1603-02	固定资产减值准备	施工设备			
1603-03	固定资产减值准备	运输设备			
1603-04	固定资产减值准备	办公设备			
1603-05	固定资产减值准备	其他			
1604	在建工程				根据在建工程性质设置二级明细科目
1604-01	在建工程	建筑工程			

续上表

科目代码	一级科目	二级科目	三级科目	四级科目	明细科目设置原则
1604-02	在建工程	安装工程			
1604-03	在建工程	待摊支出			
1604-03-01	在建工程	待摊支出	土地征用及迁移补偿费		
1604-03-02	在建工程	待摊支出	“三通一平”费用		
1604-03-03	在建工程	待摊支出	临时设施费		
1604-03-04	在建工程	待摊支出	招投标费		
1604-03-05	在建工程	待摊支出	税金		
1604-03-06	在建工程	待摊支出	其他		
1605	工程物资				按照工程物资性质设置二级明细科目
1605-01	工程物资	专用材料			
1605-02	工程物资	专用设备			
1605-03	工程物资	工器具			
1605-04	工程物资	其他			
1606	固定资产清理				
1607	在建工程减值准备				
1701	无形资产				按照无形资产性质设置二级明细科目
1701-01	无形资产	专利权			
1701-02	无形资产	土地使用权			
1701-03	无形资产	其他			
1702	累计摊销				
1702-01	累计摊销	专利权			
1702-02	累计摊销	土地使用权			
1702-03	累计摊销	其他			

续上表

科目代码	一级科目	二级科目	三级科目	四级科目	明细科目设置原则
1703	无形资产减值准备				
1711	商誉				可按照被合并单位设置二级明细科目
1712	商誉减值准备				可按照被合并单位设置二级明细科目
1801	长期待摊费用				按照待摊费用“原值”“摊销”设置二级明细科目
1801-01	长期待摊费用	原值			按照性质设置三级明细科目
1801-01-01	长期待摊费用	原值	经营租入改良支出		
1801-01-02	长期待摊费用	原值	其他		
1811	递延所得税资产				按照递延所得税资产性质设置二级明细科目
1811-01	递延所得税资产	可抵扣亏损			
1811-02	递延所得税资产	固定资产折旧			
1811-03	递延所得税资产	应收质保金折现			
1811-04	递延所得税资产	子公司投资收益			
1811-05	递延所得税资产	其他			
1901	待处理财产损溢				按照待处理财产损益性质设置二级明细科目
1901-01	待处理财产损溢	待处理流动资产损溢			

续上表

科目代码	一级科目	二级科目	三级科目	四级科目	明细科目设置原则
1901-02	待处理财产损溢	待处理非流动资产损溢			
2001	短期借款				按照短期借款性质设置二级明细科目
2001-01	短期借款	信用借款			
2001-02	短期借款	抵押贷款			
2001-03	短期借款	质押贷款			
2001-03-01	短期借款	质押贷款	票据贴现		
2001-03-02	短期借款	质押贷款	应收账款保理		
2001-03-03	短期借款	质押贷款	其他		
2101	交易性金融负债				按照“本金”“公允价值变动”设置二级明细科目
2201	应付票据				按照应付票据设置二级明细科目
2201-01	应付票据	银行承兑汇票			
2201-02	应付票据	商业承兑汇票			
2202	应付账款				按照应付账款性质设置二级明细科目
2202-01	应付账款	应付工程款			
2202-02	应付账款	应付质量保证金			
2202-02-01	应付账款	应付质量保证金	原值		
2202-02-02	应付账款	应付质量保证金	折现		

续上表

科目代码	一级科目	二级科目	三级科目	四级科目	明细科目设置原则
2202-03	应付账款	内部结算			
2202-04	应付账款	应付材料款			
2202-05	应付账款	应付设备款			
2202-06	应付账款	应付劳务款			
2202-07	应付账款	应付租赁费			
2202-08	应付账款	其他			
****	合同负债				
****-01	合同负债	工程款			
****02	合同负债	劳务款			
****03	合同负债	材料款			
****03-01	合同负债	材料款	工程施工原材料款		
****-03-02	合同负债	材料款	物资采购款		
2204	预收账款				
2211	应付职工薪酬				
2211-01	应付职工薪酬	工资、奖金、津贴和补贴			
2211-02	应付职工薪酬	福利费用			
2211-02-01	应付职工薪酬	福利费用	货币性福利		
2211-02-02	应付职工薪酬	福利费用	非货币性福利		
2211-03	应付职工薪酬	社会保险			
2211-03-01	应付职工薪酬	社会保险	基本养老保险		
2211-03-02	应付职工薪酬	社会保险	补充养老保险		
2211-03-03	应付职工薪酬	社会保险	基本医疗保险		

续上表

科目代码	一级科目	二级科目	三级科目	四级科目	明细科目设置原则
2211-03-04	应付职工薪酬	社会保险	补充医疗保险		
2211-03-05	应付职工薪酬	社会保险	失业保险		
2211-03-06	应付职工薪酬	社会保险	工伤保险		
2211-03-07	应付职工薪酬	社会保险	生育保险		
2211-04	应付职工薪酬	商业保险			
2211-05	应付职工薪酬	住房公积金			
2211-06	应付职工薪酬	工会经费			
2211-07	应付职工薪酬	职工教育经费			
2211-08	应付职工薪酬	劳务派遣费			
2211-9	应付职工薪酬	其他			
2221	应交税费				按照应交增值税性质设置二级明细科目
2221-01	应交税费	应交增值税			按照应交增值税性质设置三级明细科目
2221-01-01	应交税费	应交增值税	进项税额		
2221-01-02	应交税费	应交增值税	已交税金		
2221-01-03	应交税费	应交增值税	转出未交增值税		
2221-01-04	应交税费	应交增值税	转出多交增值税		
2221-01-05	应交税费	应交增值税	销项税额抵减		
2221-01-06	应交税费	应交增值税	减免税款		
2221-01-07	应交税费	应交增值税	销项税额		
2221-01-08	应交税费	应交增值税	出口退税		
2221-01-09	应交税费	应交增值税	进项税额转出		

续上表

科目代码	一级科目	二级科目	三级科目	四级科目	明细科目设置原则
2221-10	应交税费	未交增值税			
2221-11	应交税费	预交增值税			
2221-12	应交税费	待抵扣进项税额			
2221-13	应交税费	待认证进项税额			
2221-14	应交税费	待转销项税额			
2221-15	应交税费	增值税留抵税额			
2221-16	应交税费	简易计税			
2221-16-01	应交税费	简易计税	计税抵减		
2221-16-02	应交税费	简易计税	预交简易计税		
2221-16-03	应交税费	简易计税	计提		
2221-16-04	应交税费	简易计税	未交简易计税		
2221-16-05	应交税费	简易计税	待转简易计税		
2221-17	应交税费	转让金融商品应交增值税			
2221-18	应交税费	代扣代交增值税			
2221-19	应交税费	应交消费税			
2221-20	应交税费	应交出口关税			
2221-21	应交税费	应交进口关税			

续上表

科目代码	一级科目	二级科目	三级科目	四级科目	明细科目设置原则
2221-22	应交税费	应交资源税			
2221-23	应交税费	应交企业所得税			
2221-24	应交税费	应交个人所得税			
2221-25	应交税费	应交土地增值税			
2221-26	应交税费	应交房产税			
2221-27	应交税费	应交土地使用税			
2221-28	应交税费	应交车船使用税			
2221-29	应交税费	应交城市维护建设税			
2221-30	应交税费	应交教育费附加			
2221-31	应交税费	应交地方教育附加			
2221-32	应交税费	应交地方各项基金			
2221-33	应交税费	印花税			
2231	应付利息				
2232	应付股利				可按支付股利的对象或类型设置二级明细科目
2241	其他应付款				按照应付款性质设置二级明细科目
2241-01	其他应付款	保证金			
2241-01-01	其他应付款	保证金	履约保证金		

续上表

科目代码	一级科目	二级科目	三级科目	四级科目	明细科目设置原则
2241-01-02	其他应付款	保证金	投标保证金		
2241-01-03	其他应付款	保证金	民工工资保证金		
2241-01-04	其他应付款	保证金	项目安全保证金		
2241-02	其他应付款	应付租金			
2241-03	其他应付款	代扣个人社保费			
2241-03-01	其他应付款	代扣个人社保费	基本养老保险		
2241-03-02	其他应付款	代扣个人社保费	补充养老保险		
2241-03-03	其他应付款	代扣个人社保费	补充医疗保险		
2241-03-04	其他应付款	代扣个人社保费	失业保险		
2241-04	其他应付款	代扣个人住房公积金			
2241-05	其他应付款	应付押金			
2241-06	其他应付款	应付赔款			
2241-07	其他应付款	诚意金			
2241-08	其他应付款	应付暂收款			
2241-09	其他应付款	暂收单位负担社保金			按照社保金性质设置三级明细
2241-09-01	其他应付款	暂收单位负担社保金	基本养老保险		
2241-09-02	其他应付款	暂收单位负担社保金	补充养老保险		

续上表

科目代码	一级科目	二级科目	三级科目	四级科目	明细科目设置原则
2241-09-03	其他应付款	暂收单位负担社保金	基本医疗保险		
2241-09-04	其他应付款	暂收单位负担社保金	补充医疗保险		
2241-09-05	其他应付款	暂收单位负担社保金	失业保险		
2241-09-06	其他应付款	暂收单位负担社保金	工伤保险		
2241-09-07	其他应付款	暂收单位负担社保金	生育保险		
2241-10	其他应付款	暂收单位负担公积金			
2401	递延收益				
2401-01	递延收益	国家拨入专门用途款项			
2401-01-01	递延收益	国家拨入专门用途款项	搬迁补偿		
2401-01-02	递延收益	国家拨入专门用途款项	其他		
2501	长期借款				按照“本金”“利息调整”设置二级明细科目
2501-01	长期借款	本金			
2501-02	长期借款	利息调整			
2502	应付债券				按照“面值”“利息调整”设置二级明细科目
2701	长期应付款				按照应付款性质设置二级明细科目
2702	未确认融资费用				

续上表

科目代码	一级科目	二级科目	三级科目	四级科目	明细科目设置原则
2711	专项应付款				按照款项用途设置二级明细科目
2801	预计负债				按预计负债事项设置二级明细科目
2801-01	预计负债	对外提供担保			
2801-02	预计负债	未决诉讼			
2801-03	预计负债	亏损合同			
2801-04	预计负债	产品质量保证金			
2801-05	预计负债	弃置费用			
2901	递延所得税负债				
2901-01	递延所得税负债	固定资产折旧			
2901-02	递延所得税负债	资产评估增值			
2901-03	递延所得税负债	应付质保金折现			
2901-04	递延所得税负债	公允价值调整			
2901-05	递延所得税负债	其他			
3001	内部往来				按照上下级和内部单位间往来设置二级明细科目
4001	实收资本（股本）				按照实收资本或股本来源设置二级明细科目
4002	资本公积				

续上表

科目代码	一级科目	二级科目	三级科目	四级科目	明细科目设置原则
4002-01	资本公积	资本（或股本）溢价			
4002-02	资本公积	其他资本公积			
4004	其他综合收益				根据性质设置二级明细科目
4101	盈余公积				按照盈余公积设置二级明细科目
4101-01	盈余公积	法定盈余公积			
4101-02	盈余公积	任意盈余公积			
4103	本年利润				
4104	利润分配				按照利润分配性质设置二级明细科目
4104-01	利润分配	提取法定盈余公积			
4104-02	利润分配	提取任意盈余公积			
4104-03	利润分配	应付利润或股利			
4104-04	利润分配	提取储备金			
4104-05	利润分配	其他			
5301	研发支出				按照研发支出性质设置二级明细科目
5401	合同履约成本				
5401-01	合同履约成本	合同成本			
5401-01-01	合同履约成本	合同成本	人工费		
5401-01-02	合同履约成本	合同成本	材料费		

续上表

科目代码	一级科目	二级科目	三级科目	四级科目	明细科目设置原则
5401-01-03	合同履约成本	合同成本	机械使用费		
5401-01-03-01	合同履约成本	合同成本	机械使用费	人工费	
5401-01-03-02	合同履约成本	合同成本	机械使用费	折旧费	
5401-01-03-03	合同履约成本	合同成本	机械使用费	修理费	
5401-01-03-04	合同履约成本	合同成本	机械使用费	其他	
5401-01-04	合同履约成本	合同成本	劳务成本		
5401-01-05	合同履约成本	合同成本	专业分包费		
5401-01-06	合同履约成本	合同成本	其他直接费		
5401-01-06-01	合同履约成本	合同成本	其他直接费	折旧费	
5401-01-06-02	合同履约成本	合同成本	其他直接费	临时设施	
5401-01-06-03	合同履约成本	合同成本	其他直接费	安全测试费	
5401-01-06-04	合同履约成本	合同成本	其他直接费	青苗补偿费	
5401-01-06-05	合同履约成本	合同成本	其他直接费	其他	
5401-01-07	合同履约成本	合同成本	间接费用		
5401-01-08	合同履约成本	合同成本	合同毛利		
5401-01-09	合同履约成本	合同成本	工程结算		
5402	合同结算				
5403	机械作业				按照机械化施工、运输作业设置二级明细科目
5403-01	机械作业	机械化施工			
5403-01-01	机械作业	机械化施工	人工费		
5403-01-02	机械作业	机械化施工	折旧费用		
5403-01-03	机械作业	机械化施工	修理费		
5403-01-04	机械作业	机械化施工	机械租赁费		
5403-01-05	机械作业	机械化施工	其他		
5403-02	机械作业	运输作业			
5403-02-01	机械作业	运输作业	人工费		
5403-02-02	机械作业	运输作业	折旧费用		

续上表

科目代码	一级科目	二级科目	三级科目	四级科目	明细科目设置原则
5403-02-03	机械作业	运输作业	修理费		
5403-02-04	机械作业	运输作业	机械租赁费		
5403-02-05	机械作业	运输作业	其他		
5405 *	合同取得成本				
5406 *	合同结算				
5406-01 *	合同结算	合同结算——价款结算			
5406-02 *	合同结算	合同结算——收入结转			
6001	主营业务收入				
6051	其他业务收入				
6101	公允价值变动损益				
6111	投资收益				按照投资收益性质设置二级科目
6211	其他收益				
6301	营业外收入				按照收入项目设置二级明细科目
6301-01	营业外收入	非流动资产处置利得			
6301-01-01	营业外收入	非流动资产处置利得	固定资产处置利得		
6301-01-02	营业外收入	非流动资产处置利得	无形资产处理利得		
6301-02	营业外收入	税费返还			
6301-03	营业外收入	违约金收入			
6301-04	营业外收入	负商誉			

注：*《企业会计准则第 14 号——收入（应用指南）》中未指定科目代码，企业可根据需要，自行设置。

续上表

科目代码	一级科目	二级科目	三级科目	四级科目	明细科目设置原则
6301-05	营业外收入	其他			
6401	主营业务成本				
6402	其他业务成本				
6403	税金及附加				
6403-01	税金及附加	消费税			
6403-02	税金及附加	城市维护建设税			
6403-03	税金及附加	资源税			
6403-04	税金及附加	教育附加费			
6403-05	税金及附加	房产税			
6403-06	税金及附加	城镇土地使用税			
6403-07	税金及附加	车船使用税			
6403-08	税金及附加	印花税			
6601	销售费用				按照费用性质设置二级明细科目
6601-01	销售费用	职工薪酬			
6601-01-01	销售费用	职工薪酬	工资		
6601-01-02	销售费用	职工薪酬	福利费		
6601-01-03	销售费用	职工薪酬	其他		
6601-02	销售费用	劳动保护费			
6601-03	销售费用	运输费			
6601-04	销售费用	广告费			
6601-05	销售费用	招投标费			
6601-06	销售费用	办公费			
6601-07	销售费用	水电费			
6601-08	销售费用	业务招待费			
6601-09	销售费用	其他			

续上表

科目代码	一级科目	二级科目	三级科目	四级科目	明细科目设置原则
6602	管理费用				按照费用性质设置二级明细科目
6602-01	管理费用	工资			
6602-01-01	管理费用	工资	社会保险		
6602-01-02	管理费用	工资	住房公积金		
6602-01-03	管理费用	工资	工会经费		
6602-01-04	管理费用	工资	职工教育经费		
6602-01-05	管理费用	工资	职工福利		
6602-01-06	管理费用	工资	辞退福利		
6602-02	管理费用	折旧费			
6602-03	管理费用	摊销费			
6602-04	管理费用	业务招待费			
6602-05	管理费用	差旅交通费			
6602-06	管理费用	会议费			
6602-07	管理费用	办公费			
6602-08	管理费用	党建工作经费			
6602-09	管理费用	其他			
6603	财务费用				按照费用性质设置二级明细科目
6603-01	财务费用	利息支出			
6603-01-01	财务费用	利息支出	借款利息支出		
6603-01-02	财务费用	利息支出	应付质保金折现利息		
6603-01-03	财务费用	利息支出	短期融资券利息费用		
6603-01-04	财务费用	利息支出	票据贴现利息		

续上表

科目代码	一级科目	二级科目	三级科目	四级科目	明细科目设置原则
6603-01-05	财务费用	利息支出	履约保证金折现费用		
6603-01-06	财务费用	利息支出	其他		
6603-02	财务费用	利息收入			
6603-02-01	财务费用	利息收入	存款利息收入		
6603-02-02	财务费用	利息收入	应收质保折现的利息收入		
6603-03	财务费用	汇兑损益			
6603-04	财务费用	票据贴现			
6603-05	财务费用	现金折扣			
6603-06	财务费用	其他			
6501	资产处置损益				
6701	资产减值损失				
6711	营业外支出				
6711-01	营业外支出	非流动资产处置损失			
6711-01-01	营业外支出	非流动资产处置损失	固定资产处置净损失		
6711-01-02	营业外支出	非流动资产处置损失	无形资产处置净损失		
6711-01-03	营业外支出	非流动资产处置损失	在建工程处置净损失		
6711-01-04	营业外支出	非流动资产处置损失	其他		
6711-02	营业外支出	债务重组损失			
6711-03	营业外支出	罚没支出			

续上表

科目代码	一级科目	二级科目	三级科目	四级科目	明细科目设置原则
6711-04	营业外支出	捐赠支出			
6711-05	营业外支出	固定资产盘亏			
6711-06	营业外支出	赔偿金			
6711-07	营业外支出	违约金			
6801	所得税费用				
6801-01	所得税费用	当期所得税费用			
6801-01-01	所得税费用	当期所得税费用	当期		
6801-01-02	所得税费用	当期所得税费用	以前年度所得税调整		
6801-02	所得税费用	递延所得税费用			
6901	以前年度损益调整				
6901-01	以前年度损益调整	一般调整事项			
6901-02	以前年度损益调整	重大会计差错			

第2章 建筑施工企业投标阶段会计核算

投标阶段业务包括为取得建筑施工总承包项目发生的投标费用、投标保证金、投标函并进行备案登记、保证金及保函收回等。

2.1 投标单位发生投标费用

投标活动会产生一定的交易成本。对于投标人而言，购买招标文件、制作投标文件、组织现场踏勘、缴纳投标保证金、参加投标等；另外，还将发生交通费、住宿费、人员工资、印刷费、咨询费等费用，上述费用统称为投标费用。

2.1.1 投标费用账务处理

投标费用账务处理如下。

发生投标费用时

借：管理费用

　　应交税费——待认证进项税额（未认证时）

　　应交税费——应交增值税（进项税额）（已认证时）

　　贷：银行存款

【例 2-1】绿地建筑工程有限公司投标位于凤栖路 112 号理想大厦建设项目，制作标书以及相关人员的费用共计 16 000 元，以银行存款支付。根据招标公告、付款申请单、项目投标审批文件、银行付款单据、发票等证明文件或银行单据进行会计处理。投标书、付款申请单见表 2-1、表 2-2。

表 2-1

理想大厦工程施工招标 投 标 文 件 招标编号：TIX322 投标文件内容：理想大厦工程投标 投标人：绿地建筑工程有限公司 法定代表人或其委托代理人：彭福林 日期：2×21 年 3 月 2 日

表 2-2 付款申请单

2×21 年 3 月 2 日

项目名称	理想大厦		合同编号	HT452264
付款申请人	项目部		联系方式	021-98646
收款单位	绿地咨询有限公司			
收款单位开户行及账号	中国工商银行 622685737822			
付款金额	⊗壹万陆仟元整			¥16 000.00
付款方式	□现金	□支票	□电汇	☑网银
项目经理意见	申请人：张琴琴 日　期：2×21 年 3 月 2 日			
公司领导意见	签名：彭福林 2×21 年 3 月 2 日			
财务部意见	签名：王梓旭 2×21 年 3 月 2 日			

借：管理费用——办公费（投标费用）　　16 000

　　贷：银行存款　　16 000

2.1.2 投标保证金

投标保证金是指在招投标活动中，投标人随投标文件一同递交给招标人的一定形式、一定金额的投标责任担保。旨在保证投标人在递交投标文件后不得撤销，中标后不得无正当理由不与招标人订立合同。在签订合同时不得向招标人提出附加条件，或者不按照招标文件要求提交履约保证金，否则，招标人有权不予返还其递交的投标保证金。投标保函是指在招标、投标过程中，招标人为保证投标人不得撤销投标文件，中标后不得无正当理由不与招标人订立合同等，要求投标人在提交投标文件时一并提交的一般由银行出具的书面担保。投标保证金账务处理如下：

交付保证金时

借：其他应收款
　　贷：银行存款

退回保证金时

借：银行存款
　　贷：其他应收款

中标时

借：应收账款（抵做工程款）
　　贷：其他应收款

为了便于携带与保管，投标保证金一般不使用现金，最好用票据结算。常用的票据有银行汇票、银行本票、支票等。

（1）银行汇票。对于用作投标保证金的银行汇票由银行开出，交由投标人递交给招标人，招标人再凭银行汇票在自己的开户银行兑取。

（2）银行本票。对于用作投标保证金的银行本票由银行开出，交由投标人递交给招标人，招标人再凭银行本票到银行兑取资金。

（3）支票。对于用作投标保证金的支票由投标人开出，并由投标人交给招标人，招标人再凭支票在自己的开户银行支取资金。

> 银行本票是见票即付，转账支票自出票日起提示付款期限一般是 10 天，银行汇票的提示付款期限自出票日起 1 个月。

【例 2-2】凤栖路 112 号理想大厦建设项目需要绿地建筑工程有限公司支付保证金 200 000 元，财务人员根据招标公告、投标保证金、银行保函、付款申请单、项目投标审批文件、银行付款单据等进行会计处理，主要单据见表2-3。

借：其他应收款——保证金（投标保证金）　　200 000

　　贷：银行存款　　200 000

表 2-3

投标保证金银行保函

致：招标代理机构

本保函作为绿地建筑工程有限公司对招标代理机构关于理想大厦的投标邀请而提供的投标保函。

我们　中国工商银行　无条件地、不可撤销地具结保证本行、其继承人和受让人，一旦在收到贵方提出的就下述任何一种事实的书面通知，立即无追索地向贵方支付金额为人民币　200 000　元的保证金：

（1）在提交投标文件截止时间后，投标人撤销其投标文件的；

（2）中标人拒绝按招标文件的规定和投标文件的承诺签订合同的；

（3）中标人未按招标文件规定提交履约保证金的；

（4）在提交投标文件截止时间后主动对投标文件提出实质性修改的；

（5）投标人串通投标或有其他违法行为的；

同时，我行无条件地、不可撤销地具结保证本行、其继承人和受让人，一旦在收到贵方提出的投标人未按照招标文件规定缴纳招标代理服务费的书面通知，立即无追索地、按实际应支付的招标代理服务费金额向贵方支付保证金，该保证金最多不超过本保函第二段承诺的金额。

本保函自签发之日起生效，直至投标有效期满后止。如果贵方和投标人一致书面同意延长投标有效期的，则本保函有效期相应延长。

如果投标人中标，本保函将在上述期满后继续生效，直至投标人提供符合合同规定的履约保证金为止。

出函银行名称：中国工商银行

负责人签字：艾建东

签发日期：2×21 年 3 月 3 日

2.1.3 办理投标保函并进行备案登记

招标人为保证投标人不得撤销投标文件，中标后不得无正当理由不与招标人订立合同等，而要求投标人提供银行保函，即投标保函，以保证投标人履行招标文件所规定的义务。投标人向招标人递交投标书时，必须随附由银行出具的书面担保。开标后，中标的投标人的银行投标保函立即生效。招标人对投标人还有以下限制：

（1）在标书规定的期限内，投标人投标后，不得修改原报价、不得中途撤标；

（2）投标人中标后，必须与招标人签订合同并在规定的时间内提供银行履约保函。若投标人未履行上述义务，则担保银行在受益人提出索赔时，要按照保函规定履行赔款义务。

投标人办理投标保函程序如下：

01 申请人填写《保函申请书》并提交有关资料

02 银行对申请人的资格、申请手续和项目可行性进行审查

03 签定协议，落实保证金或反担保

04 为申请人开立投标保函

投标保函办理的金额一般为投标报价的1%～5%；投标保函有效期一般为6个月以内，从开出之日起生效。

企业办理银行保函，收到银行回单时，根据招标公告、项目投标审批文件、银行付款单据、保函相关单据等，账务处理如下：

核算时点	账务处理
收到银行回单时 **核算依据** 招标公告、项目投标审批文件、银行付款单据、保函相关单据等	借：其他货币资金——保证金（银行保函） 其他应收款——保证金——投标保证金(现金保函) 财务费用——手续费支出（银行业务手续） 应交税费——待认证进项税额（发票未认证时） 应交税费——应交增值税（进项税额）（发票已认证时） 贷：银行存款

【例2-3】凤栖路112号理想大厦建设项目总标的额32 000 000元，绿地建筑工程有限公司向开户行中国工商银行凤栖路支行申请开具投标保函960 000元，并提供企业营业执照、财务报表、公司的决议等文件办理投标保函，手续费为960元。不考虑相关税费，账务处理如下。

借：其他货币资金——银行保函　　960 000
　　财务费用——手续费支出　　960
　　贷：银行存款　　960 960

2.1.4　保证金及保函收回

项目结算后，招标人应退还履约保证金或保函时，应由中标单位提交退还履约保证金或保函的申请：退还履约保证金按汇款审批程序执行；退还保函，则是由项目经办人与中标单位收回保函的人在保函复印件上签名确认保函原件退回后，财务人员将保函原件退还中标单位。账务处理如下：

核算时点

收到银行回单时

核算依据

银行收款回单

账务处理

借：银行存款
　贷：其他货币资金——保证金
　　　　　　　　——应收押金
　　　　　　　　——保证金——投标保证金(现金保函)
　　财务费用——手续费支出（银行业务手续）

【例 2-4】绿地建筑工程有限公司中标凤栖路 112 号理想大厦建设项目，招标人退还保证金及银行保函共计 1 160 000 元，保证金及银行保函滋生利息 2 900 元。绿地建筑工程有限公司财务人员根据银行回单，进行账务处理。

借：银行存款　　1 162 900
　　贷：其他应收款——投标保证金　　200 000
　　　　其他货币资金——投标保函　　960 000
　　　　财务费用——利息收入　　2 900

2.2　中标阶段会计处理

中标是指招标人向经评选的投标人发出中标通知书，并在规定的时间内与之签订书面合同的行为。中标项目虽然不能转让，但可以分包。实际上，中标人应该独立地履行中标人义务。但是，由于有的招标项目比较庞大、复杂，为使中标项目能够更好地完成，根据《中华人民共和国招标投标法》规定，允许中标人在一定的条件下，将中标项目分包给他人。但需要满足下列条件：

（1）合同中有允许分包的约定或者分包已经招标人同意；

（2）分包给他人完成的是中标项目非主体、非关键性工作；

（3）分包人应具备相应的资格条件，并不得再次分包。

2.2.1 履约担保

履约担保是工程发包人为防止承包人在合同期间违约，并弥补给发包人造成经济方面的损失，其形式有履约担保金、银行履约保函、履约担保书三种形式。

1. 履约保证金

履约保证金是工程发包人为防止承包人在合同执行过程中违反合同规定违约而要求提供的保证金。根据《中华人民共和国招标投标法》第46条规定：招标人和中标人应当自中标通知书发出之日起30日内，按照招标文件和中标人的投标文件订立书面合同。招标人和中标人不得再行订立背离合同实质性内容的其他协议。招标文件要求中标人提交履约保证金的，中标人应当提交。

履约保证金，可用保兑支票、银行汇票或者现金支票。

收取履约保证金应该遵循的原则：

（1）必须是履约保证金的金额等于合同预付款，这体现了《中华人民共和国合同法》的公平原则。

（2）履约保证金和投标保证金无关。

按规定，投标保证金一般不超过投标报价的2%且不能高于80万元；履约保证金一般是合同金额的5%～10%。《中华人民共和国招标投标法实施条例》规定，履约保证金不得超过中标合同金额的10%。

（3）履约保证金应在签订正式施工合同前提交，于工程经验收合格之日或合同约定时间返回。根据《标准施工招标文件（2007年版）》规定：承包人应保证其履约担保在发包人颁发工程接受证书（即竣工证书）前一直有效。发包人应在工程接受证书颁发后28天内把履约担保退还给承包人。

2. 银行履约保函

银行履约保函是承包商通过银行向业主提供的保证认真履行合同的一种经济担保。世界银行贷款项目一般规定，银行履约保函金额为合同总价的10%。

银行履约保函分为两种形式：一种是无条件银行保函，另外一种是有条件银行保函。

（1）无条件银行保函。

银行见票即付，不需发包方提供任何证据。发包方可以在任意时间提出声明，认为承包主违约，索赔日期和金额应在保函有效期内，银行即无条件履行保证，进行支付，承包方不得强求银行止付。

（2）有条件银行保函。

银行在支付之前，发包方必须提出正当理由，指出承包方执行合同失败，不能履行其业务或违约，并要出示相关证据等。

例如，绿地建筑工程有限公司中标理想大厦，中国工商银行出具的履约保函，见表 2-4。

表 2-4

银行履约保函（不可撤销保函）

银行编号：YY94386342－86

致：江鑫商贸有限公司（下称“受益人”）

鉴于绿地建筑有限公司（地址：深圳福田区七号路 113 号），已保证按理想大厦工程名称（招标编号：IYW4351）中规定的义务履行合同。

根据上述合同（采购文件）规定，承包人应向受益人提供一份金额为合同总价 8%，即人民币贰佰伍拾陆万元（RMB 2 560 000）的不可撤销银行履约保函，作为承包人履行上述合同的担保。

我方中国工商银行凤栖路支行，受承包人的委托，作为连带责任保证人，无条件和不可撤销地同意在受益人出具本保函原件且提出因承包人没有履行上述合同规定，而要求扣划保证金的书面要求后，为受益人扣划金额不超过人民币贰佰伍拾陆万元（RMB 2 560 000）的保证金。

我方还同意，任何受益人与承包人之间可能对合同条款的修改、规范或其他合同文件的变动补充，都不能免除我方按本保函所承担的责任。因此，有关上述变动、补充和修改无须通知我方。

本保函的期限应从合同签订到项目服务期满后并经甲方验收合格，结算完毕后 28 天内保持有效。

保证人：（公章）肖雅

负责人：张媛媛

联系电话：0751－85436352

地址：深圳市福田区凤栖路 45 号

日期：2×21 年 4 月 10 日

附：

公证书

（深）公字第 543723 号

兹证明中国工商银行凤栖路支行法定代表人肖雅于 2×21 年 4 月 10 日，在本公证处签署了前面的编号为 YY94386342－86 的《银行履约保函（不可撤销保函）》。经查，不可撤销履约保函上的签字、印章属实。

中华人民共和国广东省深圳市福田区××公证处

公证员：李帆

2×21 年 4 月 10 日

3. 履约担保书

履约担保书是由保险公司、信托公司、证券公司、实体公司或者担保公司出具的担保书，担保额度是合同的 30％。

例如，绿地建筑工程有限公司承包理想大厦合同标的额为 3 200 万元，由中泰保险有限公司出具履约担保书，具体格式见表 2-5。

表 2-5

履约担保书

根据本担保书，绿地建筑工程有限公司作为委托人（以下称“承包人”）和中泰保险有限公司作为担保人共同向债权人江鑫商贸有限公司（以下称为“发包方”）承担支付人民币玖佰陆拾万元（RMB 9 600 000）的责任，承包人和担保人均受本担保书的约束。

鉴于承包人已于 2×21 年 3 月 2 日同发包方签署理想大厦工程承包合同，如果承包人履行上述合同，本担保书的责任失效；否则将保持有效。

本担保人不承担大于本担保书限额的责任。任何有关本担保的诉讼，必须是在缺陷责任证书发出后一年内提出的为有效。除了雇主以外，任何人都无权对本担保书的责任提出履行要求。承包人和担保人的法人代表在此签字盖公章，以资证明。

担保人（公章）：中泰保险有限公司

签名：刘立

2×21 年 4 月 10 日

承包人（公章）：绿地建筑工程有限公司

签名：王旭

2×21 年 4 月 10 日

在会计核算中，与招标人签订合同后，中标单位应向税务局申报缴纳印花税，并向招标人缴纳履约保证金。履约保证包括支付履约保证金或将投标保证金转为履约保证金，并办理履约保函且进行备案登记。

核算时点

收到银行回单时

核算依据

中标通知书、相关合同文件、银行付款单据、付款申请书等

账务处理

借：其他应收款——保证金——履约保证金

内部往来（二级单位代下级单位支付时）

贷：银行存款

【例 2-5】绿地建筑工程有限公司中标凤栖路 112 号理想大厦建设项目，按标的额的 5% 支付履约保证金 1 600 000 元。绿地建筑工程有限公司财务人员根据中标通知书、银行回单，进行账务处理。相关单据见表 2-6 至表 2-7。

借：其他应收款——保证金——履约保证金　　1 600 000

　贷：银行存款　　1 600 000

表 2-6

理想大厦工程中标通知书

绿地建筑工程有限公司：

我单位的理想大厦，经评标委员会评定及中标公示，现确定贵单位中标。请收到本通知书后 3 天内，到我单位签订建设工程合同。

特此通知。

代理单位：（盖章）招标人（盖章）：江鑫商贸有限公司

日期：2×21 年 4 月 10 日　　日期：2×21 年 4 月 10 日

表 2-7　付款申请单

申请部门：销售部门　　申请日期：2021 年 4 月 10 日

收款单位	江鑫商贸有限公司		支付方式	电汇☑转账□承兑□现金□	
开户银行	工商银行		银行账号	7402365925	
付款金额	⊗壹佰陆拾万零仟零佰零拾零元零角零分（¥1 600 000）				
合同或订单	合同☑订单□		单据	送货单□发票□收据☑	
总经理	张彤	部门主管	李梓萌	财务主管	杨尘
会计	王晶晶		经办人	陈岩岩	

付款日期：　出纳签名：　附件：

（1）将投标保证金转为履约保证金，账务处理见表 2-8。

表 2-8　　将投标保证金转为履约保证金账务处理

核算时点	收到银行回单时
核算依据	中标通知书、相关合同文件、银行付款单据、付款申请书等
会计分录	借：其他应收款——保证金——履约保证金 　　内部往来（代下级单位支付时） 　　贷：其他应收款——保证金——投标保证金 　　　　银行存款

（2）办理履约保函并进行备案登记，账务处理见表 2-9。

表 2-9　　办理履约保函账务处理

核算时点	收到银行回单时
核算依据	中标通知书、付款申请单、银行付款单据、保函相关单据等
会计分录	借：其他货币资金——保证金 　　财务费用——手续费支出（银行业务手续费） 　　内部往来（代下级单位办理时） 　　应交税费——待认证进项税额（发票未认证时） 　　　　　　——应交增值税（进项税额）（发票已认证时） 　　贷：银行存款

2.2.2　如何缴纳印花税

关于印花税具体内容在后面章节中介绍，本节只介绍与招标人签订合同后，中标单位应向税务局申报缴纳印花税的会计处理，见表 2-10。

表 2-10　　缴纳印花税的会计处理

核算时点	收到银行回单时
核算依据	印花税票、付款申请单、银行收款回单等
会计分录	借：税金及附加 　　合同履约成本——间接费用——印花税（施工项目管理签订的合同以及设置账簿产生的印花税） 　　合同履约成本——合同成本——其他直接费——其他（印花税）（项目施工总合同以及与此相关的分包及采购合同发生印花税） 　　贷：应交税费——应交印花税

【例 2-6】绿地建筑工程有限公司与理想大厦建设项目招标人签署工程施工合同，按照 0.3‰税率缴纳印花税。绿地建筑工程有限公司财务人员根据相关凭证进行账务处理，付款申请单见表 2-11。

应缴纳印花税额＝3 2000 000×0.3‰＝9 600（元）

借：合同履约成本——合同成本——其他直接费——其他（印花税）

9 600

贷：应交税费——应交印花税 9 600

实际支付时。

借：应交税费——印花税 9 600

贷：银行存款 9 600

表 2-11

付款申请单
我公司与理想大厦签署工程施工合同，合同编号 HT2010，合同标的额 3 200 万元，需要印花税贴花 9 600 元，申请现金支票。
销售部：陈××
2×21 年 4 月 15 日

通过招标、拍卖、挂牌方式取得的建设用地，不属于新征用的耕地，纳税人应按照《财政部 国家税务总局关于房产税、城镇土地使用税有关政策的通知》（财税〔2006〕186 号）第二条规定，从合同约定交付土地时间的次月起缴纳城镇土地使用税；合同未约定交付土地时间的，从合同签订的次月起缴纳城镇土地使用税。

2.3 建筑施工分包业务会计处理

根据《房屋建筑和市政基础设施工程施工分包管理办法》（中华人民共和国住房和城乡建设部令第 19 号）规定，施工分包，是指建筑业企业将其所承包的房屋建筑和市政基础设施工程中的专业工程或者劳务作业发包给其他建筑业企业完成的活动。分包工程承包人必须具有相应的资质，并在其资质等级许可的范围内承揽业务。但个人严禁承揽分包工程业务。

2.3.1 专业工程分包和劳务作业分包

分包工程发包人和分包工程承包人应当依法签订分包合同，并按照合同履行约定的义务。分包合同必须明确约定支付工程款和劳务工资的时间、结算方式以及保证按期支付的相应措施，确保工程款和劳务工资的支付。转包合同的转包款不得在增值税前扣除。

房屋建筑和市政基础设施工程施工分包分为专业工程分包和劳务作业分包。

1. 专业工程分包

专业工程分包，是指施工总承包企业将其所承包工程中的专业工程发包给具有相应资质的其他建筑业企业完成的业务。

专业分包合同的有效条件如下：①总承包合同中有约定或征得总发包人许可；②分包工程属于非主体结构工程；③分承包企业具有相应资质条件，在其资质等级许可的范围内承揽业务。专业分包合同效力涉及总发包人、总承包人（分包发包人）、分包承包人三方当事人。

首先，建筑工程主体结构的施工必须由总承包人自行完成；其次，总承包人对专业分包工程的工程质量和安全生产进行管理，发现事故隐患，应当及时作出处理；再次，分承包人按照分包合同的约定对总承包人负责，服从总承包人对质量和施工现场安全生产管理；最后，分承包人成为并存债务人和总承包人就分包工程对建设单位承担连带责任。

2. 劳务作业分包

劳务作业分包，是指施工总承包企业或者专业承包企业将其承包工程中的劳务作业发包给劳务分包企业完成的活动。根据《建筑业劳务分包企业资质标准》的规定，劳务分包企业分为13个资质类别：①木工作业分包企业；②砌筑作业分包企业；③抹灰作业分包企业；④石制作业分包企业；⑤油漆作业分包企业；⑥钢筋作业分包企业；⑦混凝土作业分包企业；⑧脚手架搭设作业分包企业；⑨模板作业分包企业；⑩焊接作业分包企业；⑪水暖电安装作业分包企业；⑫钣金工程作业分包企业；⑬架线工程作业分包企业。每种劳务作业的分承包人均有相应的资质等级及作业范围。其中木工作业、砌筑作业、钢筋作业、脚手架搭设作业、模板作业和焊接作业六类企业分为两个等级，其他七类企业因作业过于简单不分等级。

专业工程分包与劳务分包的区别

（1）专业分包是分步分项工程，计取的是工程款，表现为“包工包料”；劳务分包指是工程中的劳务，赚取的是人工费，表现为“包工不包料”，俗称“清包”。

（2）专业分包的分发包人只能是总承包人，涉及三方当事人；劳务分包的分发包人可以是总承包人，也可以是专业工程承包人，可能涉及四方当事人。

（3）分包专业工程，除施工总承包合同中有约定外，必须经建设单位认可；分包劳务作业无须总承包人同意。

（4）专业分承包人不能再次分包，但可以将劳务作业分包，劳务分承包人不能将劳务作业再次分包。

（5）专业分承包人和分发包人就专业工程对总发包人承担连带责任，劳务分承包人就劳务作业对分发包人负责，对总发包人不直接承担责任。

2.3.2 分包业务会计处理

总包方与分包方签订分包合同，将建安工程整体发包，并按照合同核算收取分包方的履约保证金。账务处理见表2-12。

表2-12 收取履约保证金的账务处理

核算时点	收到分包方缴纳的履约保证金时
核算依据	相关合同文件、银行收款单据等
会计分录	借：银行存款 　　贷：其他应付款——保证金——履约保证金

【例2-7】绿地建筑工程有限公司中标凤栖路112号理想大厦建设项目，将水暖工程分包给景秀建筑工程有限公司，工程总价为280万元，收到该公司履约保证金28万元。绿地建筑工程有限公司财务人员根据相关合同文件、银行收款单据等进行账务处理。建筑工程分包协议合同（部分）见表2-13，银行回单见表2-14。

借：银行存款　　280 000

　　贷：其他应付款——保证金——履约保证金　　280 000

表2-13 分包合同

建筑工程分包协议合同

甲方（以下简称"甲方"）：绿地建筑工程有限公司

乙方（以下简称"乙方"）：景秀建筑工程有限公司

依照《中华人民共和国合同法》《建设工程质量管理条例》及其他有关法律、行政法规，遵循平等、自愿、公平和诚实信用的原则，双方就房屋水暖工程协商一致，订立本协议。

一、工程概况

1. 工程名称：房屋水暖工程。

2. 工程地点：凤栖路112号理想大厦。

3. 工程范围：本工程涵盖1—22层水暖工程。

4. 协议工期：开工日2×21年6月1日，竣工日2×21年12月31日，该工期包括法定节假日、交叉施工、配合施工的等待时间。因天气或其他因素影响施工，经甲方确认同意后，乙方可以适当延长工期。

二、工程服务形式

包工、包料、包工期、包质量。

三、结算方式

甲、乙双方及监理人员就需要维修部位及工程量，进行技术联系单形式会签，工程量以甲、乙双方及监理人员签字确认后的技术联系单内容为基准，甲、乙双方依据深圳市2×20年定额进行结算，确定工程总造价。

甲、乙双方将双方签字盖章的结算书和甲、乙双方及监理人员共同签字的工程量技术联系单，作为协议附件附后。

四、工程总价

暂定为人民币贰佰捌拾万元整（2 800 000元）（最终以甲、乙双方确认的结算值为准）。

甲方：绿地建筑工程有限公司　　乙方：景秀建筑工程有限公司

签字：　　签字：

2×21年6月1日　　2×21年6月1日

表 2-14　　**中国工商银行进账单**

收款人	全称	绿地建筑工程有限公司	付款人	全称	景秀建筑工程有限公司										
	账号	52335465		账号	87536435										
	开户银行	中国工商银行凤栖路支行		开户银行	中国工商银行康庄支行										
人民币（大写）：贰拾捌万元整					千	百	十	万	千	百	十	元	角	分	
						¥	2	8	0	0	0	0	0	0	
票据种类	转账支票		收款人开户银行盖章（略）												
票据张数	1														
主管会计×× 复核 记账××															

此联给收款人的收账通知

第3章 临时设施

临时设施是指施工企业为进行建筑工程施工所必需的生活和生产用临时建筑物、构筑物和其他临时设施等的搭设、维修等。

3.1 临时设施采购与搭建

合同订立后，总承包项目部组织相关项目人员进场，并根据项目部的实际情况搭建或购买项目部所需的临时设施，以满足项目部生产、生活的需要。

临时设施包括的范围：现场临时作业棚、机具棚、材料库、厕所、化灰池、围墙、临时给排水、供电、供热等设施；临时周转房以及现场搭建的职工宿舍、食堂、浴池；临时建设的钢筋加工厂、混凝土搅拌站等。临时设施包括采购临时设施和搭建临时设施。投标文件的工程量清单中明确立项的临时设施，如临时道路、临时工程用地、临时供电供水设施等不在“临时设施”科目核算，直接计入“合同履约成本”科目核算。对于符合固定资产标准的临时设施（使用期限超过一个会计年度产达到资本化条件，且将会在一个以上的项目使用），应通过“临时设施”科目核算其采购与搭建过程；不符合固定资产标准的，则在购买或领料时作为存货进行核算，并分期摊销记入“合同履约成本”科目。

施工企业购置临时设施所发生的各项实际支出，可以直接计入“临时设施”科目。对于需要搭建安装活动才能完成的临时设施，其实际支出，可以先通过“在建工程”科目核算，待临时设施搭建安装活动完成交付使用时，再将实际成本从“在建工程”科目转入“临时设施”科目。

3.1.1 临时设施的采购

采购临时设施账务处理如下。

核算时点	会计分录
临时设施到场时	借：临时设施 应交税费——待认证进项税额（发票未认证时） ——应交增值税（进项税额）（发票已认证时） 贷：银行存款/应付账款
核算依据	
临时设施购建审批表、临时设施验收交接记录、采购合同、经审批购置发票、银行付款单据、付款审批单等	

临时设施符合固定资产标准的，于财务报表中反映为固定资产；不符合固定资产标准的，于财务报表中反映为存货。

【例 3-1】绿地建筑工程有限公司承包凤栖路 112 号理想大厦建设项目，打算搭建临时办公室及其他附属设施。采购相关物资不含税价 97 800 元，增值税额 12 714 元。绿地建筑工程有限公司财务人员根据临时设施购建审批表、临时设施验收交接记录、采购合同、经审批购置发票、银行付款单据、付款审批单等进行账务处理。相关资料见表 3-1 至表 3-2。

表 3-1　　理想大厦临时设施采购审批表

项目名称	理想大厦		项目地址	凤栖路 112 号	
开工日期	2×21 年 6 月 1 日	竣工日期	2×22 年 12 月 31 日	报审日期	2×23 年 1 月 3 日
审批材料	临时办公房屋、场地道路、仓库、施工围挡、施工便道以及供水、供电、排水管道等（详细资料略）				
审批意见	项目部	审核人及日期：张强　2×21 年 6 月 17 日			
	集团公司	审核人及日期：李辰　2×21 年 6 月 17 日			

表 3-2 **付款审批单**

2×21 年 6 月 17 日

项目名称	理想大厦	合同编号	HT452264
付款申请人	甲项目部	联系方式	021-98646
收款单位	辰凯物资公司		
收款单位开户行及账号	中国工商银行，账号：4386235164842		
付款金额	⊗壹拾壹万零伍佰壹拾肆元零角零分 ¥110 514		
付款方式	☑网银□现金□转账□票据		
项目经理意见	申请人：张强 2×21 年 6 月 17 日		
财务部意见	签名：田力 2×21 年 6 月 17 日		
公司领导意见	签名：苏东 2×21 年 6 月 17 日		

借：临时设施 97 800

　　应交税费——待认证进项税额 12 714

　　贷：银行存款 110 514

3.1.2 临时设施的搭建

投入原材料、低值易耗品、人工、机械设备搭建临时设施，符合固定资产标准的，账务处理如下。

核算时点

相关成本费用发生时

核算依据

临时设施购建审批表、机械使用签认单、劳务结算单、领料单、银行付款单据、付款审批单、费用发票等

会计分录

借：在建工程

　　应交税费——待认证进项税额（发票未认证时）

　　应交税费——应交增值税（进项税额）（发票已认证时）

　　贷：银行存款/应付账款/工程物资

　　　　累计折旧/应付职工薪酬

【例 3-2】临时设施项目支付员工工资 24 000 元。

借：在建工程——临时设施工程 24 000

贷：应付职工薪酬　　24 000

借：应付职工薪酬　　24 000

贷：银行存款　　24 000

3.1.3 临时设施的结转

建造临时设施符合固定资产标准或不符合固定资产标准，分别按以下方法处理。

核算时点 / 核算依据	会计分录
核算时点 临时设施达到预计可使用状态时 **核算依据** 临时设施验收交接记录等	（符合固定资产标准） 借：临时设施 　贷：在建工程 （不符合固定资产标准） 借：临时设施 　贷：原材料 　　银行存款/应付账款 　　累计折旧/应付职工薪酬

【例 3-3】芳源建筑有限公司为甲项目搭建临时设施活动板房作为工地办公室，原材料花费 40 000 元，支付工人工资 19 800 元，活动板房搭建完成，会计处理如下：

（1）符合固定资产标准。

借：临时设施——活动板房　　59 800

贷：在建工程　　59 800

（2）不符合固定资产标准。

借：临时设施　　59 800

贷：原材料　　40 000

应付职工薪酬　　19 800

3.2 临时设施摊销

为了核算临时设施的成本及摊销清理情况，施工企业应设置“临时设施”“临时设施摊销”“临时设施清理”三个科目。

（1）“临时设施”科目借方登记购置或搭建的各种临时设施的实际成本；贷方登记出售、拆除、报废不需用或不能用的临时设施的转出成本。

（2）“临时设施摊销”科目借方登记出售、拆除、报废、盘亏的临时设施的已提摊销额，贷方登记按月计入工程成本中去的摊销额。该科目是“临时设施”科目的备抵调整科目。

（3）“临时设施清理”科目借方登记出售、拆除、报废等原因转入清理的临时设施的净值及其清理费用，贷方登记收回出售临时设施的价款和清理过程中的残料价值或变价收入。临时设施清理完毕后，如果是贷方余额，则将该余额转入“营业外收入”科目的贷方，如果是借方余额，则将该余额转入“营业外支出”科目的借方。

【例 3-4】2×21 年 8 月 17 日，绿地建筑工程有限公司临时设施搭建安装活动完成并交付使用，总价 121 800 元。临时办公设施可使用年限为 3 年，理想大厦建设工期为 2 年。施工现场临时设施项目验收情况，见表 3-3。

表 3-3　　施工现场临时设施项目验收情况

项目	验收内容
办公房屋	1. 办公室统一砖砌 2. 室内抹灰刮瓷、吊顶、地面硬化 3. 每间办公室面积不小于 5 米×5 米 4. 檐高不小于 2.6 米，门窗规格不小于 0.8 米→1.2 米
食堂	1. 食堂砖砌，内外墙面抹灰刷白、水泥地面 2. 灶台及墙面不低于 1.8 米处贴瓷砖 3. 食堂距厕所、垃圾箱大于 25 米 4. 按规定设置通风、排气和污水排放设施
宿舍	1. 宿舍统一砖砌 2. 室内抹灰刷白、吊顶、地面硬化、设上下床，每间门摆四张上下床 3. 宿舍通风、采光、保暖 4. 檐高不低于 2.6 米，门窗规格不小于 0.6 米×1.5 米→0.8 米×1.5 米
施工单位	签字：朱飒凤 2×21 年 8 月 17 日
监理单位	签字：张哲民 2×21 年 8 月 17 日

续上表

项目	验收内容
建设单位	签字：梁明 2×21年8月17日
市建设安全监督机构负责人	签字：楚天 2×21年8月17日

借：临时设施　　121 800

　贷：在建工程——临时设施工程　　121 800

临时设施摊销期限是预计使用期限与工程的施工期限孰短原则确定摊销期限是2年，并从交付使用当月开始摊销。每月摊销额＝121 800÷24＝5 075（元）。

借：合同履约成本——工程施工　　5 075

　贷：临时设施摊销　　5 075

第4章 物资采购

采购工程施工需要的物资，如原材料、低值易耗品、周转材料等。物资采购包括直接从供应商采购物资，业主拨付给总包方抵作备料款（甲供材），集中采购单位供应的物资，内部物资调入等。

4.1 直接向供应商采购物资

实际成本法下，采购材料与物资时，已经收到供应商出具的所有权转移凭证（能够表明商品所有权上的所有风险和报酬随之转移），但尚未收到物资时，根据所有权转移凭证和采购合同确认相关物资。相关账务处理如下。

核算时点

收到供应商开具的发票时

核算依据

采购合同、供应商凭证等

会计分录

借：在途物资

　　应交税费——待认证进项税额（发票未认证）

　　应交税费——应交增值税（进项税额）（发票已认证时）

　贷：应付账款

4.1.1 实际成本法下物资采购的会计处理

实际成本法下，购买尚未验收入库材料的实际成本记入“在途物资”科目，计入成本费用时，实际成本可以直接转入。

实际成本是购买原材料并验收入库前的所有支出，包括买价、运输费、装卸费、保险费、运输途中合理损耗、入库前的挑选整理费用等。

仓库入库材料按实际价入库。财务按“先进先出法”“加权平均法”“个别计价法”等计算成本。

（1）单到货到，货款已付，会计处理如图 4-1 所示。

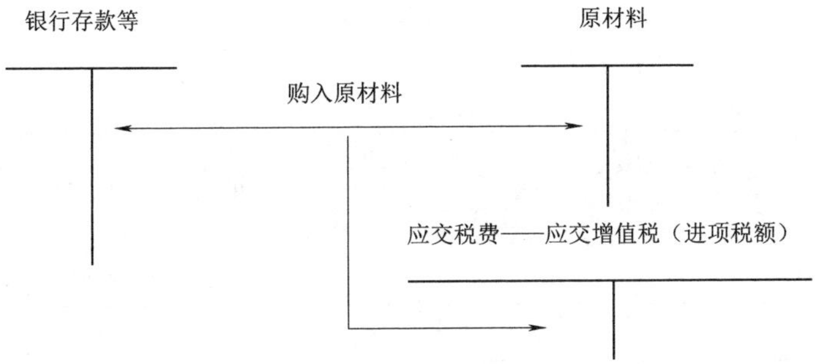

图 4-1　发票账单与材料同时到达

【例 4-1】 2×21 年 4 月 10 日，城南建筑工程有限公司从桂林玉水物资有限公司购入钢板 60 吨，增值税专用发票注明原料价款 240 000 元，增值税 31 200元。城南建筑工程有限公司收到物资并验收入库以银行存款支付货款。增值税专用发票见表 4-1。

表 4-1

320002454　　**深圳增值税专用发票**　　No：**075567**

（印章：全国统一发票监制章 深圳 国家税务总局监制）

发　票　联

开票日期：2×21 年 4 月 10 日

购货单位	名　　称：城南建筑工程有限公司 纳税人识别号：110428632534H 地 址 、电 话：深圳市龙岗区红英路 112 号　0755-86781235 开户行及账号：工商银行深圳龙华支行 65435324					密码区	略
货物或应税劳务、服务名称	规格型号	单位	数量	单价	金额	税率（%）	税额
钢板		吨	60	4 000	240 000	13%	31 200
合计					￥240 000		￥31 200
价税合计（大写）	⊗贰拾柒万壹仟贰佰元整						（小写）￥271 200
销货单位	名　　称：玉水物资有限公司 纳税人识别号：460531384967H 地 址 、电 话：桂林市兴安县北辰路 32 号 023-84556767 开户行及账号：中行中山北路分理处 957564					备注	（印章：玉水物资有限公司 460531384967H 发票专用章）

收款人：××　　复核：××　　开票人：××　　销货单位：

表 4-2　　　　　　　　　　　　　　**材料入库单**

供应单位：玉水物资有限公司

发票号码：075567　　　　　　2×21 年 4 月 10 日　　　　　　　　第 045 号

序号	材料名称	规格型号	数量		单位	单价	金额（元）	备注
			交库	实收				
1	钢板		60	60	吨	4 000	240 000	
2								
3								
4								

借：原材料　　　　　　　　　　　　　　　　　240 000

　　应交税费——应交增值税（进项税额）　　　　31 200

　　贷：银行存款　　　　　　　　　　　　　　　　　271 200

若货款未付，贷方记入“应付账款”科目。

（2）收到发票，已付款，但货未到。

单到货未到是指发票已到，材料未验收入库。如货款已经支付，借方记入“在途物资”“应交税费”等账户，贷方记入“银行存款”账户；如货款尚未支付，则暂不需处理，待支付货款或收到材料时进行处理。

【例 4-2】 承上例，城南建筑工程有限公司通过银行进行结算，但到月末尚未收到材料。

借：在途物资　　　　　　　　　　　　　　　240 000

　　应交税费——应交增值税（进项税额）　　　　31 200

　　贷：银行存款　　　　　　　　　　　　　　　　　271 200

若 2×21 年 4 月 30 日，上述材料到达验收入库，编制会计分录。

借：原材料　　　　　　　　　　　　　　　　240 000

　　贷：在途物资　　　　　　　　　　　　　　　　　240 000

（3）货先到，发票及清单未到——暂时不入账。

货先到，发票及清单未到，但材料已验收入库。在当月，一般暂不进行处理，待有关发票到达、支付货款时，再按正常程序进行处理。如果到月末发票还未到达，为了使账实相符，应按材料的暂估价款入账，下月初红字冲回，以便下个月收到发票时处理。

【例 4-3】 承上例，城南建筑工程有限公司收到从玉水物资有限公司购入 60

吨钢板，但因发票未到没有支付货款。月末，暂估该批物资价值200 000元。

2×21 年 4 月末，钢板暂估入账时编制会计分录。

借：原材料　　200 000

　　贷：应付账款——暂估应付账款　　200 000

2×21 年 5 月初，编制红字冲回分录。

借：原材料　　(200 000)

　　贷：应付账款——暂估应付账款　　(200 000)

(4) 预付货款，材料未入库。

【例 4-4】 承上例，2×21 年 4 月 10 日，城南建筑工程有限公司预付货款 100 000 元；2×21 年 4 月 12 日，钢板验收入库；2×21 年 4 月 12 日，补付剩余货款 171 200 元，编制会计分录如下。

①2×21 年 4 月 10 日，预付货款时。

借：预付账款　　100 000

　　贷：银行存款　　100 000

②货到入库。

借：原材料　　240 000

　　应交税费——应交增值税（进项税额）　　31 200

　　贷：预付账款　　271 200

③补付货款 171 200 元。

借：预付账款　　171 200

　　贷：银行存款　　171 200

4.1.2 计划成本法下物资采购的会计处理

计划成本法是指存货的日常收入、发出和结存均按预先制订的计划成本计价，并记录计划成本与实际成本之间的差异。月末，再通过对存货成本差异的分摊，将计划成本调整为实际成本。计划成本是对所有原材料品种自制计划单价（计划单价与实际价格的差异不能超过实际价格的 10%）。

1. 计划成本法的基本核算程序

一般来说，企业采购部门制订采购物资计划成本价格（计划成本在年度内一般不做调整）。

计划成本法通过“原材料”、“材料采购”和“材料成本差异”科目核算。

(1)“原材料”科目，借方登记入库材料的计划成本，贷方登记发出材料的计划成本。期末余额在借方，反映企业库存材料的计划成本。

(2)“材料采购”科目，借方登记采购材料的实际成本，贷方登记入库材料的计划成本（或实际成本）。

期末为借方余额，反映企业在途材料的采购成本。

(3)“材料成本差异”，即每单位计划成本负担材料成本差异，该科目反映企业已入库的各种材料实际成本与计划成本的差异，借方登记超支差异及发出材料应负担的节约差异；贷方登记节约差异及发出材料应负担的超支差异。

做账时记住以下两点。

超支：借方＞贷方，转入“材料成本差异”科目的借方。

节约：借方＜贷方，转入“材料成本差异”科目的贷方。

期末如为借方余额，反映企业库存材料的实际成本大于计划成本的差异（即超支差异）；如为贷方余额，反映企业库存材料实际成本小于计划成本的差异（即节约差异）。计算公式如下：

$$材料成本差异率=\frac{期初结存材料的成本差异+本期验收入库材料的成本差异}{期初结存材料的计划成本+本期验收入库材料的计划成本}\times 100\%$$

或：差异率＝差异额÷计划成本

节约差异用负号，超支差异用正号。

发出材料应负担的材料成本差异＝发出材料的计划成本×材料成本差异率

发出材料的实际成本＝发出材料的计划成本×（1±材料成本差异率）

结存材料应负担的材料成本差异＝结存材料的计划成本×材料成本差异率

结存材料的实际成本＝结存材料的计划成本×（1±材料成本差异率）

结存材料的计划成本＝期初计划成本＋本期入库计划成本－发出材料计划成本

【例 4-5】某企业材料采用计划成本核算。月初结存材料计划成本为 150 万元，材料成本差异贷方余额为 5 万元。当月购入一批材料，实际成本 150 万元，计划成本 140 万元。领用材料的计划成本为 180 万元。

计算成本差异率。

材料成本差异率＝(－5＋10)÷(150＋140)×100％＝1.72％

当月领用材料的实际成本＝180＋180×1.72％＝183.10(万元)

2. 外购存货的会计处理模式

外购存货的会计处理如下。

1. 按实际成本购入材料

借：材料采购（实际成本）

　　应交税费——应交增值税（进项税额）

　　贷：银行存款

2. 按计划成本验收入库

借：原材料（计划成本）

　　贷：材料采购

3. 差额的处理

①若节约

借：材料采购

　　贷：材料成本差异

②若超支

借：材料成本差异

　　贷：材料采购

【例 4-6】 宝安建筑有限公司 2×21 年采购物资计划成本，见表 4-3。

表 4-3　　2×21 年采购物资计划成本

名称	规格	编号	—	—	—	计量单位	计划成本（元）
A 材料	—	—	—	—		千克	100
B 材料	—	—	—	—	—	吨	1 200
C 材料	—	—	—	—	—	升	80
D 材料	—	—	—	—	—	桶	800

(1) 2×21 年 3 月 10 日，购入 A 材料 1 480 千克，增值税专用发票上注明的价款为 150 000 元，增值税额 19 500 元。货款已付，材料尚在运输途中。

借：材料采购　　150 000

　　应交税费——应交增值税（进项税额）　　19 500

　　贷：银行存款　　169 500

(2) 16 日，购入 C 材料一批，已运达并验收入库，但发票等结算凭证尚未收到，货款尚未支付。

(暂不作会计处理)

(3) 20 日，收到 A 材料并验收入库，该批材料的计划成本为 148 000 元，验收入库。

借：原材料——A 材料　　148 000

　　贷：材料采购　　148 000

(4) 30 日，已入库 C 材料的结算凭证仍未到达，该批材料的计划成本为 80 000 元。

①暂估入库。

借：原材料——C 材料　　80 000

　　贷：应付账款——暂估应付账款　　80 000

②下月初，红字冲销。

借：原材料——C 材料　　80 000

　　贷：应付账款——暂估应付账款　　80 000

③期末差额的处理。

材料成本差异＝实际成本－计划成本＝148 000－150 000＝－2 000（元）

借：材料成本差异——A 材料　　2 000

　　贷：材料采购　　2 000

【例 4-7】 月末，财务部门根据领用材料的计划成本和应分摊的材料成本差异，合并编制“发料凭证汇总表”，见表 4-4。

表 4-4　　发料凭证汇总表

受益对象 \ 材料类别	主要材料		结构件		机械配件		其他材料		合计	
	计划成本	差异率 1%	计划成本	差异率 2%	计划成本	差异率 1.2%	计划成本	差异率 1.5%	计划成本	差异额
A 项目	800 000	8 000	25 000	500					825 000	8 500
B 项目	70 000	700	10 000	200					80 000	900
小计	870 000	8 700	35 000	700					905 000	9 400
机械作业					21 000	252	8 000	120	29 000	372
管理费用							9 000	135	9 000	135
合计	870 000	8 700	35 000	700	21 000	252	17 000	255	943 000	9 907

根据表中的计划成本，编制会计分录。

借：合同履约成本——工程施工——合同成本（A 项目）　825 000

　　　　　　　　——工程施工——合同成本（B 项目）　80 000

　　机械作业　　29 000

　　管理费用　　9 000

　　贷：原材料——主要材料　　870 000

——结构件　　35 000
——机械配件　　21 000
——其他材料　　17 000

结转发出材料应负担的材料成本差异，编制会计分录如下：

借：材料成本差异——主要材料　　8 700
——结构件　　700
——机械配件　　252
——其他材料　　255
贷：合同履约成本——合同成本（A 工程）　　8 500
——合同成本（B 工程）　　900
机械作业　　372
管理费用　　135

4.2 周转材料

周转材料主要包括企业能够多次使用，逐渐转移其价值但仍保持原有形态不确认为固定资产的包装物和低值易耗品等，以及建筑承包企业的钢模板、木模板、脚手架和其他周转使用的材料等。

4.2.1 周转材料类别

施工企业的周转材料主要包括以下内容，见表 4-5。

表 4-5　　周转材料范围

类别	范围
模板类	大型定型钢模，如预制箱梁模板（含芯模）、T 梁模板、板梁侧芯模、现浇箱梁侧芯模、各类底模、立柱护桶模板、承台盖梁模板、护栏肋模板、木胶板、竹胶板、橡胶芯模、预压用橡胶水袋、定型小钢模、定型塑模
支架类	轮扣支架
桁（héng）架类	贝雷架、加强桁（héng）杆、横梁、纵梁、销子等
挡板类	包括支撑材料在内的土方工程用的挡土板
杆件类	搭脚手架用的钢管及其扣件
其他类	塔吊使用的轻轨、枕木以及施工过程中使用的安全网

企业周转材料采用计划成本或实际成本核算的，包括包装物、低值易耗品等，可按照周转材料的种类，分别“在库”、“在用”和“摊销”进行明细核算。企业的包装物、低值易耗品，也可以单独设置“包装物”“低值易耗品”科目。

4.2.2 周转材料的摊销方法

周转材料可以采用一次转销法、五五摊销法、分次摊销法进行摊销，计入相关资产的成本或当期损益。但在实际操作中，由于周转材料价值较小，一般企业均采用一次转销法进行摊销。会计处理如下：

领用周转材料一次摊销时

借：管理费用/生产成本/销售费用/合同履约成本
　贷：周转材料——摊销

周转材料报废时

借：周转材料——摊销
　原材料（回收残值）
　贷：周转材料

采用计划成本核算（节约）

借：管理费用/生产成本/销售费用/合同履约成本
　贷：周转材料
　　材料成本差异

采用计划成本核算（超支）

借：管理费用/生产成本/销售费用/合同履约成本
　材料成本差异
　贷：周转材料

【例 4-8】辰颐建筑工程有限公司本月购进一批挡土板，增值税专用发票注明价款 8 000 元，增值税额 1 040 元，开出转账支票支付。转账支票存根见表 4-6。

表 4-6

中国工商银行
转账支票存根（深）
IV V0024343

科　　目：＿＿＿＿＿＿＿＿

对方科目：＿＿＿＿＿＿＿＿

出票日期：2×21 年 3 月 9 日

收款人：	青岛设备有限公司
金　额：	¥9 040
用　途：	购买挡土板

单位主管　××　　会计　××

借：周转材料——挡土板　　8 000

　　应交税费——应交增值税（进项税额）　　1 040

　　贷：银行存款　　9040

【例 4-9】 辰颐建筑工程有限公司甲项目领用挡土板 10 个，实际成本 1 200元，乙项目领用 5 个，成本 600 元。材料出库单见表 4-7。

表 4-7　　**材料出库单**

2×21 年 3 月 10 日　单位：元

类别 用途	甲项目	乙项目	合计
挡土板	1 200	600	1 800
合计			1 800

借：合同履约成本——合同成本　　1 800

　　贷：周转材料——挡土板——摊销　　1 800

4.3 存货内部控制

企业要做好存货的内部控制，在收、发、存环节制订严格的管理方法。存货入账应依据完备的验收手续；定期与存货管理部门就存货的品种、数量、金额进行核对，尤其是品种繁多，存放地点复杂，出入库发生频率高的存货。单价在 1 000 元及以上的低值易耗品采用建立资产台账、实物台账的办法。财务部门应每年至少一次与资产管理部门就低值易耗品的品种、数量、金额进行核对。

4.3.1 存货的盘点方法

存货盘点的方法有以下两种。

（1）永续盘点法。

永续盘点法也称账面盘点法，是指企业设置数量金额式的存货明细账，根据有关凭证，逐日逐笔登记材料的收、发、领、退的数量和金额，随时结出账面结存数量和金额。

为了核对存货账面记录，永续盘存制同时要求进行存货的实物盘点。会计年度终了，应进行一次全面的盘点清查，并编制盘点表，保证账实相符，如有不符应查明原因及时处理。

（2）实地盘存制。

“实地盘存制”又称“定期盘存制”，是指企业平时只在账簿中登记存货的增加数，不记减少数，期末根据清点所得的实存数，计算本期存货的减少数。

4.3.2 盘点注意事项

建筑施工企业存货盘点用得比较多的方法是永续盘点法。具体注意事项如下：

（1）存货盘点应制订详细的盘点计划，由物资管理部门、财务部门及相关业务部门共同参与，全面掌握存货状况，及时发现存货的残、次、冷、背等情况；

（2）各单位对盘点结果应及时编制盘点表，分析盘盈、盘亏原因，提出处理意见，按管理权限报经批准后，在期末结账前处理完毕；

（3）存货的毁损和报废，要及时取得相关证明，如仓库和相关业务部门的检查报告、生产技术部的技术鉴定等文件，作为报批和账务处理的依据。各单位应制订存货毁损和报废的处理程序，并按照程序批准存货的毁损和报废；

（4）已完工未决算项目盘点应当现场观察施工进度，确认已完工部分和未完工部分，从工程形象判断建造合同完工进度是否合理；

（5）财务部门应在存货发出时及时记录生产成本或项目施工成本。

4.3.3 存货现场调配的管理

建筑施工企业存货现场调配的管理如下：

（1）工程结束，各项目部不得擅自外借、外租、变卖周转材料。周转材料必须征得物资管理部门同意后方可转场。不用的周转材料应及时办理入库手续。

（2）物资管理部门仓库领用的周转性材料、工地自购的周转性材料必须保持材料的完整性。

（3）物资管理部门、各工地必须建立周转性材料进出账目，做好进出场盘点工作，在账本上反映盈亏数量，要做到记录真实，账实相符。

（4）各项目部周转材料使用完毕应及时清理、保养、归还，需由物资管理部门调配周转材料的项目部，应提前7天书面上报工程管理部；周转材料要保持周转性、完整性。

（5）周转材料调拨时，由调出方填写调拨单，一份交物资管理部门，一份留存，一份交调入方。调出方负责运送交接时，调入方必须验收。

第5章 设备采购

建筑施工企业为保障工程施工顺利进行，常常需要采购设备。如升降机、砂浆泵、抹平机、钢筋切断机、钢筋调直机、钢筋弯曲机、焊接机械、起重吊装机械、打桩机械等。设备采购包括采购不需要安装的设备、采购需要安装的设备、自行建造设备、融资租入的设备、内部单位调入设备等。

“固定资产”科目一般分为三级，企业除了应设置“固定资产”总账科目，还应设置“固定资产登记簿”和“固定资产卡片”，按固定资产类别、使用部门和每项固定资产进行明细核算。

5.1 外购设备的会计处理

企业购入不需要安装的固定资产，应按实际支付的购买价款、相关税费以及使固定资产达到预定可使用状态前所发生的可归属于该项资产的运输费、装卸费和专业人员服务费等作为固定资产成本。

5.1.1 预付设备款

根据《企业会计准则第 30 号——财务列报》第十三条规定：资产满足下列条件之一的，应当归类为流动资产：

（1）预计在一个正常营业周期中变现、出售或耗用；

（2）主要为交易目的而持有；

（3）预计在资产负债表日起一年内（含一年）变现；

（4）自资产负债表日起一年内，交换其他资产或清偿负债的能力不受限制的现金或现金等价物。

为了购建流动资产的预付款项，在资产负债表“预付款项”中列报；为了购建非流动资产的预付款项，除了预付大型设备款在“工程物资”中列报以外，其余在“其他非流动资产”项目中列报。

显然，预付工程款不满足购建流动资产的任何一条列报条件，所以在列报时应选择“在建工程”、“固定资产”或“存货”等。该调整只调表不调账，会计仍需要通过预付账款来结算。

在平时会计核算时可以在“预付账款”这个科目核算，但在编制报表时，应重分类至“其他非流动资产”反映。

核算依据	会计分录
固定资产投资计划、采购合同、付款申请单、银行付款单据等 **核算时点** 预付设备款时	借：固定资产 应交税费——待认证进项税额（发票未认证时） 应交税费——应交增值税（进项税额）（发票已认证） 贷：银行存款

【例 5-1】岳建建筑有限公司是一般纳税人。2×21 年 1 月 3 日，该公司拟从康泰设备有限公司购入一台砂轮切割机，总价款 1 200 000 元，预付 300 000元。康泰设备有限公司开出全额增值税专用发票，岳建建筑有限公司当月并未抵扣。固定资产投资计划、发票、付款申请单等见表 5-1 至表 5-3。

账务处理如下：

（1）预付账款时。

借：预付账款　　　　300 000

　　贷：银行存款　　　　300 000

（2）收到设备时。

借：固定资产——设备　　　　1 200 000

　　应交税费——待抵扣进项税额　　　　156 000

　　贷：预付账款　　　　1 356 000

表 5-1　　**2×21 年度设备投资计划表**　　单位：元

部门名称	序号	设备名称	数量	单价	总金额	规格型号	资金来源	所用项目
施工一队	001	砂轮切割机	1	1 200 000	1 200 000			甲工程
合计			1	1 200 000	1 200 000			

表 5-2

320002454　　**蓉港增值税专用发票**　　No：**075587**

全国统一发票专用章 蓉港 国家税务总局监制

发　票　联

开票日期：2×21 年 1 月 3 日

购货单位	名　　　称：岳建建筑有限公司 纳税人识别号：1104286346454H 地 址 、电 话：深圳市龙岗区雄格大街 89 号　64539876 开户行及账号：深圳工商银行龙华支行 65435533					密码区	略
货物或应税劳务、服务名称	规格型号	单位	数量	单价	金额	税率（%）	税额
砂轮切割机		台	1	1 200 000	1 200 000	13%	156 000
合计					¥1 200 000		¥156 000
价税合计（大写）	⊗壹佰叁拾伍万陆仟元整					（小写）¥1 356 000	
销货单位	名　　　称：康泰设备有限公司 纳税人识别号：452064549363597H 地 址 、电 话：蓉港市川南县解放路 23 号 023-65412398 开户行及账号：中行川南支行 932557564					备注	康泰设备有限公司 452064549363597H 发票专用章

收款人：××　　复核：××　　开票人：××　　销货单位：

表 5-3　　**付款申请单**

日期：2×21 年 1 月 3 日　　附件：

申请部门	施工一队	申请人	徐静	日期	2×21 年 1 月 3 日
收款单位	康泰设备有限公司			付款内容 预付砂轮切割机货款 300 000 元。	
付款方式	☑网银☐现金☐转账☐票据				
开户银行	中行川南支行				
账号	932557564				
会计复核					
付款金额（人民币大写）	⊗叁拾万元整　　¥300 000. 00				

部门经理：××　　财务总监：××　　总经理：××

5.1.2 采购不需要安装的设备

采购不需要安装的设备会计分录如下。

核算依据

固定资产投资计划、合同、固定资产验收交接单、付款申请单、银行付款单据等

核算时点

设备款到货验收后

会计分录

借：固定资产

应交税费——待认证进项税额（发票未认证时）

应交税费——应交增值税（进项税额）（发票已认证）

贷：银行存款/应付账款

【例 5-2】 恒原建筑工程有限公司是一般纳税人，2×21 年 3 月 2 日，以银行存款从康泰设备有限公司购入一台推土机，支付买价 500 000 元，增值税 65 000 元。固定资产验收交接单、发票、入库单、付款申请单等，见表 5-4 至表 5-8。

账务处理如下：

借：固定资产——推土机　　500 000

　　应交税费——应交增值税（进项税额）　　65 000

　　贷：银行存款　　565 000

表 5-4　　设备买卖合同

购货单位（甲方）：恒原建筑工程有限公司

供货单位（乙方）：康泰设备有限公司

依据《中华人民人和国合同法》，甲乙双方经友好协商，达成如下协议：

一、合同标的（名称、规格、型号、单价）

设备名称：推土机

数量：1 台

单价（不含税）：500 000 元

二、合同金额

合同总金额：565 000 元。人民币大写金额：伍拾陆万伍仟元整。

三、付款时间及方式

合同签署后 5 日内一次性付款 565 000 元。

四、交货时间及地点

收到设备款即日由乙方可发货，采用汽运方式，并承担运费。

……

十六、本合同自甲乙双方法定代表人（授权代理人）签字并加盖公章或合同专用章之日起生效。

十七、本合同一式 2 份，双方各持 1 份。

十八、其他约定事项：无

甲方（公章略）：恒原建筑工程有限公司　　乙方（公章略）：康泰设备有限公司

法定代表人（签字）：陈星　　法定代表人（签字）：李格辰

表 5-5

320002456　　**蓉港增值税专用发票**　　No：**075987**

（全国统一发票专用章 蓉港 国家税务总局监制）

发　票　联

开票日期：2×21 年 3 月 2 日

购货单位	名　称：恒原建筑工程有限公司 纳税人识别号：11042813756H 地址、电话：深圳市龙岗区丽原大街 321 号　86541231 开户行及账号：深圳工商银行水明支行 89341324					密码区	略
货物或应税劳务、服务名称	规格型号	单位	数量	单价	金额	税率（%）	税额
推土机		台	1	500 000	500 000	13%	65 000
合计					¥500 000		¥65 000
价税合计（大写）	⊗伍拾陆万伍仟元整						（小写）¥565 000
销货单位	名　称：康泰设备有限公司 纳税人识别号：452064549363597H 地址、电话：蓉港市川南县解放路 23 号 023-65412398 开户行及账号：中行川南支行 932557564					备注	（康泰设备有限公司 452064549363597H 发票专用章）

收款人：××　　复核：××　　开票人：××　　销货单位：

表 5-6 **付款申请单**

日期：2×21 年 3 月 2 日　　附件：

<table>
<tr><td>申请部门</td><td>阮南施工队</td><td>申请人</td><td>张萍萍</td><td>日期</td><td>2×21 年 3 月 2 日</td></tr>
<tr><td>收款单位</td><td colspan="3">康泰设备有限公司</td><td colspan="2" rowspan="6">付款内容
支付康泰设备有限公司购买推土机价款 565 000 元。</td></tr>
<tr><td>付款方式</td><td colspan="3">☑网银□现金□转账□票据</td></tr>
<tr><td>开户银行</td><td colspan="3">中行川南支行</td></tr>
<tr><td>账号</td><td colspan="3">932557564</td></tr>
<tr><td>会计复核</td><td colspan="3"></td></tr>
<tr><td>付款金额
（大写）</td><td colspan="3">⊗伍拾陆万伍仟元整</td></tr>
</table>

部门经理：××部门总监：××财务总监：××总经理：××

表 5-7 **固定资产验收单**

2×21 年 3 月 2 日

名称	单位	数量	单价	已摊销价值	账面净值（元）	评估确认价值（元）	备注
推土机	台	1	500 000		500 000	500 000	康泰设备有限公司

表 5-8 **固定资产入库单**

入库单号：5475　　2×21 年 3 月 2 日　　单位：元

<table>
<tr><td>编号</td><td>名称</td><td>型号</td><td>类别</td><td>供应商</td><td>单位</td><td>数量</td><td>单价</td><td>金额</td><td>备注</td></tr>
<tr><td>009</td><td>推土机</td><td></td><td>设备</td><td>康泰设备有限公司</td><td>台</td><td>1</td><td>500 000</td><td>500 000</td><td></td></tr>
<tr><td></td><td></td><td></td><td></td><td></td><td></td><td></td><td></td><td></td><td></td></tr>
<tr><td></td><td></td><td></td><td></td><td></td><td></td><td></td><td></td><td></td><td></td></tr>
<tr><td>合计</td><td colspan="9">人民币大写：伍拾万元整　　小写：￥500 000</td></tr>
<tr><td colspan="2">验收意见</td><td colspan="3">合格</td><td colspan="3">验收人员（签字）</td><td colspan="2">××</td></tr>
<tr><td colspan="2">管理员（签字）</td><td colspan="3">××</td><td colspan="3">采购员（签字）</td><td colspan="2">××</td></tr>
</table>

5.1.3 采购需要安装设备的会计处理

购入需要安装的固定资产，应在购入的固定资产取得成本的基础上加上安装调试成本等，作为购入固定资产的成本，先通过“在建工程”科目核算，待安装完毕达到预定可使用状态时，再由“在建工程”科目转入“固定资产”科目。采购需要安装的设备会计分录如下：

购入设备时账务处理如下。

核算依据	会计分录
固定资产投资计划、合同、固定资产验收交接单、付款申请单、银行付款单据等 **核算时点** 设备到货后	借：在建工程——待安装设备 应交税费——待认证进项税额（发票未认证时） 应交税费——应交增值税（进项税额）（发票已认证） 贷：银行存款/应付账款/应付利息

【例 5-3】2×21 年 2 月 1 日，天水建筑工程公司从陇南机械厂购入一台需要安装的压路机，压路机买价 80 000 元，增值税 10 400 元，运杂费 436 元（运输公司增值税率为 9%）。按合同约定，设备由供货方安装，安装费 1 060 元，未取得增值税专用发票。全部款项中买价和增值税尚未支付，其余以用银行存款付讫，设备安装并交付使用。压路机验收单见表 5-9。

购入设备时，采购成本＝80 000＋436÷(1＋9%)＝80 400（元）

运费进项税额＝436÷(1＋9%)×9%＝36（元）

借：在建工程　80 400

　　应交税费——应交增值税（进项税额）(10 400＋36)　10 436

　　贷：应付账款　90 400

　　　　银行存款　436

表 5-9　　天水建筑工程公司

固定资产（设备）验收支付使用交接单

编号：NO. 00345　　2×21 年 2 月 19 日　　单位：元

<table>
<tr><td>供货商</td><td>陇南机械厂</td><td>合同编号</td><td colspan="3">GT098</td><td>发票编号</td><td colspan="2">略</td><td>收货日期</td><td>2×21 年 2 月 19 日</td></tr>
<tr><td>资金来源</td><td>银行存款</td><td>用途</td><td colspan="8">工地使用</td></tr>
<tr><td>序号</td><td>固定资产（设备）名称</td><td>设备类别</td><td>设备科目代码</td><td>规格型号</td><td>单位</td><td>数量</td><td>单价</td><td>安装费</td><td>运费</td><td>金额总计</td></tr>
<tr><td>1</td><td>压路机</td><td></td><td></td><td></td><td>台</td><td>1</td><td>80 000</td><td>1 060</td><td>400</td><td>81 460</td></tr>
<tr><td>2</td><td></td><td></td><td></td><td></td><td></td><td></td><td></td><td></td><td></td><td></td></tr>
<tr><td>3</td><td></td><td></td><td></td><td></td><td></td><td></td><td></td><td></td><td></td><td></td></tr>
<tr><td>合计</td><td></td><td></td><td></td><td></td><td></td><td></td><td></td><td></td><td></td><td>81 460</td></tr>
<tr><td colspan="2">部　　门</td><td colspan="2">部门负责人</td><td colspan="2">经办人</td><td colspan="2">使用部门</td><td>验收人</td><td colspan="2"></td></tr>
<tr><td colspan="2">采购部门</td><td colspan="2">采购部</td><td colspan="2">张闻</td><td colspan="2">建筑一队</td><td colspan="3">李灏</td></tr>
</table>

【例 5-4】承【例 5-3】，支付安装费用时，会计处理如下。

借：在建工程　　1 060

　　贷：银行存款　　1 060

设备安装账务处理如下。

核算依据

领料单、职工薪酬分摊表、相关发票、付款申请单、银行付款单据等

核算时点

设备安装相关成本费用发生时

会计分录

借：在建工程——安装设备

　　应交税费——待认证进项税额（发票未认证时）

　　应交税费——应交增值税（进项税额）（发票已认证时）

　　贷：银行存款/应付账款/原材料/应付职工薪酬

【例 5-5】承【例 5-3】，在建工程转固定资产，会计处理如下。

借：固定资产　　81 460

　　贷：在建工程　　81 460

在建工程结转固定资产账务处理如下。

核算依据	会计分录
固定资产验收交接记录、固定资产竣工验收表等	借：固定资产 贷：在建工程——在安装设备
核算时点	
固定资产达到预计可使用状态时	

5.2 自行建造设备会计处理

自行建造固定资产的成本，由建造该项资产达到预定可使用状态前所发生的必要支出构成，包括直接材料、直接人工、直接机械施工费等。自行建造设备会计处理，见表 5-10。

表 5-10　　自行建造设备会计处理

业务情形	核算依据	核算时点	会计分录
采购工程物资	采购合同、入库单、付款申请单、银行付款单据等	工程物资入库时	借：工程物资 应交税费——待认证进项税额（发票未认证时） 应交税费——应交增值税（进项税额）（发票已认证） 贷：银行存款/应付账款/应付票据 若用于职工福利，进项税额不能抵扣
领用工程物资	领用单等	领用工程物资时	借：在建工程 贷：工程物资
直接领用原材料	领用单等	领用工程材料时	借：在建工程 贷：原材料/周转材料
发生其他应负担的职工薪酬，满足借款费用资本化利息	工资单、计息单、银行付款单据、增值税专用发票等	期末（月末）	借：在建工程 贷：应付职工薪酬/应付利息/银行存款
在建工程转固定资产	固定验收交接记录、固定资产竣工验收表等	达到预定使用状态时	借：固定资产 贷：在建工程

【例 5-6】粤海工程建设有限公司采用自营方式建造 A 工程，发生如下有关业务：以银行存款 226 000 元购入建筑物资一批，增值税专用发票上注明的买价为 200 000 元，增值税税额为 26 000 元。所购入物资全部投入 A 工程，分配工程建设人员的职工薪酬 20 000 元。以银行存款支付工程管理费用 5 000 元，应由工程成本负担的分期制长期借款利息 3 000（假定按合同利率计算）。工程完工后，经验收交付使用。

（1）购入工程物资时。

借：工程物资　　200 000

　　应交税费——应交增值税（进项税额）　　26 000

　　贷：银行存款　　226 000

（2）领用工程物资时。

借：在建工程——工程成本——A 工程　　200 000

　　贷：工程物资　　200 000

（3）分配工程建设人员的职工薪酬时。

借：在建工程——工程成本——A 工程　　20 000

　　贷：应付职工薪酬　　20 000

（4）支付工程管理费时。

借：在建工程——工程成本——A 工程　　5 000

　　贷：银行存款　　5 000

（5）计算应由工程成本负担的借款利息时。

借：在建工程——工程成本——A 工程　　3 000

　　贷：应付利息　　3 000

　　工程完工使用结转为固定资产 228 000 元（200 000＋20 000＋5 000＋3000）。

借：固定资产　　228 000

　　贷：在建工程——工程成本——A 工程　　228 000

5.3　内部单位调入设备

根据《增值税暂行条例实施细则》的相关规定，设有两个以上分支机构并且进行统一核算的纳税人，将货物从一个机构移送其他机构用于销售，两个分支机构不在同一县（市）的需要做视同销售处理。因此，同一法人的不同分支机构采取独立纳税的情况下，为保证增值税链条的完整性，在分支机构之间调拨货物应当开具增值税专用发票，缴纳税金。

同一纳税主体与非同一纳税主体间进行调拨，一般是内部往来业务。内部往来是指总部与分支机构之间的往来交易，是企业与内部所属各个独立核算的单位之间，或内部独立核算单位彼此之间，由于工程价款结算、产品、作业和材料销售、提供劳务等作业所发生的各种应收、应付、暂付、暂收的往来款项。本节只介绍设备所有权转移业务。

5.3.1 不同法人之间的设备调拨

对于不同法人之间的设备调拨应当作为正常的销售处理，会计处理如下。

核算依据

固定资产调拨通知单、列账通知、固定资产接收移交记录、发票等

核算时点

设备到货时

会计分录

借：固定资产

应交税费——待认证进项税额（发票未认证时）

应交税费——应交增值税（进项税额）（发票已认证）

贷：累计折旧/固定资产减值准备/内部往来

两个独立法人之间的固定资产转移属于销售行为，确认增值税，并开具相应发票。

【例 5-7】深圳宁业工程有限公司汕头分公司采购部门统一招标采购一批打桩机，再由采购部门根据各工程项目提交的申请计划调拨。2×21 年 8 月，分公司采购部一共向汕头设备厂采购 3 台打桩机，每台不含税价格为 250 000 元。取得一张增值税专用发票，见表 5-11。价款 847 500 元，其中增值税额 97 500 元，款项尚未支付。甲项目领用 2 台打桩机，乙项目领用 1 台打桩机，该分公司采用分级核算模式，公司和项目部会计处理如下。

（1）分公司的会计处理，相关单据见表 5-10。

借：固定资产——打桩机　750 000

应交税费——应交增值税（进项税额）　97 500

贷：应付账款——打桩机（汕头设备厂）　847 500

表 5-11

320002454　　　**汕头增值税专用发票**　　　No：**075590**

发　票　联

开票日期：2×21 年 4 月 10 日

购货单位	名　　称：深圳宁业工程有限公司汕头分公司 纳税人识别号：3585353653H 地 址 、电 话：深圳市福田区角门西路 43 号　86786435 开户行及账号：深圳工商银行福田支行 65435324					密码区	略
货物或应税劳务、服务名称	规格型号	单位	数量	单价	金额	税率（%）	税额
打桩机		台	3	250 000	750 000	13%	97 500
合计					￥750 000		￥97 500
价税合计（大写）	⊗捌拾肆万柒仟伍佰元整					（小写）￥847 500	
销货单位	名　　称：汕头设备厂 纳税人识别号：46360865H 地 址 、电 话：汕头市蓝田县南一路 3 号　0754-65248432 开户行及账号：中行汕头蓝田分理处 943675					备注	汕头设备厂 46360865H 发票专用章

收款人：××　　复核：××　　开票人：××　　销货单位：

借：内部往来——甲项目　　500 000

　　内部往来——乙项目　　250 000

　　贷：固定资产——打桩机　　750 000

(2) 甲项目部的会计处理，相关单据见表 5-12 至表 5-14。

借：固定资产——打桩机　　500 000

　　贷：内部往来——分公司　　500 000

借：合同履约成本——工程施工——设备费　　500 000

　　贷：固定资产——打桩机　　500 000

表 5-12　　　　　　　　　　　　**固定资产调拨通知**

2×21 第 09 号

根据公司讨论决定，将 2 台打桩机由公司调入甲项目部。调拨日期从 2×21 年 4 月 15 日算起，请甲项目部负责人在 2×21 年 4 月 15 日安排人员至设备部办理移交手续。

从调入日起由接收单位承担固定资产折旧费并负责计提固定资产折旧费，由固定资产调入、调出单位办理固定资产接收、移交手续。

深圳宁业工程有限公司汕头分公司

设备部

2×21 年 4 月 10 日

表 5-13　　　　　　**深圳宁业工程有限公司汕头分公司列账通知单**

甲项目部：

请将以下设备（借、贷）入你单位账户。

摘要	金额											列账单位记账
	亿	千	百	十	万	千	百	十	元	角	分	
拨付甲项目2台打桩机				5	0	0	0	0	0	0	0	
合计			¥	5	0	0	0	0	0	0	0	
人民币大写:⊗伍拾万元整												

列账单位: ××　　　　　　　　列账人: ××

表 5-14　　　　　　　　　　　　**固定资产移交表**

2×21 年 4 月 15 日

移交单位	深圳宁业工程有限公司汕头分公司		接收单位	甲项目部
移交资产明细				
序号	资产名称	型号与规格	单位	数量
1	打桩机		台	2
2				
3				

续上表

移交单位	深圳宁业工程有限公司汕头分公司		接收单位	甲项目部
移交资产明细				
序号	资产名称	型号与规格	单位	数量
4				
5				
6				
说明事项	因生产需要，由深圳宁业工程有限公司汕头分公司采购，然后移交甲项目部。			
移交单位意见	负责人：程曦 经办人：郜云 盖章（略） 电话（略）： 2×21 年 4 月 15 日		接受单位意见	负责人：孙建军 经办人：贺强 盖章（略） 电话（略）： 2×21 年 4 月 15 日

说明：本表一式 2 份，双方各执 1 份。

（3）乙项目部的会计处理，相关单据见表 5-15 至表 5-17。

借：固定资产——打桩机　　250 000

　　贷：内部往来——公司　　250 000

借：合同履约成本——工程施工——设备费　　250 000

　　贷：固定资产——打桩机　　250 000

表 5-15　　固定资产调拨通知

2×21 第 0109 号

根据公司讨论决定，将 1 台打桩机由公司调入乙项目部。调拨日期从 2×21 年 4 月 15 日算起，请乙项目部负责人在 2×21 年 4 月 15 日安排人员至设备部办理移交手续。

从调入日起由接收单位承担固定资产折旧费并负责计提固定资产折旧费。由固定资产调入、调出单位办理固定资产接收、移交手续。

深圳宁业工程有限公司汕头分公司

设备部

2×21 年 4 月 10 日

表 5-16　　　　　　　　深圳宁业工程有限公司汕头分公司列账通知单

乙项目部：

请将以下设备（借、贷）入你单位账户。

摘要	金额											列账单位记账
	亿	千	百	十	万	千	百	十	元	角	分	
拨付乙项目1台打桩机				2	5	0	0	0	0	0	0	
合计			¥	2	5	0	0	0	0	0	0	
人民币大写：⊗贰拾伍万元整												

列账单位：××　　　　　　列账人：××

表 5-17　　　　　　　　　　　　固定资产移交表

2×21 年 4 月 15 日

移交单位	深圳宁业工程有限公司汕头分公司		接收单位	乙项目部
移交资产明细				
序号	资产名称	型号与规格	单位	数量
1	打桩机		台	1
2				
3				
4				
5				
6				
说明事项	因生产需要，由深圳宁业工程有限公司汕头分公司采购，然后移交乙项目部。			
移交单位意见	负责人：程曦 经办人：郜云 盖章（略） 电话（略）： 2×21 年 4 月 15 日		接受单位意见	负责人：张明 经办人：苏兰 盖章（略） 电话（略）： 2×21 年 4 月 15 日

说明：本表一式 2 份，双方各执 1 份。

5. 3. 2　非同一纳税主体间进行设备调拨

非同一纳税主体间进行调拨会计处理如下。

核算依据

固定资产调拨通知单、列账通知、固定资产接收移交记录、发票

核算时点

设备到货时

会计分录

借：固定资产（净值）

　　应交税费——待认证进项税额（发票未认证时）

　　应交税费——应交增值税（进项税额）（发票已认证）

　　贷：内部往来（同一二级单位下的法人单位）

　　　　其他应付款（非同一二级单位下的法人单位）

【例 5-8】 2×21 年 4 月 18 日，深圳宁业工程有限公司将一台使用两年砂轮切割机调拨给非同一纳税主体单位子公司梅州建筑工程有限公司使用，该设备原值 200 000 元，已计提折旧 30 000 元。取得一张增值税专用发票，价款 170 000 元，其中增值税额 22 100 元。相关单据见表 5-18 至表 5-21，会计处理如下：

借：固定资产——打桩机　　170 000

　　应交税费——应交增值税（进项税额）　　22 100

　　贷：内部往来——砂轮切割机　　192 100

表 5-18

320002421　　**深圳增值税专用发票**　　No：**075499**

（全国统一发票监制章 深圳 国家税务总局监制）

记　账　联

开票日期：2×21 年 4 月 18 日

购货单位	名　　称：梅州建筑工程有限公司 纳税人识别号：54239706470H 地址、电话：梅州市梅县区埔黄西路 15 号 86781232 开户行及账号：梅州工商银行埔黄西路支行 97686	密码区	略

货物或应税劳务、服务名称	规格型号	单位	数量	单价	金额	税率（%）	税额
砂轮切割机		台	1	170 000	170 000	13%	22 100
合计					￥170 000		￥22 100
价税合计（大写）	⊗壹拾玖万贰仟壹佰元整						（小写）￥192 100

销货单位	名　　称：深圳宁业工程有限公司 纳税人识别号：358535354343H 地址、电话：深圳市福田区角门西路 1213 号 86786445 开户行及账号：深圳工商银行福田支行 6543243	备注	（深圳宁业工程有限公司 358535354343H 发票专用章）

收款人：××　　复核：××　　开票人：××　　销货单位：

表 5-19　　　　　　　　　　　　　　固定资产调拨通知

2×21 第 111 号

根据公司讨论决定，将固定资产 1 台砂轮切割机由公司调入梅州建筑工程有限公司。调拨日期从 2×21 年 4 月 18 日算起，请梅州建筑工程有限公司负责人在 2×21 年 4 月 18 日安排人员至设备部办理移交手续。

从调入日起由接收单位承担固定资产折旧费并负责计提固定资产折旧费。由固定资产调入、调出单位办理固定资产接收、移交手续。

深圳宁业工程有限公司汕头分公司

设备部

2×21 年 4 月 18 日

表 5-20　　　　　　　　　　深圳宁业工程有限公司列账通知单

梅州建筑工程有限公司：

请将以下设备（借、贷）入你单位账户。

摘要	金额											列账单位记账
	亿	千	百	十	万	千	百	十	元	角	分	
拨付梅州建筑工程有限公司1台砂轮切割机				1	7	0	0	0	0	0	0	
合计			¥	1	7	0	0	0	0	0	0	
人民币大写：⊗伍拾万元整												

列账单位:　　　　　　　　列账人:

表 5-21　　　　　　　　　　　　　　固定资产移交表

2×21 年 4 月 18 日

移交单位	深圳宁业工程有限公司		接收单位	梅州建筑工程有限公司
移交资产明细				
序号	资产名称	型号与规格	单位	数量
1	砂轮切割机		台	1
2				
3				
4				

续上表

移交单位	深圳宁业工程有限公司		接收单位	梅州建筑工程有限公司
移交资产明细				
序号	资产名称	型号与规格	单位	数量
5				
6				
说明事项	因生产需要，由深圳宁业工程有限公司，移交梅州建筑工程有限公司。			
移交单位意见	负责人：程曦 经办人：郜云 盖章（略） 电话（略）： 2×21 年 4 月 18 日	接受单位意见	负责人：丁旭 经办人：夏月兰 盖章（略） 电话（略）： 2×21 年 4 月 18 日	

5.4 固定资产后续支出

固定资产后续支出，是指固定资产在使用过程中发生的更新改造支出、修理费用等。固定资产的更新改造等后续支出，满足固定资产确认条件的，应当计入固定资产成本，如有被替换的部分，应同时将被替换部分的账面价值从该固定资产原账面价值中扣除。

5.4.1 资本化后续支出的核算

固定资产发生的可资本化的后续支出，应当通过“在建工程”科目核算。

不满足固定资产确认条件的固定资产修理费用等，应当在发生时计入当期损益：

①企业生产车间（部门）发生的不可资本化的后续支出（如发生的固定资产日常修理费用），计入管理费用；

②企业行政管理部门发生的不可资本化的后续支出（如发生的固定资产日常修理费用），计入管理费用；

③企业专设销售机构发生的不可资本化的后续支出（如发生的固定资产日常修理费用），计入销售费用。

基本账务处理如下。

固定资产转入改扩建时

借：在建工程
　　累计折旧
　　固定资产减值准备
　　贷：固定资产

发生改扩建工程支出时

借：在建工程
　　贷：银行存款等

固定资产部分替换

借：银行存款或原材料
　　贷：在建工程

不符合固定资产确认的部分

借：管理费用
　　销售费用
　　贷：原材料
　　　　应付职工薪酬
　　　　银行存款

【例 5-9】 绿地建筑工程有限公司 2×10 年 12 月购入一台大型起重机，总计花费 1 200 000 元（含电机），电机当时的购价为 500 000 元。绿地建筑工程有限公司未将电机单独作为一项固定资产进行核算。2×21 年初，绿地建筑工程有限公司决定更换一部性能更为先进的发动机。新电机的成本为 600 000 元，货款未付。另需支付安装费用 3 000 元，以银行存款支付。假定起重机的年折旧率为 4%，不考虑预计净残值和相关税费的影响，替换下的老发动机报废且无残值收入。

（1）2×21 年年初，起重机累计折旧金额＝1 200 000×4%×10＝480 000（元），将固定资产转入在建工程。

借：在建工程	720 000	
累计折旧	480 000	
贷：固定资产		1 200 000

（2）购入新电机。

借：工程物资——新电机	600 000	
贷：应付账款		600 000

（3）安装新电机。

借：在建工程	603 000	
贷：工程物资		600 000
银行存款		3 000

（4）2×21 年初，旧电机的账面价值＝500 000－500 000×4%×10＝300 000（元），终止确认老发动机的账面价值。

借：营业外支出——非流动资产处置损失	300 000	
贷：在建工程		300 000

(4) 新电机安装完毕，投入使用。

起重机入账价值＝720 000＋603 000－300 000＝1023 000（元）

借：固定资产　　1 023 000

　　贷：在建工程　　1 023 000

5.4.2 费用化后续支出的核算

为了保证固定资产的正常运转和使用，充分发挥其使用效能，企业需要对固定资产进行必要的维护修理。固定资产维护修理所发生的支出，通常不能满足固定资产的确认条件，应在发生时确认为费用，直接记入当期损益。其中，企业项目部和行政管理部门等发生的，记入“管理费用”账户，企业专设销售机构发生的，记入“销售费用”账户。

5.5 固定资产的期末计量

固定资产的期末计量包括两个方面：一是通过实地盘点清查反映资产的实有数量，进行账实核对；二是按照一定的方法对企业的固定资产进行计价，以反映其期末价值。

5.5.1 固定资产清查的核算

企业对固定资产清查过程中发生盘盈、盘亏的固定资产，应填制固定资产盘盈、盘亏报告表，并及时查明原因，分清责任，按规定程序报批处理。

1. 固定资产盘盈

企业在清查中盘盈的固定资产，作为前期差错处理。盘盈的固定资产通过“以前年度损益调整”科目核算。

【例 5-10】 2×21 年年底，绿地建筑工程有限公司在财产清查中发现 2×19 年未入账的不需要安装的一台甲设备，估计该设备八成新，同类设备的市场价格为 1 100 000 元（假定其价值与计税基础不存在差异）。

借：固定资产　　880 000

　　贷：以前年度损益调整　　880 000

2. 固定资产盘亏

企业在清查中发生盘亏的固定资产，通过“待处理财产损益——待处理固定资产损溢”科目核算，盘亏造成损失的，通过“营业外支出——盘亏损失”科目核算，计入当期损益。

【例 5-11】2×21 年年底，绿地建筑工程有限公司在财产清查中盘亏乙设备一台，该设备账面原价 135 000 元，已提折旧 68 800 元，未计提减值准备，见表 5-22。

(1) 盘亏固定资产时。

借：待处理财产损溢——待处理固定资产损溢　　66 200
　　累计折旧　　68 800
　　贷：固定资产　　135 000

(2) 报经批准转销盘亏损失时。

借：营业外支出——固定资产盘亏损失　　66 200
　　贷：待处理财产损溢——待处理固定资产损溢　　66 200

表 5-22　　固定资产盘盈、盘亏报告表

单位名称：绿地建筑工程公司　　2×21 年 12 月 31 日

第 001 号

编号	名称	单位	盘盈				盘亏或毁损					理由	附注
			数量	市场价	成新率	入账价值	数量	固定资产入账价值	已提折旧	计提减值	账面价值		
001	甲设备	台	1	1 100 000	80%	880 000							
002	乙设备	台					1	135 000	68 800		66 200		

单位领导：××　　技术（设备）主管：××　　会计机构负责人：××　　制表人：××

5.5.2 固定资产减值的核算

资产负债表日，固定资产可收回金额低于其账面价值的，企业应将该固定资产的账面价值减记至可收回金额，同时确认为资产减值损失，计提固定资产减值准备。固定资产减值损失一经确认，在以后会计期间不得转回。固定资产减值的核算计算如下：

账面净值＝固定资产折余价值＝固定资产原价－计提的累计折旧

账面价值＝固定资产账面原价－计提的累计折旧－计提的减值准备

【例 5-12】绿地建筑工程公司 2×18 年 12 月购入某设备价值 450 000 元，预计使用 6 年，预计净残值 20 000 元，采用年限平均法计提折旧。2×20 年末清查时发现，该设备市价大幅度下跌且近期内无望恢复。经计算该设备可回收金额为 210 000 元，此前未计提过减值准备，已提折旧费用 120 000 元。

2×20 年末应计提固定资产减值准备＝（450 000－120 000）－210 000＝120 000（元）

借：资产减值损失——固定资产减值损失　　　　120 000

　　贷：固定资产减值准备　　　　　　　　　　　　120 000

自 2×21 年起，每年计提折旧额应调整为（210 000－20 000）÷4＝47 500（元）

5.5.3　固定资产处置

固定资产处置，通常就是指固定资产的出售、报废和毁损的处理。此外，企业因对外投资、非货币性资产交换、债务重组等原因转出固定资产，也属于固定资产处置。

企业对报废或毁损的固定资产，应设置“固定资产清理”账户进行核算。报废和毁损固定资产所得净收益，应计入营业外收入（“非流动资产处置利得”项目），如为净损失应计入营业外支出（属于正常的处理损失，计入“非流动资产处置损失”项目）。企业因对外投资、非货币性资产交换、债务重组等原因转出的固定资产，一般也通过“固定资产清理”账户进行核算，具体处理应按有关《企业会计准则》的规定进行处理。

2017 年 12 月，财政部发布了《关于修订印发一般企业财务报表格式的通知》（财会〔2017〕30 号），其中新增了一个“资产处置收益”报表项目和一个“资产处置损益”会计科目。如果资产处置后还有使用价值，则计入“资产处置损益”科目，反之，则计入“营业外支出”科目。例如，固定资产的毁损报废后，不再有使用价值，则记入“营业外支出”科目。若用固定资产抵债、投资、捐赠等，这些经营行为是为了换取对价，具有一定的商业价值，则应记入“资产处置损益”科目。

【例 5-13】2×21 年 10 月 8 日，亚信工程建设有限公司提前报废一台机器设备，设备原值420 000元，已计提折旧310 000元，已计提减值准备30 000元，报废后处置废材料取得收入20 600元。假定该公司是一般纳税人，此设备处置符合简易计税条件，并按3%征收率开具了增值税专用发票。

此题分两种情况处理：一是由于是报废，所以资产处置后并没有使用价值，因此记入“营业外支出”科目；二是有使用价值，不是报废，而是出售，则记入“资产处置损益”科目。

1. 报废

（1）固定资产转入清理。

借：累计折旧　　310 000

　　固定资产减值准备　　30 000

　　固定资产清理　　80 000

　　贷：固定资产　　420 000

（2）出售取得收入。

借：银行存款　　20 600

　　贷：固定资产清理　　20 000

　　　　应交税费——简易计税　　600

（3）清理净损益结转。

借：营业外支出——非流动资产处置损失　　60 000

　　贷：固定资产清理　　60 000

2. 出售

假定设备不是报废，而是出售给甲工程公司，其他条件不变。由于是出售处置，所以仅仅是为了换取对价，对于资产处置后还尚有使用价值，因此，相关净损益需要结转至资产处置损益科目，年终并入资产处置收益报表项目。

则会计处理（1）（2）同上。

第（3）步的处理如下。

借：资产处置损益——非流动资产处置损失　　60 000

　　贷：固定资产清理　　60 000

第6章 资金核算与管理

资金是企业能够正常生产经营的命脉，如何使用资产，管理资金，《现金管理暂行条例》《企业财务通则》均作出规定。

6.1 货币资金分类与确认原则

企业货币资金包括库存现金、银行存款和其他货币资金。

6.1.1 库存现金

库存现金是建筑企业中流动性最强的一种货币性资产，可以随时用其购买所需的物资，支付相关费用，也可以存入银行。企业为保证生产经营活动的正常进行，必须拥有一定数额的现金。由出纳人员经管的现金，包括人民币现金和外币现金，即与会计核算中“库存现金”科目所包括的内容一致。

1. 现金结算的范围

根据《现金管理暂行条例》规定，企业在以下情况可以用现金结算：

(1) 职工工资、津贴；

(2) 个人劳务报酬；

(3) 根据国家规定颁发给个人的科学技术、文化艺术、体育等各种奖金；

(4) 各种劳保，福利费用以及国家规定的对个人的其他支出；

(5) 向个人收购农副产品和其他物资的价款；

(6) 出差人员必须随身携带的差旅费；

(7) 结算起点以下的零星支出；

(8) 中国人民银行确定需要支付现金的其他支出。

前款结算起点定为 1 000 元。结算起点的调整，由中国人民银行确定，报国务院备案。

> 根据《国务院关于〈企业财务通则〉〈企业会计准则〉的批复》（国函〔1992〕178号）的规定，财政部对《企业财务通则》（财政部令第4号）进行了修订，修订后的《企业财务通则》已经讨论通过，自2007年1月1日起施行。

2. 库存现金核算

库存现金的核算，包括总分类核算和明细分类核算。

（1）库存现金的总分类核算是通过设置“库存现金”账户进行的。“库存现金”账户是资产类账户，借方反映库存现金的收入，贷方反映库存现金的支出，余额在借方，表示库存现金的余额。表 6-1 为总分类账格式。

表 6-1　　总分类账

科目________　　编码________　　年度________

年		记账凭证号数	摘要	对方科目	借方										贷方										借或贷	余额									
月	日				千	百	十	万	千	百	十	元	角	分	千	百	十	万	千	百	十	元	角	分		千	百	十	万	千	百	十	元	角	分

（2）明细分类核算是通过设置现金日记账进行的。现金日记账必须采用订本式账簿，并为每一账页顺序编号，防止账页丢失或随意抽换，也便于查阅。现金日记账一般采取借、贷、余三栏式，由出纳人员根据审核后的原始凭证或现金收款凭证、付款凭证逐日逐笔序时登记。每日终了，应计算当天现金收入、支出的合计数和结存数，并同实存现金进行核对，做到日清月结，保证账款相符。

总分类账户中现金账户余额应与现金日记账的余额相等。表 6-2 为现金日记账格式。

表 6-2　　　　　　　　　　　　　　现金日记账

2×21年		凭证科目代码	摘要	对方科目	借方										贷方										余额									
月	日				千	百	十	万	千	百	十	元	角	分	千	百	十	万	千	百	十	元	角	分	千	百	十	万	千	百	十	元	角	分
1	1		上年结转																										3	3	0	0	0	0
1	5	收一001	提现支票0022 号	银行存款			1	5	4	0	0	0	0	0													1	5	7	3	0	0	0	0
11	5	付一003	支付职工工资	应付职工薪酬													1	4	4	0	0	0	0	0				1	3	3	0	0	0	0
			本日合计				1	5	4	0	0	0	0	0			1	4	4	0	0	0	0	0				1	3	3	0	0	0	0

3. 库存现金限额

按照《现金管理暂行条例》及实施细则规定，库存现金限额由开户银行和开户单位根据具体情况商定，凡在银行开户的单位，银行根据实际需要核定 3 至 5 天的日常零星开支数额作为该单位的库存现金限额。边远地区和交通不便地区的开户单位，其库存现金限额的核定天数可以适当放宽在 5 天以上，但最多不得超过 15 天的日常零星开支的需要量。库存现金限额每年核定一次，经核定的库存现金限额，开户单位必须严格遵守。其核定具体程序为：

（1）开户单位与开户银行协商核定库存现金限额。

库存现金限额＝每日零星支出额×核定天数

每日零星支出额＝月（或季）平均现金支出额（不包括定期性的大额现金支出和不定期的大额现金支出）÷月（或季）平均天数

（2）开户单位填制“库存现金限额申请批准书”。

（3）开户单位将申请批准书报送单位主管部门，经主管部门签署意见，再报开户银行审查批准，开户单位凭开户银行批准的限额数作为库存现金限额。

（4）各单位实行收支两条线，不准“坐支”现金。所谓“坐支”现金是指企业、事业单位和机关、团体、部队从本单位的现金收入中直接用于现金支出。各单位现金收入应于当日送存银行，如当日确有困难，由开户单位确定送存时间，如遇特殊情况需要坐支现金，应该在现金日记账上如实反映坐支情况，并同时报告开户银行，便于银行对坐支金额进行监督和管理。

4. 企业日常提取现金账务处理

企业日常提取现金账务处理如下。

从银行提取时，根据支票存根所记载的提取金额	将现金存入银行，根据银行退回的进账单第一联
借：库存现金 　　贷：银行存款	借：银行存款 　　贷：库存现金

【例 6-1】 2×21 年 1 月 16 日，汕头建筑有限公司签发支票从银行提取 3 000 元。现金支票存根见表 6-3，账务处理如下。

借：库存现金　　　　3 000

　　贷：银行存款　　　　3 000

表 6-3

中国工商银行
现金支票存根（深）
IV V0003341

科　　目：

对方科目：

出票日期：2×21 年 1 月 16 日

收款人：	本公司
金　额：	3 000 元
用　途：	工资

单位主管　××　　会计　××

6.1.2　银行存款

银行存款是指企业存放在银行和其他金融机构的货币资金。按照国家现金管理和结算制度的规定，每个企业都要在银行开立账户，称为结算户存款，用来办理存款、取款和转账结算。《银行账户管理办法》将企业、事业单位的存款账户分为四类，即基本存款账户、一般存款账户、临时存款账户和专用存款账户。

同库存现金一样，企业应当设置银行存款总账和银行存款日记账，分别进行银行存款的总分类核算和明细分类核算。企业可按开户银行和其他金融机构存款种类等设置“银行存款日记账”，根据收付款凭证，按照业务的发生顺序逐笔登记。每日终了，应结出余额，并对银行存款收支业务及时进行账务处理。为了反映和监督企业银行存款的收入、支出和结存情况，企业应当设置“银行存款”科目，借方登记企业银行存款的增加，贷方登记企业银行存款的减少，期末借方余额反映企业实际持有的银行存款的金额。

【例 6-2】致同设备厂取得短期借款 1 200 000 元，年利率 5%，借款期限 6 个月。利息数额较少，不进行计提，一直到期还本付息。银行回单见表 6-4。

6 个月的利息＝1 200 000×5%÷12×6＝30 000（元）

（1）2×21 年 1 月 1 日，取得借款时，见表 4-15。

借：银行存款　　　　1 200 000

　贷：短期借款　　　　1 200 000

表 6-4　　中国工商银行流动资金借款收据（回单）

2×21 年 1 月 1 日

<table>
<tr><td>借款单位全称</td><td colspan="2">致同设备厂</td><td colspan="4">存款账号</td><td colspan="6">645768554</td></tr>
<tr><td>贷款种类</td><td>短期借款</td><td>年利率 5%</td><td colspan="4">贷款户账号</td><td colspan="6">13213232</td></tr>
<tr><td rowspan="2">贷款金额</td><td colspan="2" rowspan="2">人民币（大写）壹佰贰拾万元整</td><td>千</td><td>百</td><td>十</td><td>万</td><td>千</td><td>百</td><td>十</td><td>元</td><td>角</td><td>分</td></tr>
<tr><td>¥</td><td>1</td><td>2</td><td>0</td><td>0</td><td>0</td><td>0</td><td>0</td><td>0</td><td>0</td></tr>
<tr><td colspan="3">借款原因或用途：流动资金</td><td colspan="4">约定还款期限</td><td colspan="6">2×21 年 6 月 30 日</td></tr>
<tr><td colspan="3">备注：</td><td colspan="10">上列贷款已转入你单位存款户</td></tr>
</table>

工行深圳龙岗支行 2×21-01 付讫

6.1.3　其他货币资金

其他货币资金主要包括银行汇票存款、银行本票存款、信用卡存款、信用证保证金存款、存出投资款和外埠存款等。

（1）银行本票存款指企业为取得银行本票按规定存入银行的款项。企业办理银行本票，需将款项存入开户银行。本票存款实行全额结算，本票存款额与结算金额的差额一般采用支票或其他方式结清。

（2）银行汇票存款是企业为取得银行汇票按规定存入银行的款项。其实还有另外一种说法，叫作银行汇票保证金。因为如果是汇票的话，不一定要提前存入全款的，企业申请签发银行承兑汇票时，可以要求只存一部分资金在银行作为签发汇票的保证，所以叫作银行汇票保证金。同理，信用证保证金就是企业为了开具信用证而在银行存入的一部分资金。

（3）信用卡存款是指企业信用卡里面的款项。

（4）外埠存款是指企业到外地进行临时零星采购时，汇往采购地银行开立采购专户的款项。比如说一个公司总部在北京，但是在上海设立了一个分公司。如果上海分公司需要钱用来采购或者日常运营，北京总公司就从自己的银行账户转钱到上海分公司的银行账户，这笔款项就是北京总公司的外埠存款。

需要注意的是，用 POS 机刷进来的钱，其实是暂时存放在银联商务公司的，而银联商务公司属于其他金融机构，所以先计入其他货币资金核算，等 POS 机里的钱转到公司银行账户之后 ，再记入“银行存款”科目核算。如果在转账过程中产生手续费，就记入“财务费用”科目。

6.1.4 受限资金

受限资金是指企业拥有所有权，但由于受到法律规定或合同约定的限制，导致不能随时不受限制地用于对外支付用途的银行存款的货币资金，主要包括：

（1）冻结资金；

（2）抵押、质押资金；

（3）根据借款合同约定的某一指定账户中必须保持的最低存款余额；

（4）保证金，包括保函保证金、票据保证金、信用保证金、民工工资保证金等；

（5）存放在证券公司用于短期投资的存出投资款；

（6）不可随意支取的，变现能力受限的定期存款；

（7）金融企业存放中央银行法定准备金存款；

（8）保险公司的资本金存款；

（9）信托公司的风险准备金；

（10）存放在境外的，使用受到一定限制的款项；

（11）有潜在回收风险的款项；

（12）其他使用有限制或具有专门用途的款项，包括存放在三方共管专户、维修基金专户、社保专户、房改专户、房地产预售监管账户、农民工工资专户中的款项等。表 6-5 是某家上市公司公布的受限制货币资金明细。

表 6-5　　某上市公司公布的受限制货币资金明细

项　　目	期末余额	期初余额
银行承兑汇票保证金	120 429 117.60	51 905 594.03
质押的定期存款	50 000 000.00	
被冻结的银行存款	8 450 000.00	18 150 000.00
信用证保证金	7 502 931.91	2 005 902.53
外汇期权保证金	5 613 400.00	3 023 400.00
保函保证金	1 425 553.90	
银行贷款保证金	987 723.03	50 976 000.00
建设项目履约保证金	200 000.00	200 000.00
质押的通知存款		54 000 000.00
合　　计	194 608 726.44	180 260 896.56

6.2　资金集中管理模式

企业集团资金集中管理有多种模式。传统模式包括统收统支、拨付备用金模式；现代管理模式包括内部银行、结算中心以及财务公司等。

6.2.1　统收统支模式

在统收统支的情况下，集团公司的一切现金收付业务集中在集团总部的财务部门，下属公司（或分支机构）不单独设立账号，现金收支的审批权集中在企业高层管理者手中。在这种模式下：①需要设置专门的收款账户，接受集团及其子公司的所有收入款项，该账户只用于资金的统一调拨，不能作为日常的资金支出；②需要设置专门的付款账户，集团财务中心和各子公司财务部均在集团及其子公司所在地设立资金支出账户，集团总部和各子公司只允许保留一个费用支出账户。

账务处理如下：

子公司或分支机构账务处理	集团公司的账务处理
借：内部往来——总部 　贷：主营业务收入、其他应付款等	借：银行存款——××公司 　贷：内部往来——子公司或分支机构

【例 6-3】绿地集团建筑有限公司资金管理实行统收统支模式，盛达建筑有限公司是其子公司。2×21 年 3 月 10 日，盛达建筑有限公司财务部收到甲项目工程款 6 322 000 元并存入子公司所在地总账账户后，开具“内部转账会签单”，注明“货款由总部统收”共两联：一联转总部，另一联自留作账务处理，见表 6-6。

盛达建筑有限公司账务处理如下。

借：内部往来——绿地集团建筑有限公司　　6 322 000

　贷：主营业务收入——工程款——甲项目　　5 800 000

　　应交税费——应交增值税（销项税额）　　522 000

表 6-6　　内部转账会签单

转入单位：绿地集团建筑有限公司　　　　日期：2×21 年 3 月 10 日

摘　　要	科目名称
2×21 年 3 月 10 日，收到甲项目工程款 6 322 000元	60010101 主营业务收入——工程款——甲项目
金额合计（大写）人民币：⊗陆佰叁拾贰万贰仟元整	
本通知书附件共 3 张： 发票、合同 、结算单	备注 工程款由总部统收

编制单位：盛达建筑有限公司　　财务主管：××　　复核××

绿地集团建筑有限公司账务处理如下。

借：银行存款　　　　　　　　　　　　　　　　　　6 322 000

　　贷：内部往来——盛达建筑有限公司　　　　　　　　　6 322 000

6.2.2 拨付备用金模式

拨付备用金是指集团总部在一定的时间内拨给下属子公司或分支机构一定数额的现金备其使用。在该种模式下，下属子公司或分支机构的现金收入必须集中到集团总部财务部门，下属子公司或分支机构所发生的现金支出必须持有关凭证到集团总部的财务部门报销以补足备用金。在集团总部规定的现金支出范围和支出标准之内，下属子公司或分支机构可以对拨付的备用金的使用行使决策权。

> 统收统支和拨付备用金均属高度集权的资金管理模式，仅适用于集团总部管理同城或相距不远的非独立核算的分支机构，至于远程子公司通常不宜采取这种高度集权的资金管控方式。

【例 6-4】亚鑫集团公司实行备用金模式结算资金业务。2×21 年 4 月 2 日，该集团公司向子公司辰阳有限公司拨付备用金 200 000 元。账务处理如下。

借：其他应收款——内部往来——辰阳有限公司　　　　200 000

　　贷：银行存款　　　　　　　　　　　　　　　　　　200 000

辰阳有限公司收到集团公司拨款时。

借：银行存款　　　　　　　　　　　　　　　　　　200 000

　　贷：其他应付款——内部往来——总公司　　　　　　200 000

6.2.3 内部银行模式

内部银行是模仿商业银行的职能与管理方式在企业内部建立并执行的内部业务核算的办法。内部银行运作具体包括以下方面。

（1）设立内部结算账户。集团下属公司都在内部银行开设账户，所有结算业务均通过内部银行办理往来结算。

（2）发行支票和货币。内部银行根据有关规定发行其自身的支票和货币，在集团下属公司使用。

（3）发放内部贷款。内部银行根据集团账户为各下属公司核定的资金和费用定额等，对其发放贷款。

（4）筹措资金。由内部银行统一对外筹措资金，各分公司无权对外筹资。

（5）银行化管理。内部银行实行银行化管理，独立核算、自负盈亏。

设立内部银行是把一种模拟的银企关系引入到集团内部的资金管理中，各分公司与集团是一种贷款管理关系，内部银行成了结算中心、货币发行中心、贷款中心和监管中心。

内部银行模式适用于集团公司以及高等院校、科研机构等。

6.2.4 资金结算中心

资金结算中心通常是由企业集团内部设立的，办理现金收付和往来结算。集团公司下属单位都有各自的财务部门并有独立的账号（通常是二级账号）进行独立核算，拥有现金的经营权和决策权。集团下属公司根据结算中心制订的最高现金保存额（通常按日常零星支出支付需要确定），将每日超出部分的现金收入转入结算中心设立的专门账户，当各分公司超过核定定额的现金时，必须事先向结算中心提出申请。申请有两种方式：一是逐项审批制，即对资金的用途、数额、时间等进行审核，经批准后拨款；二是超权限审批制，即超过审批权限的部分，必须经过经营者或其授权人批准。具体规定如下：

（1）集团公司下属的现金收入，必须转账存入结算中心在银行开立的账户，不得挪用；

（2）统一拨付下属公司所需的货币资金，监控货币资金的用途；

（3）统一对外筹资，确保整个集团的资金分配；

（4）办理下属公司之间的往来结算；

（5）核定各分公司日常留用的现金余额。

6.2.5 财务公司模式

我国的财务公司由人民银行批准，作为集团公司的子公司而设立的，是独立法人单位。

集团财务公司一般通过与集团各公司签订金融服务协议方式，将各公司的资金归集，实现集团资金池的建立，并为各公司提供资金划拨、利息结算、贷款等服务。

一级账户通常是集团公司财务公司在商业银行开户，作为资金池，其成员单位银行账户作为资金池二级账户，不再设置三级账户。财务公司收入主要有三部分：一是资金池在银行存款的利差收入；二是向成员单位收取的贷款利息收入；三是利用资金池的资金进行投资取得的收益。

1. 资金的归集各级会计处理

清算中心/二级资金中心

借：银行存款——财务公司

　　贷：其他应付款——下级单位

财务公司

借：内部往来——资金集中专户——二级资金中心

　　贷：吸收存款——二级

下级单位

借：其他应收款——清算中心

　　贷：银行存款——财务公司

资金中心

借：吸收存款——下级单位

　　贷：内部往来——委存专户——下级单位

【例 6-5】 2×21 年 5 月 10 日，恒通建筑集团公司设有财务有限公司，其下属子公司天祥工程有限公司存入财务有限公司 1 000 000 元，根据银行对账单，恒通建筑集团公司会计处理如下。相关单据见表 6-7 至表 6-8。

借：银行存款——财务公司　　　　　　　　1 000 000

　　贷：其他应付款——天祥工程有限公司　　　　1 000 000

表 6-7　　　　中国工商银行进账单（回单或收账通知）

进账日期：2×21 年 5 月 10 日　　　　第××号

收款人	全称	恒通建筑集团财务有限公司	付款人	全称	天祥工程有限公司
	账号	××××		账号	××××
	开户银行	××××		开户银行	××××
人民币（大写）：⊗壹佰万元整				千 百 十 万 千 百 十 元 角 分	¥ 1 0 0 0 0 0 0 0 0
票据种类	转账支票		收款人开户银行盖章（略）		
票据张数	1				
备注					

此联给收款人的收账通知

主管　××　　　会计　××　　　复核　××　　　记账　××

天祥工程有限公司支付款项时，账务处理如下：

借：其他应收款——财务公司　　1 000 000

　　贷：银行存款——恒通建筑集团　　1 000 000

表 6-8

付款申请单

单位：　　　　　　　　　　　　附件：

申请部门	工程部	申请人	张兵	日期	2×21 年 5 月 8 日
收款单位	恒通建筑集团财务有限公司			付款内容： 存入工程款 100 万元。	
付款方式	□网银□现金☑转账□票据				
开户银行	××××				
账号	××××				
会计复核					
付款金额（大写）	壹佰万元整				

部门经理：××　　　　部门总监：××　　　　财务总监：××

财务公司根据银行进账单、银行付款单，会计处理如下。

借：内部往来——资金集中专户——结算中心　　1 000 000

　　贷：吸收存款——结算中心　　1 000 000

借：吸收存款——天祥工程有限公司　　1 000 000

　　贷：内部往来——委托存款专户——天祥工程有限公司

　　　　1 000 000

2. 资金下拨的账务处理

清算中心/二级资金中心

借：其他应付款——下级单位

　　贷：银行存款——财务公司

财务公司

借：吸收存款——二级资金中心

　　贷：内部往来——资金

下级单位

借：银行存款——财务公司

　　贷：其他应收款——清算中心/二级资金中心

集中专户——二级资金中心

借：内部往来——委存专户——下级单位

　　贷：吸收存款——下级单位

【例 6-6】 2×21 年 5 月 14 日，恒通建筑集团公司结算中心向下属子公司天祥工程有限公司支付 500 000 元。根据银行付款单，会计处理如下。

借：其他应付款——天祥工程有限公司　　　　500 000

　　贷：银行存款　　　　500 000

天祥工程有限公司收到资金后，会计处理如下。

借：银行存款　　　　500 000

　　贷：其他应收款——恒通建筑集团公司结算中心　　　　500 000

财务公司根据银行进账单、银行付款单处理如下。

借：吸收存款——恒通建筑集团公司结算中心　　　　500 000

　　贷：内部往来——资金集中专户——恒通建筑集团公司结算中心

　　　　500 000

借：内部往来——委托存款专户——天祥工程有限公司

　　500 000

　　贷：吸收存款——天祥工程有限公司　　　　500 000

根据《财政部 国家税务总局关于全面推开营业税改征增值税试点的通知》（财税〔2016〕36号）附件3规定，统借统还业务中，企业集团或企业集团中的核心企业（一般是指集团中的母公司）以及集团所属财务公司，按不高于支付给金融机构的借款利率水平或者支付的债券票面利率水平，向企业集团或者集团内下属单位收取的利息，免征增值税。否则应全额征收增值税。

第7章 无形资产

无形资产，是指企业拥有或者控制的没有实物形态的可辨认非货币性资产。企业设置无形资产科目以核算企业持有的无形资产成本，包括专利权、非专利技术、商标权、著作权、土地使用权等。需要注意的是，企业合并中形成的商誉不属于无形资产的范畴。

7.1 无形资产初始计量

无形资产同时满足下列条件的，才能予以确认：

（1）与该无形资产有关的经济利益很可能流入企业；

（2）该无形资产的成本能够可靠地计量。

无形资产初始计量包括外购无形资产和自行研发无形资产。

7.1.1 外购无形资产会计处理

外购无形资产成本包括购买价款、相关税费以及直接归属于使该项资产达到预定用途所发生的专业服务费用，测试无形资产是否能够正常发挥作用的费用等其他支出。为引进新产品进行宣传所发生的广告费、管理费、其他间接费用，以及在无形资产已达到预定用途后发生的费用均不构成无形资产成本，应在发生时计入当期损益。

购入无形资产超过正常信用条件延期支付价款，实质上具有融资性质的，无形资产的成本以购买价款的现值为基础确定。实际支付的价款与购买价款现值之间的差额，除了计入借款费用应予资本化的以外，应当在信用期间内计入当期财务费用。

【例 7-1】 2×21 年 3 月 13 日，恒生建筑公司以 9 000 000 元的价格从产权交易中心竞价获得一项专利权，另支付相关税费 120 000 元。为推广由该专利权生产的产品，恒生建筑公司发生广告宣传费用 50 000 元、展览费用 4 000 元。

无形资产的入账价值＝9 000 000＋120 000＝9 120 000（元），为推广由该专利权生产的产品发生的广告宣传费用、展览费用计入当期管理费用。

借：无形资产——专利权　　　　　　　　9 120 000

管理费用——广告宣传费用、展览费用　　　　54 000

贷：银行存款　　　　9 174 000

7.1.2　自行开发无形资产会计处理

根据《企业会计准则第 6 号——无形资产》的规定，企业自行研究开发的项目，应当区分研究阶段与开发阶段分别进行核算。对于研究阶段的支出，全部费用化计入当期损益；开发阶段支出符合资本化条件的计入无形资产成本，不符合资本化条件的费用计入当期损益。

1. 研究阶段支出的确认与计量

研究，是指为了获取并理解新的科学或技术知识而进行的独创性的有计划的调查。研究阶段有关支出应当在发生时全部费用化，计入当期损益。

2. 开发阶段支出的确认与计量

开发，是指在进行商业性生产或使用前，将研究成果或其他知识应用于某项计划或设计，以生产出新的或具有实质性改进的材料、装置、产品等。相对于研究阶段而言，开发阶段应当是已完成研究阶段的工作，在很大程度上具备了形成一项新产品或新技术的基本条件。考虑到开发阶段的研发项目往往形成成果的可能性较大，对于自行研发项目，开发阶段的支出满足特定条件的予以资本化，确认为无形资产，否则应当计入当期损益。

会计处理如下：

（1）研究阶段支出会计处理

借：研发支出——费用化支出

　　贷：原材料/银行存款/应付职工薪酬等

（2）期末时，转入当期管理费

借：管理费用

　　贷：研发支出——费用化支出

（3）符合资本化条件的开发阶段支出的会计处理

借：研发支出——资本化支出

　　贷：原材料/银行存款/应付职工薪酬等

（4）形成无形资产的会计处理

借：无形资产

　　贷：研发支出——资本化支出

3. 自行研发形成无形资产的列报

一是自行研发达到预定用途无形资产的列报。只有达到预定用途形成无形资产的，才将“研发支出——资本化支出”科目金额转入“无形资产”科目。资产负债表中的“无形资产”项目需根据“无形资产”科目的期末余额，减去“累计摊销”和“无形资产减值准备”科目期末余额后的金额填列。

二是自行研发尚未形成达到预定用途无形资产的列报。财政部发布《关于修订印发2018年度一般企业财务报表格式的通知》规定，利润表中原“研发支出——费用化支出”科目的余额在期末转入“管理费用”科目，现将“研发支出”从“管理费用”科目摘出单独列示，以研发费用的形式归集，借方余额反映企业正在进行的研发项目中满足资本化条件的支出，见表7-1。

表7-1　　利润表

会企02表

编制单位：　　_年_月　　单位：元

项　　目	本期金额	上期金额
一、营业收入		
减：营业成本		
税金及附加		
销售费用		
管理费用		
研发费用		
财务费用		
其中：利息费用		
利息收入		
资产减值损失		
加：其他收益		
投资收益（损失以“－”号填列）		

【例7-2】 2×19年1月1日，恒生建筑工程有限公司开始自行研究开发一项新技术，截至当年年末该项目研究各项工作已经完成，共发生520 000元（假定均以银行存款支付）。2×20年1月进入开发阶段，共发生570 000元，符合开发支出予以资本化的条件，其中材料费用180 000元、研发人员薪酬

300 000 元，以银行存款支付相关费用 90 000 元。2×20 年 3 月末，研发的新技术达到预定使用用途，形成一项非专利技术，确认为企业的无形资产。

（1）2×19 年，项目研发阶段发生的支出。

借：研发支出——费用化支出　　520 000

　　贷：银行存款　　520 000

（2）2×19 年结转项目费用化支出。

借：管理费用　　520 000

　　贷：研发支出——费用化支出　　520 000

（3）2×20 年项目开发阶段发生的、予以资本化条件的支出。

借：研发支出——资本化支出　　570 000

　　贷：原材料　　180 000

　　　　应付职工薪酬　　300 000

　　　　银行存款　　90 000

（4）2×20 年 3 月末，研究开发的新技术达到预定用途。

借：无形资产——非专利技术　　570 000

　　贷：研发支出——资本化支出　　570 000

7.1.3 取得土地使用权会计处理

在获取土地使用权过程中，根据国家相关法规规定交纳的土地出让金、土地征用费等为取得土地使用权并使其达到预定使用状态而发生的全部支出，应计入土地使用权成本。拆迁补偿费、“三通一平”等费用一般应计入在建工程成本，待工程达到预定使用状态时结转至固定资产。会计处理见表 7-2。

表 7-2　　土地使用权会计处理

类型	计量方式
用于自行开发建造厂房等地上建筑物	账面价值不与地上建筑物合并计算其成本，仍作为无形资产进行核算
外购房屋建筑物实际支付的价款中包括土地以及建筑物的价值	应当对支付的价款按照合理的方法（例如，公允价值）在土地和地上建筑物之间进行分配。 如果确实无法在地上建筑物与土地使用权之间进行合理分配的，应当全部作为固定资产核算

续上表

类型	计量方式
通过行政划拨方式取得土地使用权	属于无偿划拨的，按“政府补助”相关规定处理。其他情形分三种：①如果资产相关证明上注明的价值与公允价值差异不大的，应当以有关凭证中注明的价值作为公允价值；②如果资产相关证明上注明的价值与公允价值差异较大的，但有活跃市场的，应当根据有确凿证据表明的同类或类似资产市场价格作为公允价值；③公允价值不能可靠取得的，按照名义金额（1元）计量
改变土地使用权的用途，将其用于出租或增值	按投资性房地产相关规定进行会计处理

7.2 无形资产的后续处理

无形资产入账或结转后，应该按照《企业会计准则》的规定计提摊销。出售或报废无形资产时计入“资产处置损益”或“营业外收支”。

7.2.1 无形资产摊销

企业应当按月对无形资产进行摊销。无形资产的摊销额一般应当计入当期损益。企业自用的无形资产，其摊销金额计入管理费用，出租的无形资产，其摊销金额计入其他业务成本，某项无形资产包含的经济利益通过所生产的产品或其他资产实现的，其摊销金额应当计入相关资产成本。计算公式如下：

账面净值＝账面余额－累计摊销

【例 7-3】2×21 年 1 月 26 日，向鑫建筑工程有限公司从其他公司购入一项商标权，以银行存款支付买价和有关费用合计 64 000 元。估计该项商标权的使用寿命为 10 年。假定这项无形资产的净残值均为零，并按直线法摊销。

按年进行摊销时。

借：管理费用　　6 400

　　贷：累计摊销　　6 400

7.2.2 无形资产处置

企业出售或报废无形资产，应将所得价款与该项无形资产的账面价值之间的差额，计入当期损益。

【例 7-4】向鑫建筑工程有限公司拥有 A 专利技术，根据市场调查，用其生产的产品已没有市场，决定应予转销。转销时，该项专利技术的账面余额为 389 000 元，摊销期限为 10 年，采用直线法进行摊销，已累计摊销 248 900 元。假定该项专利权的残值为零，已累计计提的减值准备为 100 000 元，假定不考虑其他相关因素。

借：累计摊销	248 900	
无形资产减值准备	100 000	
营业外支出——处置非流动资产损失	40 100	
贷：无形资产——专利权		389 000

第8章 在建工程成本和费用核算

在建工程主要包括基本建设工程和技术改造工程。基本建设工程是指固定资产建设，包括建筑工程、安装工程、购置固定资产及与此相关的其他配套工程等。如建筑物、生产装置、改扩建工程、道路等相关配套设施的建设，以及日常非生产性建筑安装工程等。技术改造工程是指为提高生产设备能力进行的技术性改进，比如进一步提高机械化、自动化水平，采用新技术、新工艺、新设备等形成的工程项目。建筑施工成本费用包括直接费用和间接费用。《企业会计准则第14号——收入（应用指南）》（财会〔2017〕22号）增加“合同履约成本”科目，核算工程合同成本，本章主要介绍建筑工程和安装工程。

8.1 建造方式的分类

根据建造方式，在建工程分为自营方式和出包方式，应按照达到预定状态前实际发生的支出确定其工程成本。工程成本包括工程用物资成本、人工成本、应予以资本化的固定资产借款费用、缴纳的相关税金以及应分摊的其他间接费用等。

8.1.1 建筑工程的确认与计量

建筑工程包括企业按项目概算内部发生的建造房屋、建筑物、构筑物等建造工程。

(1) 各种房屋和建筑物以及列入房屋工程预算内的暖气、卫生、通风、照明、煤气、消防等设备的价值及其装饰工程，列入建筑工程预算内的各种管道、电力、电缆导线的敷设工程。

(2) 设备基础、支柱、工作台、梯子等建筑工程，金属结构工程。

(3) 地下建筑等特殊工程等。

建筑工程所发生的实际成本支出，见表 8-1。

表 8-1　建筑工程所发生的实际成本支出

分类	核算内容
自营方式	按照直接材料、直接人工、直接机械施工费、其他费等计量
发包方式	按照经项目建设单位、建筑承包商及工程监理单位三方确认的验工计价单等相关凭据，定期予以确认并计入建筑工程成本，按照单项工程进行明细核算

8.1.2 安装工程的确认与计量

安装工程包括企业按项目概算内容发生的在建设期间进行设备安装的工程，主要包括：

（1）生产、动力、起重、运输、传动、传导、通信和实验等各种需要安装设备的装置、装配工程；与设备相连的工作台、梯子、栏杆的安装工程；设备的绝缘、防腐、保温、油漆等工程。

（2）为测定安装工程质量，对单体设备、系统设备进行单机试运行和系统联动无负荷试运行所发生的支出。安装工程所发生的实际成本支出（不包括安装设备本身价值）。

8.2 直接人工费用的归集

根据《企业会计准则》的定义，职工薪酬是指企业为获得职工提供的服务而给予各种形式的报酬以及其他相关支出。

8.2.1 职工工资的核算

职工薪酬不仅包括企业一定时期支付给全体职工的劳动报酬总额，也包括按照工资的一定比例计算并计入成本费用的其他相关支出，即工资、奖金、津贴，职工福利费，各类社会保险费用以及辞退福利等其他与薪酬相关的支出，同时明确不包括以股份为基础的薪酬和企业年金。

1. 职工的定义

《企业会计准则第 9 号——职工薪酬》对“职工”是这样定义的：职工是指与企业订立劳动合同的所有人员，含全职、兼职和临时职工，也包括虽未与企业订立劳动合同但由企业正式任命的人员，如董事会成员、监事会成员等。

另外，在企业的计划和控制下，虽未与企业订立劳动合同或未由其正式任命，但为其提供与职工类似服务的人员，也纳入职工范畴，如劳务用工合同人员。

2. 职工薪酬的范围

《企业会计准第 9 号——职工薪酬》则将企业因获得职工提供服务而

给予职工的各种形式的报酬或对价，全部纳入职工薪酬的范围。由《企业会计准则第11号——股份支付》规定，对职工的股份支付，也属于职工薪酬。

(1) 职工薪酬，包括企业为职工在职期间和离职后提供的全部货币性薪酬和非货币性福利。提供给职工配偶、子女或其他被赡养人的福利等，也属于职工薪酬。

(2) 养老保险费，包括根据国家规定的标准向社会保险经办机构缴纳的基本养老保险费，以及根据企业年金计划向企业年金基金相关管理人缴纳的补充养老保险费。

以购买商业保险形式提供给职工的各种保险待遇，也属于职工薪酬。

(3) 非货币性福利，包括企业以自产产品发放给职工作为福利，将企业拥有的资产无偿提供给职工使用以及为职工无偿提供医疗保健服务等。

(4) 辞退福利包括：①职工劳动合同到期前，不论职工本人是否愿意，企业决定解除与职工的劳动关系而给予的补偿；②职工劳动合同到期前，为鼓励职工自愿接受裁减而给予的补偿，职工有权选择继续在职或接受补偿离职。

3. 工作天数计算

根据中华人民共和国劳动和社会保障部2008年1月10日发布的《关于职工全年月平均工作时间和工资折算问题的通知》规定，劳动者工作时间(即全年总天数减去休息日及法定节假日)减少为250天。

(1) 全年休息日为104天，法定节假日为11天，则：

$$\text{年工作日}=365-104-11=250\ (\text{天})$$

全年12个月，则月工作日天数计算如下。

$$\text{月工作日}=250\div 12=20.83\ (\text{天})$$

但按照《中华人民共和国劳动法》第51条的规定，法定节假日用人单位应当依法支付工资。也就是说11个节假日都应计薪，除去不计薪酬的104个双休日，月工作天数计算如下：

$$=(365-104)\div 12=21.75\ (\text{天})$$

4. 工资标准

工资标准包括最低工资标准、固定工资标准和浮动工资标准等。

（1）最低工资。

根据《最低工资规定》（中华人民共和国劳动和社会保障部令第21号），最低工资标准，是指劳动者在法定工作时间或依法签订的劳动合同约定的工作时间内提供了正常劳动的前提下，用人单位依法应支付的最低劳动报酬。在劳动者提供正常劳动的情况下，用人单位应支付给劳动者的工资在剔除下列各项以后，不得低于当地最低工资标准：延长工作时间工资；中班、夜班、高温、低温、井下、有毒有害等特殊工作环境、条件下的津贴；法律、法规和国家规定的劳动者福利待遇等。

最低工资不包括各类保险和住房公积金。

（2）固定工资。

固定工资标准是指每一个工资等级只规定一个工资数额，一旦确定，长期稳定不变，与企业经济效益没有直接关系。

（3）浮动工资。

浮动工资是指职工工资随着职工劳动成果的大小而上下浮动。浮动工资总额通常不包括固定性的津贴和补贴（如副食品价格补贴）以及特殊情况下支付的工资。企业可以根据需要，选择工资总额中浮动部分的构成。另外，由于企业收到紧急订单时，会安排员工加班，那么加班工资怎么计算呢？

（4）加班工资。

职工加班费的基数可以由企业和职工协商来确定，否则企业应按照劳动者本人正常劳动应得的工资确定。

根据《中华人民共和国劳动法》规定，加班工资标准如下：

①安排劳动者延长工作时间的，支付不低于工资的150％的工资报酬；

②休息日安排劳动者工作又不能安排补休的，支付不低于工资的200％工资报酬；

③法定休假日安排劳动者工作的，支付不低于工资的300％的工资报酬。

加班工资计算公式如下：

工作日延长时间加班工资＝加班工资的计算基数÷21.75÷8×加班小时数×150％

节假日加班工资＝加班工资的计算基数÷21.75×300％

休息日加班工资＝加班工资的计算基数÷21.75×200％

4. 社会保险及其他税费计提比例

计算社会保险及其他税费时，国家规定了计提基础和计提比例的，应当按照国家规定的标准计提。

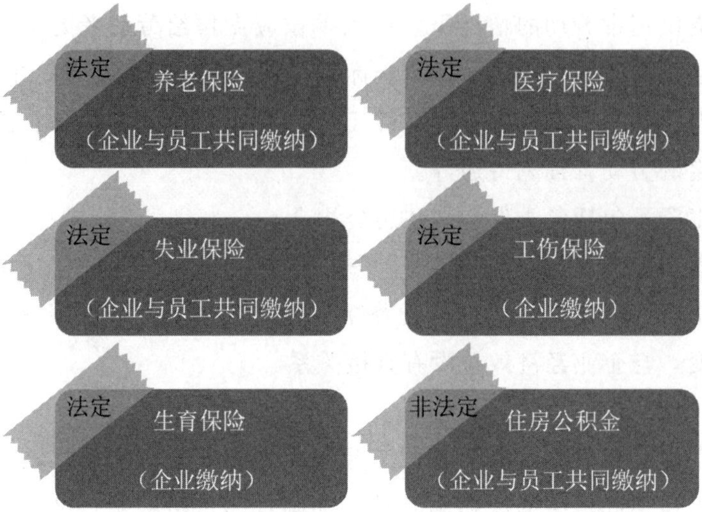

2019 年 4 月，国务院办公厅印发了《降低社会保险费率综合方案》，自 2019 年 5 月 1 日起，降低城镇职工基本养老保险单位缴费比例，目前单位缴费比例高于 16％的省份可降至 16％；低于 16％的要研究提出过渡方法。以深圳市为例，为计算方便，以拥有深圳市户口的员工为准，险种以及缴纳比例见表 8-2。

表 8-2　　深圳市职工社会保险缴费比例及缴费基数表

险种	缴费比例			缴费基数
	单位	个人	合计	
养老保险	14％	8％	22％	职工上月工资总额，上限为上年全省全口径城镇单位就业人员月平均工资的 3 倍，下限为本市最低工资
医疗保险	0.45％～5.2％	0.2％～2％	0.65％～7.2％	职工月工资总额。上限为深圳市上年度在岗职工月平均工资的 3 倍，下限为深圳市上年度在岗职工月平均工资的 60％
生育保险	0.45％	0	0.45％	职工上月工资总额。上限为深圳市上年度在岗职工月平均工资的 3 倍，下限为本市最低工资

续上表

险种	缴费比例			缴费基数
	单位	个人	合计	
失业保险	0.7%	0.3%	1%	本市最低工资
工伤保险	0.14%～1.4%	0	0.14%～1.4%	同养老保险缴费基数

缴费标准计算公式如下：

缴费标准＝缴费基数×缴费比例

5. 工会经费

工会经费，是指工会依法取得并开展正常活动所需的费用。按照《中华人民共和国工会法》规定，按每月全部职工工资总额的2%向工会拨缴。

6. 职工教育经费

2018年5月10日，财政部和国家税务总局公布《关于企业职工教育经费税前扣除政策的通知》，明确企业发生的职工教育经费支出，不超过工资薪金总额8%的部分，准予在计算企业所得税应纳税所得额时扣除。

7. 人工费的账务处理

直接人工费用记入“应付职工薪酬”科目，此科目用于核算施工企业直接从事工程施工人员的工资、奖金，以及津贴、劳动保护费等，不包括项目管理人员和专业劳务分包人员所发生的费用。设置“应付职工薪酬”一级科目，在一级科目下设置明细科目进行统一核算，如工资薪酬、福利费、各类社会保险费用、辞退补偿、带薪休假费用等。

“应付职工薪酬——工资”科目月末有余额，贷方余额为累计应付未付工资，借方余额为累计多付工资。在企业各月工资总额相差不多的情况下，按照重要性要求，也可以按照当月实际支付的工资额进行分配，采用这种方法，“应付职工薪酬——工资”科目月末没有余额。

企业进行工资分配，账务处理如下。

借：合同履约成本——工程施工——直接人工费

　　贷：应付职工薪酬

【**例 8-1**】燕华建筑工程有限公司 2×21 年 5 月工资结算表，见表 8-3。

表 8-3 **工资结算汇总表**

2×21 年 5 月 单位：元

人员类别	计时工资	计件工资	奖金	津贴和补贴	加班工资	其他工资	应付工资	代扣款项	代扣个人所得税	实发工资
甲项目	300 000	45 000	8 400	4 000	7 700	0	365 100	8 900	4 600	351 600
乙项目	240 000	0	5 900	3 200	0	0	249 100	4 500	2 500	242 100
丙项目	118 000	0	4 000	14 800	0	0	136 800	2 200	1 850	132 750
合计	658 000	45 000	18 300	22 000	7 700	0	751 000	15 600	8 950	726 450

借：合同履约成本——工程施工——直接人工费（甲项目）

365 100

——工程施工——直接人工费（乙项目）

249 100

——工程施工——直接人工费（丙项目）

136 800

贷：应付职工薪酬——工资 751 000

企业发放工资、办理工资结算时通过编制“工资核算表”。在工资结算表中，要根据工资卡、考勤记录、施工记录及代扣款项等资料按人名填列“应付工资”“代扣款项”“实发工资”三大部分。一般情况下，工资结算表一般应编制一式三份：一份由人力资源部门存查；一份裁成“工资条”，连同工资一起发给职工；一份在发放工资时由职工签章后交财会部门作为工资核算的凭证，并用以代替工资的明细核算。由于工资结算表是按各个车间、部门分别编制的，因此，只能反映各个车间、部门工资结算和支付的情况。

月末向财务管理部门提交工资发放明细表，财务管理部门以考勤表、工资发放表（表 8-4）作为会计凭证，进行会计处理如下：

发放数额

借：应付职工薪酬——工资
　　贷：银行存款

结转代扣款时

借：应付职工薪酬——工资
　　贷：其他应收款——代垫职工借款

结转代扣个人所得税时

借：应付职工薪酬——工资
　　贷：应交税费——个人所得税

根据工资结算业务，编制会计分录如下。

（1）通过银行转账方式，实际发放工资 726 450 元。

借：应付职工薪酬——工资　　726 450
　　贷：银行存款　　726 450

（2）结转代扣款 15 600 元。

借：应付职工薪酬——工资　　15 600
　　贷：其他应付款　　15 600

（3）结转代扣个人所得税 8 950 元。

借：应付职工薪酬——工资　　8 950
　　贷：应交税费——应交个人所得税　　8 950

表 8-4　　工资发放表

姓名	身份证号	应发	代扣款	代扣个人所得税	实发	开户行	卡号	领取签字
周明	×××	4 900	30	0	4 870	工商银行	××	周明
李全	×××	3 400	160	0	3 240	工商银行	××	李全
张宁	×××	6 700	15	45	6 640	工商银行	××	张宁
王冰	×××	5 400	200	0	5 200	工商银行	××	王冰
朱敏	×××	4 890	130	0	4 760	工商银行	××	朱敏
夏月	×××	6 700	225	45	6 430	工商银行	××	夏月
……	……	……	……	……	……	……	……	……
合计		751 000	15 600	8 950	726 450			

项目负责人：李畅　　班组长：孙飞　　经手人：叶青青

根据《中华人民共和国企业所得税法实施条例释义及适用指南》（国家统计局第1号令）规定：津贴和补贴，是指为了补偿职工特殊或额外的劳动消耗和因其他特殊原因支付给职工的津贴，以及为了保证职工工资水平不受物价影响支付的物价补贴，包括补偿职工特殊或额外劳动消耗的津贴（如高空津贴、井下津贴等），保健津贴，技术性津贴（如技师津贴），工龄津贴及其他津贴（如直接支付给伙食津贴、合同制职工工资性补贴及书报费等）。

8.2.2 社会保险费和住房公积金计提与支付

应由职工个人负担的社会保险费和住房公积金，属于职工工资的组成部分，应根据职工工资的一定比例计算。由企业负担的社会保险费和住房公积金，应在职工为其提供服务的会计期间，根据职工工资的一定比例计算。社会保险费和住房公积金账务处理如下。

应由职工个人负担

借：应付职工薪酬——工资

　　贷：其他应付款

应由企业负担

借：合同履约成本

　　管理费用

　　销售费用

　　在建工程

　　研发支出

　　贷：应付职工薪酬——社会保险费（住房公积金）

【例 8-2】2×21 年 6 月，恒通建筑工程有限公司本月缴纳职工社会保险费及住房公积金共计 345 601.30 元，其中，企业负担金额为 215 951.10 元，个人负担金额为 129 650.20 元。社会保险金、住房公积金计算，见表 8-5。会计分录如下：

①计提由企业负担的社会保险费及住房公积金。

借：合同履约成本—— 社会保险费及住房公积金 215 951.10

　　贷：应付职工薪酬——养老保险　　111 356

　　　　　　　　　　——医疗保险　　31 816

　　　　　　　　　　——失业保险　　5 567.80

　　　　　　　　　　——工伤保险　　7 954

表 8-5　　社会保险金、住房公积金计算表

2×21 年 6 月项目	养老保险		医疗保险		失业保险		工伤保险		生育保险		住房公积金		合计
	比例	金额	比例	金额	比例	金额	比例	金额	比例	金额	比例	金额	
计算基数		795 400		795 400		795 400		795 400		795 400		795 400	
企业负担	14%	111 356	4%	31 816	0.7%	5 567.80	1%	7 954	0.45%	3 579.30	7%	55 678	215 951.10
个人负担	8%	63 632	1%	7 954	0.3%	2 386.20	—	0	—	0	7%	55 678	129 650.20
合计		174 988		39 770		7 954		7 954		3 579.30		111 356	345 601.30

——生育保险　　3 579.30

——住房公积金　　55 678

②计提由个人负担的社会保险费及住房公积金。

借：应付职工薪酬——工资　　129 650.20

贷：其他应付款——养老保险　　63 632

——医疗保险　　7 954

——失业保险　　2 386.20

——住房公积金　　55 678

③缴纳时。

借：应付职工薪酬——养老保险　　111 356

——医疗保险　　31 816

——失业保险　　5 567.80

——工伤保险　　7 954

——生育保险　　3 579.30

——住房公积金　　55 678

其他应付款——养老保险　　63 632

——医疗保险　　7 954

——失业保险　　2 386.20

——住房公积金　　55 678

贷：银行存款　　345 601.30

8.2.3　工会经费和职工教育经费的计提与使用

工会经费是按照国家规定由企业负担的用于工会活动方面的经费（计提比例 2%），职工教育经费是按国家规定由企业负担的用于职工教育方面的经费（计提比例 8%）。为了反映工会经费和职工教育经费的提取和使用情况，应在“应付职工薪酬”科目下设“工会经费”和“职工教育经费”明细科目。应付工会经费和职工教育经费的账务处理如下。

计提时	使用时
借：合同履约成本 机械作业 管理费用 研发支出 贷：应付职工薪酬——工会经费 ——职工教育经费	借：应付职工薪酬——工会经费 ——职工教育经费 贷：银行存款

【例 8-3】承上例，计算本月工会经费、职工教育经费，见表 8-6。

表 8-6 工会经费、职工教育经费计算表

2×21 年 5 月

项目	工会经费		职工教育经费		合计
	比例	金额	比例	金额	
计算基数		795 400		795 400	
应付职工薪酬	2%	15 908	8%	63 632	79 540

借：管理费用 79 540

　贷：应付职工薪酬——工会经费 15 908

　　　　　　　　——职工教育经费 63 632

企业应向社会保险经办机构（或企业年金基金账户管理人）缴纳的医疗保险费、养老保险费、失业保险费、工伤保险费、生育保险费等社会保险费，应向住房公积金管理中心缴存的住房公积金，以及应向工会部门缴存的工会经费等，国家（或企业年金计划）统一规定了计提基础和计提比例，应按照国家规定的标准计提。

当期实际发生金额大于预计金额的，应当补提应付职工薪酬；当期实际发生金额小于预计金额的，应当冲回多提的应付职工薪酬。

8.2.4 非货币性职工薪酬的核算

非货币性职工薪酬是指企业以非货币性资产支付给职工的薪酬，主要包括企业以自产产品发放给职工作为福利，将企业拥有的资产无偿提供给职工使用，为职工无偿提供医疗保健服务等。

1. 非货币性福利

企业将拥有的房屋等资产无偿提供给职工使用的，应当根据受益对象，将

该住房每期应计提的折旧计入相关资产成本或当期损益，同时确认应付职工薪酬。租赁住房等资产供职工无偿使用的，应当根据受益对象，将每期应付的租金计入相关资产成本或当期损益，并确认应付职工薪酬。基本账务处理如下。

计提时	实际支付时
借：管理费用/生产成本/制造费用等 　　贷：应付职工薪酬——非货币性福利	借：应付职工薪酬——非货币性福利 　　贷：银行存款 　　　　累计折旧

【例 8-4】鑫诚建筑有限公司采购 100 台电风扇，每台不含税价 120 元，增值税额 15.60 元。这批电风扇为建筑现场职工使用，以银行存款支付。

①确认非货币性福利＝（120＋15.60）×100＝13 560（元）

借：在建工程　　13 560

　　贷：应付职工薪酬——非货币性福利　　13 560

②支付时。

借：应付职工薪酬——非货币性福利　　13 560

　　贷：银行存款　　13 560

2. 辞退福利

（1）企业在职工劳动合同到期之前解除与职工的劳动关系，或者为鼓励职工自愿接受裁减而提出给予补偿的建议，同时满足下列条件的，应当确认因解除与职工的劳动关系给予补偿而产生的应付职工薪酬，同时计入当期损益。

（2）企业已制订正式的解除劳动关系计划或提出自愿裁减建议，即将实施。该计划或建议应当包括拟解除劳动关系或裁减的职工所在部门、职位及数量；根据有关规定按工作类别或职位确定的解除劳动关系或裁减补偿金额；拟解除劳动关系或裁减的时间。

（3）企业不能单方面撤回解除劳动关系计划或裁减建议。为了反映解除劳动关系补偿的提取和支付情况，应在“应付职工薪酬”科目下设置“辞退福利”明细科目。

由于被辞退职工不能再给企业带来任何经济利益，辞退福利应当计入当期费用而不是资产成本。借记“管理费用”科目，贷记“应付职工薪酬——辞退福利”科目。账务处理如下。

计提时	实际支付时
借：管理费用 　贷：应付职工薪酬——辞退福利	借：应付职工薪酬——辞退福利 　贷：银行存款/库存现金

8.2.5 建筑企业用工政策

由于建筑企业拥有大量的农民工，为了维护农民工的利益，根治农民工欠薪问题，2019年12月4日国务院第73次常务会议通过《保障农民工工资支付条例》。

《保障农民工工资支付条例》主要包括以下内容：

建筑企业应当以货币形式支付农民工工资，通过银行转账或者现金支付给农民工本人，不得以实物或者有价证券等其他形式替代。

(1) 施工总承包单位应当在工程项目开工之日起30日内为该项目建立农民工工资专用账户，建设单位按照约定拨付工程款时，应当按照工程承包合同约定的比例或者施工总承包单位提供的人工费用数额，将应付工程款中的人工费用按期拨付到农民工工资专用账户。

(2) 工程建设领域应当实行分包单位农民工工资委托施工总承包单位代发制度，分包单位负责按月计算每位农民工当月应得工资额，并交施工总承包单位通过银行代发工资。

(3) 实行工资保证金制度、实名制用工管理制度以及施工现场维权信息公示制度。

用人单位应当按照工资支付周期编制书面工资支付台账，并至少保存3年。

书面工资支付台账应当包括用人单位名称、支付周期、支付日期、支付对象姓名、身份证号码、联系方式、工作时间、应发工资项目及数额、代扣代缴扣除项目和数额、实发工资数额、银行代发工资凭证或者农民工签字等内容。

(4) 用人单位向农民工支付工资时，应当提供农民工本人的工资清单。

8.3 机械使用费归集

机械使用费是指施工过程中使用的各种施工机械发生的中小型维修费、机械租赁费、大型机械进退场费、燃料费以及机械操作人员工资。

8.3.1 机械使用费分配方法

为了考核施工机械的使用情况和正确分配有关费用，施工企业的现场人员必须逐日填写“机械使用记录”，月末再由机械管理部门汇总编制“机械使用月报”，以便了解使用机械的名称、运转台班、停置台班及其原因等重要情况。对于多个单项工程使用，不能分清受益对象的，先归集到“机械作业”科目。期末，设备管理部门根据各单项工程使用机械台班数、作业数量等基础数据编制机械费用分配表，将机械使用费分配给各单项工程，财务人员根据机械费用分配表入账。

一般情况下，分配机械作业费的方法主要有台班分配法、预算分配法和作业量法。

1. 台班分配法

台班是指机器设备单位时间利用情况的一种复合计量单位。台班由“台”和“班”组成，“台”是指机械设备的单位，如，“一台汽车，两台挖掘机等”；“班”是指“工作按时间分成的段落”，比如“夜班、白班、三班倒等”，依照我国的工作时段规定，一个“班”指 8 小时工作时段。

台班分配法是按照各工程使用施工机械的台班数进行分配。实际上，台班分配法适用于按单机或机组进行成本核算的施工机械。计算公式如下：

$$某设备台班分配率=\frac{本期该种设备实际费用总和}{各成本计算对象本期使用台班合计}$$

机械设备使用过程中发生的费用，称机械台班费，简称台班费，是企业内部核算机械使用费的依据。

对可移动的机械设备（如道路工程施工机械、建筑施工机械等），以一台机器工作 8 小时（一个台班）为计算单位，也可以折算为以小时计的小时台班费（台时费）。

2. 预算分配法

预算分配法是按实际发生的机械作业费用占预算定额机械使用费的比率

进行分配的方法。预算分配法适用于不便于计算机械使用台班、无机械台班和台班单价预算定额的中小型施工机械。计算公式如下：

$$本期机械分配率=\frac{本期发生的机械使用费总额}{本期各成本计算对象已完工工程预算机械使用费之和}$$

3. 作业量法

作业量法是以各种机械所完成的作业量为基础进行分配的方法。作业量分配法适用于能计算完成作业量的单台或某类机械。计算公式如下：

$$某种（类）设备单位产量分配率=\frac{本期该种（类）设备发生费用总额}{本期该种（类）设备作业总产量}$$

8.3.2 自有机械使用费的核算

机械台班费由不变费用（也称“第一类费用”）和可变费用（也称“第二类费用”）组成。每机械台班的不变费包括：台班折旧费、台班大修理费、台班经常维修费、台班替换设备、工具及附具费，台班润滑及擦拭材料费、台班安装拆卸及辅助设施费，台班机械保管费等。可变费用包括：机上人员工资、动力费、燃料费、车辆养路费等。为了反映施工单位自有施工机械和运输设备进行机械作业所发生的各项费用，应通过“机械作业”账户进行核算，按照机组或单机设置明细分类账。

借：合同履约成本——工程施工——机械使用费

　　贷：累计折旧/原材料/机械作业

【例 8-5】 2×21 年 2 月，晟平建筑有限公司当月 2 台自升式升降机发生下列费用，机械使用月报见表 8-7。有关会计处理如下。

表 8-7　　**机械使用月报表**

机械编号：AXH432　　使用单位：施工二队

机械名称：自升式升降机　　使用地址：甲项目

2×21 年 2 月

项目	单位	数量	运转小时					停工小时				备注	使用单位盖章
			一班	二班	三班	加班	合计	安装	待工	修理	合计		
甲项目			80	80	80		240						施工二队

（1）领用92号柴油1 970升，共计13 400元。

借：机械作业——升降机（燃料及动力费）　　13 400

　　贷：原材料——其他材料　　13 400

（2）分配机械操作人员工资及其他薪酬共计8 600元，会计分录如下。

借：机械作业——自升式升降机（人工费）　　8 600

　　贷：应付职工薪酬　　8 600

【例8-6】某建筑施工公司自有施工机械2×21年7月发生费用，见表8-8。

表8-8　　**机械作业费用**

2×21年7月　　单位：元

费用支出	推土机	费用支出	挖土机
人员工资	4 250	计提折旧	6 500
耗用燃油	21 890	总计	41 600
支付水电费	8 960		

编制会计分录如下。

（1）借：机械作业——推土机——人工费　　4 250

　　　贷：应付职工薪酬　　4 250

（2）借：机械作业——推土机——燃料及动力　　21 890

　　　贷：原材料　　21 890

（3）借：机械作业——推土机——水电费　　8 960

　　　贷：银行存款　　8 960

（4）借：机械作业——挖土机——折旧、修理费　　6 500

　　　贷：累计折旧　　6 500

需要注意的是，台班折旧费是指施工机械按固定资产额及其耐用总台班数，计算出的每个台班应分摊的费用。

8.3.3　租用施工机械和运输设备的核算

对于租入的施工机械所支付的租赁费，能够分清成本计算对象的，直接计入有关工程成本；分不清成本计算对象的，应按照各个成本计算对象所耗用租赁机械的台班数，分配计入有关成本计算对象。

（1）机械租赁属于“有形动产租赁”税目，适用税率为13%，征收率为3%，简称为“经营租赁”，也称“干租”。“营改增”试点之前取得的有形动产为标的物提供的经营租赁服务，可以选择适用简易计税方法。

（2）纳税人将建筑施工设备出租给他人使用并配备操作人员的，按照“建筑服务”缴纳增值税，税率为9%，征收率为3%，编码简称为“建筑服务”，也称为“湿租”。

借：合同履约成本——工程施工——机械使用费

　　应交税费——应交增值税（进项税额）

　　贷：银行存款/应付账款/机械作业

【例 8-7】盛锋建筑工程有限公司从辰星设备厂租入一台打桩机用于盛世小区工程项目，按照规定的台班费定额，根据“机械租赁结算账单”以银行存款支付租赁费8 136元，增值税税率13%。机械设备租赁合同、增值税专用发票见表8-9至表8-10。

表 8-9

机械设备租赁协议

甲方：辰星设备厂

乙方：盛锋建筑工程有限公司

　　根据盛世小区工程项目具体安排，经甲乙双方协商，签订本协议。具体条款如下。

一、协议内容：盛世小区工程项目铺设护栏。

二、使用地点：宣阳路23号。

三、协议要求：本工程定于2×21年6月1日开工，工期3天。

四、机械费用计算：

　　1台打桩机，共36小时，每小时226元；

　　共计：8136元（人民币大写：捌仟壹佰叁拾陆元整）。

五、费用结算：2×21年6月30日一次性付清。

六、甲方承诺：按乙方要求作业。

七、本合同一式贰份，甲乙双方分别保存。

　　本合同双方签字盖章后生效，待使用完毕，机械费用结清后失效。

甲方（盖章）辰星设备厂	乙方（盖章）盛锋建筑工程有限公司
潘明	苏强
2×21年6月1日	2×21年6月1日

表 8-10

××××　　　　深圳增值税专用发票　　　　No：××××

发　票　联

开票日期：2×21 年 3 月 10 日

购货单位	名　　称：盛锋建筑工程有限公司 纳税人识别号：432957429457H 地 址 、电 话：深圳市龙岗区三条西路 34 号　0755-84360987 开户行及账号：深圳工商银行龙华支行　7545654					密码区	略
货物或应税劳务、服务名称	规格型号	单位	数量	单价	金额	税率（%）	税额
有形动产租赁打桩机		台	1	7 200	7 200	13%	936
合计					￥7 200		￥936
价税合计（大写）	⊗捌仟壹佰叁拾陆元整						（小写）￥8 136
销货单位	名　　称：辰星设备厂 纳税人识别号：7349220577H 地 址 、电 话：深圳市龙岗区天安路 221 号　0755-62349656 开户行及账号：中行天安路分理处　543545					备注	辰星设备厂 7349220577H 发票专用章

收款人：××　　复核：××　　开票人：××　　销货单位：

根据以上经济业务，账务处理如下。

借：合同履约成本——工程施工——机械使用费——盛世小区项目　7200

　应交税费——应交增值税（进项税额）　936

　贷：银行存款——盛世小区项目　8 136

8.3.4　施工机械的安装、拆卸和进出场费的核算

建筑施工企业一般都有跨地区项目，有些大型施工机械需要拆卸后运到施工现场，如塔式吊车、混凝土搅拌车等，运抵施工现场后再安装；工作完成后再拆卸运回存放地点，这种费用就是机械进退场费。具体包括机械在施

工现场进行安装、拆卸与搬运所需的工费、材料费、机具费和试运转费用；辅助设施（基础、底座、固定锚桩、走行轨道、枕木等）的搭拆与折旧费用；机械整体或解体分件自停置地点到施工现场或由一工地至另一工地的进出场运输转移、装卸、辅助材料等有关费用。

一项工程一般来说只能计算一次机械进出场费。施工机械费用按照《全国统一施工机械台班费用定额》基价执行。定额中的大型机械进出场费主要包括：桩工机械（柴油打桩机、静力压桩机、沉拔桩机、强夯机械、震动汽车式钻机、转盘钻孔机）；土石方与筑路（推土机、铲运机、平地机、装载机、拖拉机、挖掘机、搅拌机、铺摊机、压路机）；起重机设备；建筑水平垂直运输设备（卷扬机、塔式起重机、施工电梯）；塔吊、施工电梯等。

不变费用包括折旧费、大修理费、安装拆卸及辅助设施费等。

（1）折旧费是指机械设备在规定的使用期限内，陆续收回其原值的费用。台班折旧费指分摊到每一台班上的折旧费，其计算公式如下：

台班折旧费＝[机械预算价格×（1－残值率)]×时间价值系数÷耐用总台班

机械预算价格，指由机械出厂（或到岸完税）价格和从生产厂（销售单位交货地点或口岸）运至使用单位机械管理部门验收入库的全部费用。

残值率，指施工机械报废时，其回收残余价值占机械原值的比率。一般为2%～5%。

耐用总台班，指机械设备从开始投入使用至报废前所使用的总台班数。

【例8-8】 假设装载机耐用总台班数为5 000台班，使用寿命为9年，该机械预算价格为40 000元。残值率为3%，银行贷款利率为6%。根据以上资料，计算装载机折旧费是多少。

时间价值系数＝1＋［（折现年限＋1）÷2］×年折现率
＝1＋10÷2×6%
＝1.3

台班折旧费＝机械价格×（1－残值率）×时间价值系数÷耐用总台班
＝40 000×（1－3%）×1.3÷5 000
＝10.09（元/台班）

（2）大修理费是指机械设备按规定的大修间隔台班必须进行大修理，以恢复其正常功能所需的费用。台班大修费是指分摊到每一台班上的大修理费用，其计算公式如下：

台班大修理费＝一次修理费×大修理次数÷耐用总台班

式中：一次修理费用，指机械设备按规定的大修理范围，修理工作内容所需更换零配件，消耗材料及机械加工时，送修运杂费。

大修理次数＝使用周期数－1

使用周期数，是指机械在正常施工作业的条件下，在其寿命期内（耐用总台班）内，按规定的大修理次数划分的工作周期。

使用周期数＝耐用总台班÷大修理间隔台班

大修理间隔台班，指机械从开始投入使用至第一次大修理或自上次大修理起至下次大修理止的使用台班数。

(3) 安装拆卸及辅助设施费是指机械设备在施工现场进行安装、拆卸所需的人工、材料、机械费（打桩、钻孔机械桩架安装及拆卸，则包括在工程项目内），试运转费以及安装所需的辅助设施费。辅助设施费包括安置机械的基础、底座及固定锚桩等项费用。

至于特大型机械的辅助设施（大型发电机、拌和设备、动力机的混凝土基础、散热池等）以及机械操作所需的轨道、工作台，不在此项费用内，在工程项目中另行计算。

台班安装拆卸及辅助设施费的计算公式为：

台班安装拆卸及辅助设施费＝机械一次安装拆卸费×年平均拆卸次数÷年工作台班

各种机械的一次安装拆卸费、年平均安装拆卸次数和台班辅助设施摊销费根据各公路施工部门的资料经分析平衡后取定。

事实上，对于一般施工机械，在施工机械使用费的 8 项（折旧费、大修理费、经常修理费、安拆费及场外运费、人工费、燃料动力费、其他费用）构成中是包括安装拆卸费及场外运费的，基本计算方法是：分别按不同机械、型号、重量、外形、体积、安装拆卸和运输方法，通过测算其工料，机械的耗用量后综合计算取定。除地下工程机械外，一般均按年平均 4 次运输，运距平均 25 千米以内考虑。其计算公式为：

台班安装拆卸费＝机械一次安拆费×年平均安装拆卸次数÷年工作台班＋辅助设施摊销费

辅助设施摊销费＝辅助设施一次费用×（1－残值率）÷辅助设施耐用台班

台班场外运费＝(一次运输及装卸费＋辅助材料一次摊销费＋一次架线费）×年平均场外运输次数÷年工作台班

【例 8-9】某建筑公司第一工区本期支付施工机械安装及折卸费 2 000 元，进出场费 2 500 元。其中甲工程负担 3 000 元，乙工程负担 2 500 元。会计分录如下。

借：合同履约成本——工程施工——甲工程（机械使用费） 3 000

——工程施工——乙工程（机械使用费） 2 500

贷：银行存款 5 500

需要说明的是，对于各种中型机械的机械使用费的核算，也可不分机械种类进行。在这种情况下，对于各项工程应分配的机械使用费，可在月终根据机械使用月报中各种机械的工作台时合计分别乘该种机械台时费计划数，求得当月按各种机械台时费计划数计算的机械使用费合计，然后与当月实际发生的机械使用费合计数比较，求得机械使用费实际数对按台时费计划数的百分比，再对各项工程按台时费计划数计算的机械使用费进行调整。

8.4 直接材料的核算

直接材料费归集、包括原材料的领用、周转材料的摊销等。直接材料费用于核算施工企业预算定额中构成工程实体的原材料、构配件和半成品、辅助材料、周转材料的摊销以及租赁费用等。

8.4.1 直接材料分配方法

建筑施工企业的材料主要包括构建筑产品实体的主要材料、结构件、机械配件、周转料具等。

材料的分配方法包括计量耗用量分配法和定额耗用量法。

（1）计量耗用量分配法计算公式如下：

$$某种材料费用分配率=\frac{当期发出该种材料费用总额}{各受益对象计量耗用量之和}$$

某种成本对象应分配材料费=该成本计算对象计量耗用量×该种材料费用分配率

（2）定额耗用量法分配公式如下：

各成本计算对象某种材料定额耗用数量=各成本计算对象该种材料消耗定额×各成本计算对象实际产量

$$某种材料定额耗用量分配率=\frac{当期发出该种实际用数量总额}{所有成本计算对象使用该种材料定额用量之和}$$

某种成本计算对象应负担的某种材料费=该成本计算对象该种材料定额耗用数×该种材料定额耗用量分配率×该种材料单价

【例 8-10】盛世恒瑞建筑工程公司承包一项工程，6 月发出中粗砾石共 4 700立方米，粗砾石单价 30 元，中砾石单价 40 元。材料耗用量计算单见表 8-11 至表 8-12。

表 8-11　　大堆材料耗用明细账

材料名称	计量单位	期初盘存量	本期进场量	本期调出量	期末盘存量	本期实际用量
中粗河沙	立方米	500	2 800		700	2 600
碎石	立方米	300	1 700		500	1 500

表 8-12　　大堆材料耗用计算单

材料名称	粗砾石			中砾石		
单位价格	30 元/m^3			40 元/m^3		
使用工程名称	定额耗用量（立方米）	实际耗用量（立方米）	金额（元）	定额耗用量（立方米）	实际耗用量（立方米）	金额（元）
主体工程	1 800	2 000	60 000	800	840	33 600
配套工程	910	1 200	36 000	400	660	26 400
合计	2 710	3 200	96 000	1 200	1 500	60 000

借：合同履约成本——工程施工——合同成本——主体工程——材料费

93 600

——合同成本——配套工程——材料费

62 400

贷：原材料——主要材料　　156 000

如果采用计划成本核算材料费时，则借记“合同履约成本——工程施工——合同成本——材料费”，贷记“材料成本差异”。

差异额＝(3 200－2 710) ×30＋ (1 500－1 200) ×40

＝14 700＋12 000＝26 700（元）

借：合同履约成本——工程施工——合同成本——材料费　26 700

贷：材料成本差异　26 700

8.4.2 燃料及动力费分配方法

燃料及动力费是指机械在运转或施工作业中所耗用的企业自制或外购的固体燃料（如煤炭、木材）、液体燃料（汽油、柴油）、电力、水和风力等费用。

燃料动力费应按下列公式计算：

台班燃料动力费＝∑（燃料动力消耗量×燃料动力单价）

燃料动力消耗量应根据施工机械技术指标及实测资料综合确定。

燃料动力单价应执行编制期工程造价管理部门的有关规定。

【例 8-11】2×21 年 3 月，某建筑公司承担县城主路向阳街一段 4 公里的修复工程，施工过程中发生机械耗用的油料费 17 784 元，其中自卸车油料费 3 640 元，装载机 6 570 元，搅拌机 1032 元，小型机械 6 542 元。根据以上经济业务作会计账务处理如下。

借：机械作业——自卸车（燃料及动力）　3 640

——中型机械（燃料及动力）(6 570＋1 032)　7 602

——小型机械（燃料及动力）　6 542

贷：原材料——燃料　17 784

【例 8-12】2×21 年 1 月，某建筑公司承担省际高速公路 G 段工程、H 段工程共同耗用外购动力费 12 850 元，其中 1 期耗用 9 150 元，2 期耗用 3 700 元。根据以上经济业务，会计账务处理如下。

借：合同履约成本——工程施工——省际高速公路 G 段工程（燃料及动力）　9 150

——工程施工——省际高速公路H段工程（燃料及动力）　　3 700

贷：机械作业　　12 850

【例 8-13】某施工企业2×21年3月“外购动力费”分配表，见表8-13。

表 8-13　　外购动力费分配表

2×21年3月　　单位：元

借方科目	金　　额	
合同履约成本	甲项目	20 000
	乙项目	34 000
合　　计	54 000	

根据外购动力费分配表，会计分录如下。

借：合同履约成本——甲项目　　20 000

——乙产品　　34 000

贷：机械作业　　54 000

8.5 固定资产折旧会计处理

固定资产折旧方法可以采用年限平均法、工作量法、双倍余额递减法、年数总和法等。企业应当根据与固定资产有关的经济利益的预期实现方式合理选择折旧方法。企业选用不同的固定资产折旧方法，将影响固定资产使用寿命期间内不同时期的折旧费用。因此，固定资产的折旧方法一经确定，不得随意变更。

8.5.1 年限平均法

年限平均法又称直线法，是将固定资产的应计折旧额在固定资产使用寿命内平均分摊到各期的一种方法。采用这种方法各期计算的折旧额相等。年限平均法的计算公式如下：

年折旧率＝（1－预计净残值率）÷预计使用年限×100％

月折旧率＝年折旧率÷12

月折旧额＝固定资产原价×月折旧率

表 8-14 为建筑施工企业各类固定资产的标准预计使用寿命。

表 8-14　　　　建筑施工企业各类固定资产标准预计使用寿命

项　　目	使用寿命	项　　目	使用寿命
一、房屋及建筑物			
1. 房屋		（10）固定式起重机	10
（1）钢结构	30	（11）卷扬机	10
（2）钢筋混凝土结构	30	（12）升降电梯	10
（3）钢筋混凝土砖结构	20	（13）简易起重装置	10
（4）砖结构	20	（14）浮吊（起重船）	10
（5）危害物品专用仓库	20	2. 挖掘机械	
2. 建筑物		（1）挖掘机	10
（1）道路	20	（2）装载机	10
（2）铁路专用线	20	（3）其他挖掘机械	10
（3）水塔	20	（4）碎石机	10
（4）油罐	20	（5）其他钢筋混凝土机械	10
（5）油池	20	3. 土方铲运机械	
（6）混凝土场地	20	（1）铲运机	10
（7）围墙	20	（2）推土机	10
（8）其他建筑物	20	（3）平地机	10
二、施工设备		（4）压路机（碾）	10
1. 起重机		（5）其他土方铲运机械	10
（1）塔式起重机	10	4. 凿岩机械	
（2）履带式起重机	10	（1）凿岩机	10
（3）汽车式起重机	10	（2）掘进机	10
（4）轮胎式起重机	10	（3）凿岩台车	10
（5）轨道式起重机	10	（4）深孔及潜孔钻机	10
（6）叉式起重机	10	（5）装（出、运）设备	10
（7）门式起重机	10	（6）喷锚设备	10
（8）桥式起重机	10	（7）其他凿岩机械	10
（9）桅杆式起重机	10	5. 基础及凿井机械	

续上表

项　　目	使用寿命	项　　目	使用寿命
(1) 打桩机	10	(2) 钢筋弯曲机	10
(2) 套管钻机	10	(3) 钢筋切断机	10
(3) 多头钻机	10	(4) 钢筋预应力拉伸机	10
(4) 旋转钻机	10	(5) 混凝土拌和楼（站）	10
(5) 潜水钻机	10	(6) 三砟拌和站	10
(6) 冲击式钻机	10	(7) 混凝土输送泵	10
(7) 槽壁机	10	(8) 混凝土摊铺机	10
(8) 其他基础凿井机械	10	(9) 混凝土搅拌机	10
6. 公铁线路机械		(10) 混凝土喷浆机	10
(1) 架桥机	10	(11) 混凝土振动器	10
(2) 造桥机	10	(12) 稳定土路拌机	10
(3) 运梁车	10	8. 运输机械	
(4) 焊轨机	10	(1) 皮带运输机	10
(5) 铺轨机	10	(2) 螺旋运输机	10
(6) 道砟捣固机械	10	(3) 其他运输机械	10
(7) 配渣整形机（车）	10	9. 工业泵类	
(8) 起拨道车	10	(1) 自吸泵	10
(9) 铁路大型养路机械	10	(2) 多级泵	10
(10) 沥青拌和站	10	(3) 单级泵	10
(11) 沥青摊铺机	10	(4) 深井泵	10
(12) 大型捣固车	10	(5) 潜水泵	10
(13) 架线作业车	10	(6) 其他工业泵类	10
(14) 安装作业车	10	三、运输设备	
(15) 立杆作业车	10	1. 公路运输设备	
(16) 接触网检测车	10	(1) 载货汽车	4
(17) 其他公路铁路机械	10	①大型载货汽车	4
7. 钢筋及混凝土机械		②中型载货汽车	4
(1) 钢筋调直机	10	③轻型载货汽车	4

续上表

项　目	使用寿命	项　目	使用寿命
④微型载货汽车	4	⑤冷藏车	4
⑤其他	4	⑥垃圾车	4
(2) 自卸汽车		⑦警车	4
①大型自卸车	4	⑧救护车	4
②中型自卸车	4	⑨囚车	4
③轻型自卸车	4	⑩其他	4
④其他	4	(10) 其他汽车	4
(3) 牵引汽车		2. 轨道运输设备	
①全挂牵引汽车	4	(1) 火车	10
②半挂牵引汽车	4	(2) 车厢	10
③其他	4	(3) 轨道车	10
(4) 客车		(4) 电动轨道平车	10
①大型客车	4	(5) 梭式矿车	10
②中型客车	4	(6) 其他	10
③轻型客车	4	3. 水上运输设备	
④微型客车	4	(1) 拖轮	10
⑤轿车	4	(2) 工程驳船	10
⑥越野汽车	4	(3) 散装水泥船	10
⑦其他	4	(4) 趸船	10
(5) 摩托车（不含电瓶摩托车）	4	(5) 潜水工作船	10
(6) 专用汽车	4	(6) 打桩船	10
(7) 蓄电池车	4	(7) 其他	10
(8) 拖拉机车	4	四、工业生产设备	
(9) 机械翻斗车		1. 木工加工机械	
①油、水槽车	4	(1) 木工锯（带、圆锯）	10
②煤气罐车	4	(2) 木工刨床、钻床	10
③水泥罐车	4	(3) 木工车床、铣床	10
④混凝土输送车	4	(4) 榫槽机	10

续上表

项　　目	使用寿命	项　　目	使用寿命
(5) 其他木工加工机械	10	(4) 其他焊接及切割设备	10
2. 金属切削机床		5. 铸造及热处理设备	
(1) 车、钻、刨床	10	(1) 熔铸炉	10
(2) 铣、镗、磨床	10	(2) 热处理炉	10
(3) 切断机床	10	(3) 干燥箱（炉）	10
(4) 齿轮及螺纹加工	10	(4) 淬火设备	10
(5) 联合及组合机床	10	(5) 电镀设备	10
(6) 其他金属切削机床	10	(6) 铸工造型机械	10
3. 锻压、剪冲设备		(7) 铸工浇注机械	10
(1) 锻锤	10	(8) 型砂处理及清理设备	10
(2) 锻造机	10	(9) 其他铸造及热处理设备	10
(3) 压力机	10	6. 动力设备	
(4) 剪切机	10	(1) 空气压缩机	10
(5) 整形机	10	(2) 气体分离设备	10
(6) 其他锻压、剪冲设备	10	(3) 制氧机组	10
4. 焊接及切割设备		(4) 液化气循环压缩机	10
(1) 电焊机	10	(5) 水处理设备	10
(2) 点焊机	10	(6) 风机	10
(3) 切割机		(7) 发电机（组）	10
其中：等离子切割机	10	(8) 变压器	10
磁力氧气切割机	10	(9) 锅炉	10

【例 8-14】2×21 年 1 月 20 日，梅州建筑工程有限公司购入一台塔式起重机，总价款 240 000 元，预计使用年限 10 年。预计净残值 2 000 元。

2 月计提折旧，根据公式：

当月计提折旧额＝（240 000－2 000）÷10÷12＝1 983.33（元）

8.5.2　其他折旧计提方法

其他计提折旧的方法还有工作量法、双倍余额递减法、年数总和法等。

1. 工作量法

工作量法是将固定资产的应计提折旧额，在固定资产的使用寿命内按各期完成的工作量进行分摊的一种方法。工作量法的计算公式如下：

单位工作量折旧率＝固定资产原价×（1－预计净残值率）÷预计总工作量

某项固定资产月折旧额＝该项固定资产当月工作量×单位工作量折旧率

【例 8-15】梅州建筑工程有限公司购入一辆汽车，原值 400 000 元，预计总行驶 500 000 千米，预计净残值率为 5%。该汽车本月实际行驶 10 000 千米，本月折旧计算如下：

每公里折旧率＝400 000×（1－5%）÷500 000＝0.76（元/千米）

本月折旧额＝10 000×076＝7 600（元）

2. 双倍余额递减法

双倍余额递减法是指在不考虑固定资产预计净残值的情况下，根据每期期初固定资产原价减去累计折旧后的金额和双倍的直线法折旧率计算固定资产折旧的一种方法。计算公式如下：

年折旧率＝2÷预计使用年限×100%

月折旧率＝年折旧率÷12

月折旧额＝每月月初固定资产账面净值×月折旧率

【例 8-16】原兴建筑一队购入一台淬火设备，该设备原值为 400 000 元，预计使用年限为 10 年，预计净残值 4 000 元，采用双倍余额递减法计提折旧。

年折旧率＝2÷10×100%＝20%

第一年折旧额＝400 000×20%＝80 000（元）

第二年折旧额＝（400 000－80 000）×20%＝64 000（元）

第三年折旧额＝（400 000－80 000－64 000）×20%＝51 200（元）

第四年折旧额＝（400 000－80 000－64 000－51 200）×20%＝40 960（元）

第五年折旧额＝（400 000－80 000－64 000－51 200－40 960）×20%＝32 768（元）

第六年折旧额＝（400 000－80 000－64 000－51 200－40 960－32 768）×20%＝26 214.4（元）

第七年折旧额＝（400 000－80 000－64 000－51 200－40 960－32 768－26 214.4）×20%＝20 971.52（元）

第八年折旧额＝（400 000－80 000－64 000－51 200－40 960－32 768－26 214.4－20 971.52）×20%＝16 777.22（元）

第九、十年折旧额＝（400 000－80 000－64 000－51 200－40 960－32 768－26 214.4－20 971.52－16 777.22－4 000）÷2＝31 554.43（元）

注意：为简化计算，每年各月折旧额可根据年折旧额除以 12 个月计算。

3. 年数总和法

年数总和法又称年限合计法，是指将固定资产的原值减去预计净残值后的余额，乘以一个以固定资产尚可使用寿命为分子，以预计使用寿命逐年数字之和为分母的逐年递减的分数计算每年的折旧额。计算公式如下：

年折旧率＝尚可使用年限÷预计使用寿命的年数总和×100%

月折旧率＝年折旧率÷12

月折旧额＝（固定资产原价－预计净残值）×月折旧率

【例 8-17】天水机械有限公司的一项机器设备原值为 600 000 元，预计使用年限为 4 年，预计净残值 5 000 元，采用年数总和法计提折旧。

第一年折旧额＝（600 000－5 000）×4÷10＝238 000（元）

第二年折旧额＝（600 000－5 000）×3÷10＝178 500（元）

第三年折旧额＝（600 000－5 000）×2÷10＝119 000（元）

第四年折旧额＝（600 000－5 000）×1÷10＝59 500（元）

4. 固定资产折旧的核算

固定资产按月计提折旧，企业通过编制“固定资产折旧计算表”作为固定资产折旧账务处理的依据。每月计提折旧时，可以在上月计提的折旧额的基础上，根据上月固定资产的增减变动情况，调整计算出当月应计提的折旧额，计算公式如下：

当月应计提折旧额＝上月计提的折旧额＋上月增加固定资产应计提的折旧额－上月减少固定资产应计提的折旧额

每月计提的折旧额应按固定资产用途计入相关资产的成本或者当期损益费用。

固定资产应当按月计提折旧，计提的折旧应通过“累计折旧”科目核算，并根据用途计入相关资产的成本或者当期损益。

【例 8-18】2×21 年 4 月 30 日，西梁建筑工程有限公司编制的固定资产折旧计算，见表 8-15。

表 8-15　　固定资产折旧计算表

使用部门	上月折旧额	上月增加固定资产应提折旧额	上月减少固定资产应提折旧额	本月折旧额
甲项目	460 000	23 000	19 000	464 000
乙项目	345 000	49 000	68 000	326 000
行政管理部门	93 400	9 000	7 500	94 900
经营性出租设备	23 000	—	—	23 000
合计	921 400	81 000	94 500	907 900

借：合同履约成本——工程施工——甲项目　　464 000
　　　　　　　　——工程施工——乙项目　　326 000
　　管理费用　　94 900
　　其他业务成本　　23 000
　　贷：累计折旧　　907 900

8.6　其他直接费用的会计核算

其他直接费用的归集包括临时设施摊销、安全生产费用以及现场施工直接耗用的施工现场材料的二次搬运费、生产工具和用具使用费、临时占地费、临时设施费、夜间施工费、检验试验费、工程定位复测费、工程点交费用、场地清理费用、环境保护费、工程保修费，与项目直接相关的征地拆迁费用以及印花税、车船税、城镇土地使用税、房产税、耕地占用税、临时占地复垦费等。

8.6.1　临时设施摊销

施工企业的各种临时设施应当在工程建设期间内按月进行摊销，摊销方法可以采用工作量法，也可以采用工期法。当月增加的临时设施，当月不摊销，从下月起开始摊销；当月减少的临时设施，当月继续摊销，从下月起停止摊销。摊销时，按摊销额，借记“合同履约成本”等科目，贷记“临时设施摊销”。需要查明某项临时设施的累计摊销额，可以根据临时设施卡片上所记载的该项临时设施的原价、摊销率和实际使用年限等资料进行计算。

【例 8-19】湘雅建筑有限公司因承建大华娱乐城项目于2×20 年 12 月购入5套活动板房，支付价款合计 83 200 元，并于次年 1 月起投入使用。企业预计活动板房使用年限为 4 年，大华娱乐城项目预计 2 年完工，预计净残值4 000元。

临时设施摊销期限是预计使用期限与工程的施工期限孰短原则确定摊销期限是 2 年，并从交付使用当月开始摊销。

每月摊销额＝（83 200－4 000）÷24＝3 300（元）。

借：合同履约成本——工程施工　　3 300

　　贷：临时设施摊销　　3 300

8.6.2 周转材料摊销

建筑施工企业周转材料是指在施工过程中能够多次使用，并可保持原来的形态而逐渐转移其价值的材料。企业应根据周转材料的具体使用情况，采取合适的摊销方法进行价值摊销。按照《施工企业会计核算办法》（财会〔2003〕27 号）的规定，对周转材料的摊销方法有以下几种。

(1) “一次摊销法”是指在领用周转材料时，将其全部价值一次计入成本、费用的方法。这种方法适用于易腐、易糟的周转材料，如安全网等。

(2) “分期摊销法”是根据周转材料的预计使用期限分期摊入成本、费用。这种方法一般适用于经常使用或使用次数较多的周转材料，如脚手架、跳板、塔吊轨及枕木等。计算公式如下：

周转材料每期摊销额＝周转材料原值×（1－净残值率）÷预计使用期限

(3) “分次摊销法”是根据周转材料的预计使用次数将其价值分次摊入成本、费用。这种方法一般适用于使用次数较少或不经常使用的周转材料。其计算公式如下：

周转材料平均每次摊销额＝周转材料原值×（1－净残值率）÷预计使用期限

(4) “定额摊销法”是根据实际完成的实物工程量和预算定额规定的周转材料消耗定额，计算确认本期摊入成本、费用的金额。计算公式如下：

周转材料本期摊销额＝本期实际完成的单位工程量×单位工程量周转材料消耗定额

【例 8-20】天恒建筑有限公司购入 1 台驱动平车，共计 60 000 元，折旧年限为 5 年，采用逐年平均摊销。已摊销 2 年，累计摊销 24 000 元，驱动平车累计摊销见表 8-16。

表 8-16　　驱动平车摊销表

栏目名称	金　额
总金额	60 000
预计净残值（残值率 5%）	3 000
已摊销金额	22 800
本次摊销金额	11 400
累计摊销金额	34 200
剩余摊销金额	22 800

每期摊销额＝原值×（1－残值率）÷预计使用期限

＝60 000×（1－5%）÷5

＝11 400（元）

借：周转材料——在用　　11 400

　　贷：周转材料——摊销　　11 400

8.6.3　安全生产费用计提与处理

安全生产费用是指按照财政部、国家安全生产监督管理总局《关于印发〈企业安全生产费用提取和使用管理办法〉的通知》（财企〔2012〕16 号）规定的标准提取，在成本费用中列支，购置施工安全防护用具。落实安全施工措施，改善安全生产条件，加强安全生产管理等专门用于完善和改进企业安全生产条件的专项费用。

1. 计提比例

安全生产费计提比例，见表 8-17。

表 8-17　　安全生产费计提比例

工程类型	提取标准
矿山工程	建筑安装工程造价的 2.5%
房屋建筑工程、水利水电工程、电力工程、铁路工程、城市轨道交通工程	建筑安装工程造价的 2.0%
市政公用工程、冶炼工程、机电安装工程、化工石油工程、港口与航道工程、公路工程、通信工程	建筑安装工程造价的 1.5%

2. 账务处理

安全生产费计提与处理，见表 8-18。

表 8-18　　安全生产费计提与处理

业务情形	账务处理
计提安全生产费	借：合同履约成本——工程施工——其他直接费——安全生产费 　贷：专项储备——安全生产费
发生安全生产支出时	借：专项储备——安全生产费 　贷：银行存款
期末结转相关固定资产折旧费用	借：专项储备——安全生产费 　贷：累计折旧
期末计算完工百分比之前结转专项储备余额	借：合同履约成本——工程施工——其他直接费——安全生产费 　贷：专项储备——安全生产费
管理部门发生的相关费用支出时	借：管理费用 　贷：银行存款

【例 8-21】天恒工程有限公司从事铁路工程，2×21 年中标某项铁路工程，造价 1 000 万元，其中分包给建业分包公司，分包金额 200 万元。除此之外，天恒建筑有限公司 2×21 年发生符合规定的收益性支出 2 万元，购置安全生产设备价款 70 万元，取得增值税专用发票，税额 9.1 万元（未选择在企业所得税前一次扣除，选择按年折旧），假设折旧 10 年计算当年设备折旧 7 万元。天恒建筑有限公司适用 25%的企业所得税税率。

《企业安全生产费用提取和使用管理办法》（财企 2012 年 16 号）第七条规定，房屋建筑工程安全费用提取标准为 2.0%；总包单位应当将安全费用按比例直接支付分包单位并监督使用，分包单位不再重复提取。

天恒建筑有限公司的安全生产费用会计处理如下（假设不考虑相关税费）：

（1）天恒建筑有限公司计提安全生产费用 200 000 元（10 000 000×2%）

借：合同履约成本——工程施工——措施费（安全生产费）

200 000

　贷：专项储备——安全生产费　　200 000

(2) 支付给专业分包单位分包款时，提取相应比例安全费用 40 000 元 (2 000 000×2%)。

借：专项储备——安全生产费　　40 000

　　贷：银行存款　　40 000

(3) 天恒建筑有限公司使用专项储备支付收益性支出。

借：专项储备——安全生产费　　20 000

　　贷：银行存款　　20 000

(4) 天恒建筑有限公司使用专项储备购置安全设备等固定资产。

借：在建工程　　700 000

　　应交税费——应交增值税（进项税额）　　91 000

　　贷：银行存款　　791 000

(5) 天恒建筑有限公司的相关生产性固定资产达到预定可使用状态时。

借：固定资产　　700 000

　　贷：在建工程　　700 000

同时，按照形成固定资产的成本冲减专项储备，并确认相同金额的累计折旧，该固定资产在以后期间不再计提折旧。

借：专项储备——安全生产费　　700 000

　　贷：累计折旧　　700 000

“专项储备——安全生产费”期末余额＝200 000－40 000－20 000－700 000＝－560 000（元）

“专项储备——安全生产费”期末余额为借方余额，应当在年末补提“专项储备——安全生产费”金额。

在每个年度，因为当年提取金额大于冲销金额而调增应纳税所得额，根据企业的具体情况又符合确认递延税资产条件的，应根据调增的应税所得和预计暂时性差异转回期间税率计算的所得税，借记“递延所得税资产”科目，贷记“所得税费用——递延所得税费用”科目；如果当年提取金额小于冲销金额而调减应税所得额且此前已确认递延所得税资产的，应按调减的应税所得额和当年税率计算的所得税，作与以上相反的会计分录。

递延所得税资产存续期间，如果税率发生变动，应按变动后税率调整

“递延所得税资产”科目余额，因此产生的利得或损失，计入调整当期的所得税费用。

天恒建筑有限公司2×21年12月31日的资产负债表“专项储备”项目，反映安全生产费用专户借方余额560 000元，应调减企业所得税。

产生递延所得税负债－14万元［（200 000－40 000－20 000－700 000）×25%］：

借：所得税费用　　　　140 000

　贷：递延所得税负债　　　　140 000

执行《小企业会计准则》的单位，采用应付税款法核算所得税费用，不确认递延所得税资产。

8.7 内部往来款项的核算

大中型建筑施工企业一般实行分级管理、分级核算的内部模式，对企业内部往来广泛采用了非现金的内部结算方式。

企业的内部往来主要包括：企业与所属内部独立核算单位之间的往来；企业内部各独立核算单位之间的往来。

为了核算内部往来结算形成的内部债权、债务，建筑施工企业和所属各内部独立核算单位应设置“内部往来”账户，该账户属于双重性质的账户。建筑施工企业应设计和使用“内部往来结算单”一式两联，作为业务事项双方进行会计处理的依据。期末还应通过传递内部往来清单，核对双方账目。

8.7.1 总公司集中采购材料，再调拨给分公司使用

总、分公司分别在不同县（市）的，总公司集中采购材料，再调拨给分公司使用。总公司应该向分公司开具相应发票，无论总公司是否确认收入，都应当缴纳增值税。如果是平价调拨，对增值税税负、企业所得税税负应当无影响。

【例8-22】绿地建筑工程有限公司的一般计税项目甲工程采购钢筋2 260 000元，其中进项税额260 000元，公司将该项目领用后剩余的101 700元钢筋调拨给另一个简易计税项目乙工程使用。

（1）一般计税项目采购时账务处理。

借：原材料——钢筋（甲工程）　　2 000 000

　　应交税费——应交增值税（进项税额）　　260 000

　　贷：银行存款　　2 260 000

公司内部调拨材料账务处理时，一般计税项目应做处理。

借：内部往来——内部调拨（乙工程）　　90 000

　　贷：原材料——钢筋（甲工程）　　90 000

（2）简易计税项目应做处理，则相应的11 700元［101 700÷（1+13%）×13%］进项税额必须要转出。

借：原材料——钢筋（乙工程）　　90 000

　　贷：内部往来——内部调拨（甲工程）　　90 000

借：原材料——钢筋（乙工程）　　11 700

　　贷：应交税费——应交增值税（进项税额转出）　　11 700

总公司	分公司
（根据材料调拨单据、出库单） 借：内部往来或其他应收款 　　贷：原材料/周转材料/库存商品 　　　　应交税费——应交增值税（销项税额）	（根据发票、内部调拨单、运输单据、入库单等，在物资发出时或者到货时） 借：原材料/在途物资 　　应交税费——应交增值税（进项税额） 　　应交税费——待认证进项税额 　　贷：内部往来或其他应收款

8.7.2　分公司与项目部之间调拨材料核算

如果建筑企业分公司统一采购原材料，再将原材料调拨给各工程项目使用，项目部从公司领取原材料时，根据内部自制的材料结算单、到货点收单，借记“原材料”科目，贷记“内部往来”“银行存款”等科目；项目部在消耗材料时，根据自制的领料单（用于主体工程或临时设施）、出库单等，借记“合同履约成本——工程施工——材料费”“临时设施”科目，贷记“原材料”科目。

分公司	项目部
借：原材料/库存商品/周转材料 应交税费——待认证进项税额（发票未认证时） 应交税费——应交增值税（进项税额）（发票已认证时） 贷：内部往来（同一法人单位间集中采购） 应付账款（非同一法人单位间集中采购）	①领用时 借：原材料 贷：银行存款/内部往来 ②使用时 借：合同履约成本——工程施工——材料费 临时设施 贷：原材料

【例 8-23】环辰建筑工程分公司采购部门统一招标采购物资，由采购部门根据各项目部提交的材料计划用量单调拨材料。2×21 年 3 月，分公司采购部向理石水泥厂采购 1 500 吨水泥，取得一张增值税专用发票，其中价款 675 000元，增值税额 87 750 元，款项尚未支付。甲项目部领用了 500 吨水泥，乙项目领用 1 000 吨水泥，甲、乙项目领用的水泥在当月已全部用于工程实体，两个项目均适用一般计税方法计税。该分公司采用分级核算模式，分公司和项目部会计处理如下，工程材料点收单见表 8-19 至表 8-20。

表 8-19 工程材料点收单

单位：甲项目部 金额单位：元

日期	材料名称	供应商名称	规格	数量	单价	金额	收料单
2×21 年 3 月 8 日	水泥	理石水泥厂		500 吨	450	225 000	
合计				500 吨	450	225 000	
人民币大写	⊗贰拾贰万伍仟元整						

签收人：×× 项目经理：××

（1）分公司购入材料的会计处理。

借：原材料——水泥 675 000

应交税费——应交增值税（进项税额） 87 750

贷：应付账款——材料款（理石水泥厂） 762 750

借：内部往来——甲项目　　225 000

内部往来——乙项目　　450 000

贷：原材料——水泥　　675 000

（2）甲项目部的会计处理。

借：原材料——水泥　　225 000

贷：内部往来——公司　　225 000

借：合同履约成本——工程施工——材料费　　225 000

贷：原材料——水泥　　225 000

（3）乙项目部的会计处理如下。

借：原材料——水泥　　450 000

贷：内部往来——公司　　450 000

表 8-20　　工程材料点收单

单位：乙项目部　　金额单位：元

日期	材料名称	供应商名称	规格	数量	单价	金额	收料单
2×21 年 3 月 8 日	水泥	理石水泥厂		1 000 吨	450	450 000	
合计				1 000 吨	450	450 000	
人民币大写	⊗肆拾伍万元整						

签收人：××　　项目经理：××

借：合同履约成本——工程施工——材料费　　450 000

贷：原材料——水泥　　450 000

上述案例中，分公司如果采用统一核算模式即项目部不单独设置账套进行会计核算，各项目自公司领用材料、消耗材料时，公司在进行会计处理时只需要通过“原材料”“合同履约成本——工程施工——材料费”等科目设置项目辅助项即可达到区分各项目成本费用的目的，见表 8-21 至表 8-22。

（1）采购水泥时，分公司的会计处理：

借：原材料——水泥　　675 000

应交税费——应交增值税（进项税额）　　87 750

贷：应付账款——材料款（理石水泥厂）　　762 750

（2）各项目领用水泥时，分公司的会计处理：

借：合同履约成本——工程施工——材料费（项目辅助：甲项目）

225 000

合同履约成本——工程施工——材料费（项目辅助：乙项目）

450 000

贷：原材料——水泥　　675 000

表 8-21　　**内部往来结算单**

2×21 年 3 月 8 日

项目名称	甲项目		
调拨物资名称	水泥		
内部结算金额	人民币大写：⊗贰拾贰万伍仟元整　小写￥225 000		
核算人员	××	部门经理	××
总经理	××	经手人	××

表 8-22　　**内部往来结算单**

2×21 年 3 月 8 日

项目名称	乙项目		
调拨物资名称	水泥		
内部结算金额	人民币大写：⊗肆拾伍万元整　小写￥450 000		
核算人员	××	部门经理	××
总经理	××	经手人	××

8.8　间接费用的归集

间接费用是指与组织和管理施工相关的费用，应分配计入有关工程成本核算对象的支出，包括管理人员薪酬、劳动保护费、固定资产折旧费及修理费、房屋租赁费、物料消耗、取暖费、水电费、办公费、差旅费、财产保险费、排污费，有关的设计和技术援助费用等。若核算单位同时对多个项目进行核算，则应根据各项目实际情况，按一定原则将间接费用在项目间进行分摊（如按照当期直接费用发生比例，各项目间接费用定额计划等）。

8.8.1 间接费用的分配方法

间接费用在发生时一般不宜直接归属于受益对象，而是由几个项目共同承担，应在期末按系统合理的方式分配到核算对象。分配方法一经确定，不得随意变更。

“间接费用”基本分配方法有两种，人工费用比例法和直接费用比例法。

1. 人工费用比例法

分配基数为各合同实际发生的人工费。

间接费用分配率＝当期实际发生的全部间接费用÷当期各合同实际发生的人工费之和

某合同当期应负担的间接费用＝该合同当期实际发生的人工费×间接费用分配率

2. 直接费用比例法

分配基数为各合同实际发生的直接费用。

间接费用分配率＝当期实际发生的全部间接费用÷当期各合同实际发生的直接费用之和

某合同当期应负担的间接费用＝该合同当期实际发生的直接费用×间接费用分配率

【例 8-24】俞林建筑有限公司的某个总承包部分管甲、乙、丙三个工程项目，2×21 年 4 月发生 300 万元间接费用，甲、乙、丙三个工程项目当期发生的合同成本分别为：甲项目 1 500 万元、乙项目 2 200 万元、丙项目 1 300 万元，采用直接费用比例法进行分配。

间接费用分配率＝300÷（1 500＋2 200＋1300）＝6％

甲项目应承担的间接费用＝1 500×6％＝90（万元）

乙项目应承担的间接费用＝2 200×6％＝132（万元）

丙项目应承担的间接费用＝1 300×6％＝78（万元）

8.8.2 间接费用会计处理

间接费用会计处理如下：

归集间接费用

借：合同履约成本——间接费用——（下设明细科目）
研发支出——费用化支出
应交税费——待认证进项税额
应交税费——应交增值税（进项税额）（发票已认证）
贷：银行存款/应付职工薪酬/累计折旧等

间接费用转入

借：合同履约成本——合同成本——间接费用转入
贷：合同履约成本——间接费用

【例 8-25】月末，天通建筑有限公司本月管理部门间接费用汇总分配，见表 8-23。

表 8-23　　间接费用汇总分配表

单位：元

序号	项目	金额（元）	备注
1	固定资产折旧费	142 000	
2	办公费	8 000	
3	水电费	7 930	
4	取暖费	47 800	
5	设备维修费	4 230	
合　计		209 960	

借：合同履约成本——间接费用（折旧费）　142 000
　　　　　　　　——间接费用（办公费）　8 000
　　　　　　　　——间接费用（水电费）　7 930
　　　　　　　　——间接费用（取暖费）　47 800
　　　　　　　　——间接费用（设备维修费）　4 230
　贷：累计折旧　142 000
　　　银行存款　67 960
借：合同履约成本——合同成本——间接费用转入　209 960
　贷：合同履约成本——间接费用（折旧费）　142 000

——间接费用（办公费） 8 000

——间接费用（水电费） 7 930

——间接费用（取暖费） 47 800

——间接费用（设备维修费） 4 230

8.9 分包成本

分包是指从事工程总承包的单位将所承包的建设工程的一部分依法发包给具有相应资质的承包单位的行为，该总承包人并不退出承包关系，其与第三人就第三人完成的工作成果向发包人承担连带责任。

建筑工程分包合法的基本条件如下：①建设工程的主体结构的施工必须由承包人自行完成，不得分包。承包人分包出去的只能是非主体结构工程的施工任务。②分包人必须具有相应的资质。③分包只能发生一次，禁止分包单位将其工程再次进行分包。④分包人就其完成的工作成果与承包人向发包人承担连带责任。

一般而言，工程成本项目包括人工费、材料费、机械使用费、其他直接费和间接费用等内容，因为分包工程（清包工等形式除外）无法分清成本项目，所以直接通过“合同结算”科目核算，分包工程在个别情况可以作为自营工程核算，如清包工形式。

在具体应用中，对于分包成本的核算，一定要注重实效性。分包合同的结算条款应该采取“背靠背”形式，即在业主认可总的结算量的同时，项目部要相应确认分包工程量，会计核算讲究权责发生制，而不是直到付款时才进行结算，以避免利润的增加或减少。

8.9.1 分包成本的核算

总分包模式下进行分包发生的成本，分包成本主要包括对参建子公司的内部计价及公司统一协调的分包单位的计价。分包费明细科目，核算专业分包成本。建筑工程总承包单位根据总承包合同的约定或者经建设单位的允许，将承包工程中的专业性较强的专业工程发包给具有相应资质的其他建筑企业施工。建筑企业成本预算部门一般根据专业分包单位报送的工程量进行审定计价，并据此编制月度（季度）专业分包结算单或专业分包成本计提表，财务管理部门凭专业分包计提表和分包企业开具的分包发票为入账依据。收到验工计价单、内部列账通知单、发票等时，进行会计处理：

（1）期末，根据经营部门出具的经分包单位签认的“已完工作量审核凭单”，借记“合同结算”科目，贷记“应付账款——应付分包单位工程款”科目。

（2）期末，根据应收的总包管理费，借记“应付账款——应付分包单位工程款”科目，贷记“主营业务收入——分包收入”科目；根据应代扣的税费，贷记“其他应付款——代扣分包单位税费”；应扣回的预付款或备料款，也贷记“预付账款——预付分包单位工程款”。

（3）以材料支付分包单位工程款时，根据物资部门出具的经分包单位签认的“总包供料结算凭单”，借记“应付账款——应付分包单位工程款”科目；根据材料账面价值，贷记“原材料”科目；根据应支付分包单位的工程款与材料账面价值的差额，贷记“主营业务收入——分包收入”科目。

（4）期末，把已归集的制造费用按照分包合同总价占总承包合同总价的比例进行分配，分配公式为：应计入当期分包成本的制造费用＝当期制造费用发生额×（分包合同总价÷总包合同总价）。根据上式计算得到的“应计入分包成本的制造费用”，借记“主营业务成本——分包成本”科目，贷记“制造费用”科目。

（5）缴纳代扣代缴的税费时，借记“其他应付款——代扣分包单位税费”科目，贷记“银行存款”科目，并向分包单位转交完税证明。

总包项目部

借：合同履约成本——合同成本——分包成本
应交税费——简易计税——简易计税抵减（适用于简易计税项目）
应交税费——待认证进项税额（发票未认证时）
应交税费——应交增值税（进项税额）（发票已认证）
贷：应付账款——工程款内部往来

分包项目部

借：应收账款
内部往来
贷：工程结算
应交税费——应交增值税（销项税额）
应交税费——简易计税——计提（使用于简易计税项目）

不具备独立纳税资格的分公司，在计价时无须对增值税进行核算。总包项目部在核算进项税时，应由分包单位按照本单位适用的增值税税率开具增值税专用发票。

【例 8-26】宏励建筑有限公司承包一项工程，工期 10 个月，总承包收入 10 000 000 元，其中装修工程 3 000 000 元，分包给丁公司承建。宏励建筑有限公司完成工程累计发生合同成本 6 000 000 元，项目在当年 12 月份如期完工。其账务处理如下。专业分包成本计提见表 8-24。

（1）宏励建筑有限公司完成项目发生成本费用时。

借：合同履约成本——工程施工——合同成本　　6 000 000

　　贷：原材料等　　6 000 000

借：应收账款　　10 900 000

　　贷：合同结算——价款结算　　10 000 000

　　　　应交税费——应交增值税（销项税额）　　900 000

收到甲方一次性结算的总承包款时。

借：合同结算——收入结转　　10 000 000

　　贷：主营业务收入　　10 000 000

借：银行存款　　10 000 000

　　贷：应收账款　　10 000 000

（2）计算增值税销项税额时，增值税税率 9％。

增值税销项税额＝（10 000 000－3 000 000）×9％＝630 000（元）

应代扣增值税额＝3 000 000×9％＝270 000（元）

（3）纳增值税时。

借：应交税费——应交增值税（销项税额）　　630 000

　　应付账款——代扣代缴增值税　　270 000

　　贷：银行存款　　900 000

①分包工程完工验工结算时。

借：合同履约成本——工程施工——合同成本　　3 000 000

　　贷：应付账款　　3 000 000

②支付分包工程款时，扣掉代扣增值税额：2 730 000 元（3 000 000－270 000）

借：应付账款　　2 730 000

　　贷：银行存款　　2730 000

③宏励建筑公司确认该项目收入与费用时。

借：主营业务成本（6000 000+3 000 000）　　9 000 000

　　贷：合同履约成本　　9 000 000

④工程竣工时，“合同结算”科目余额为0（10 000 000－10 000 000）元。

借：合同结算——价款结算　　10 000 000

　　贷：合同结算——收入结转　　10 000 000

表 8-24　　宏励建筑公司专业分包成本计提表

工程名称：福旭大厦　　2×21 年 9 月　　单位：元

序号	专业分包商	增值税/征收率	本期计提					
			数量	单位	单价	总价	金额	增值税
1	丁公司	9%		m^2		3 270 000	3 000 000	270 000
2						—	—	—
3						—	—	—
合计			—			—	—	—

工程项目部：××　　成本预算部：××　　制表：××

8.9.2　季末总分包会计处理

总包项目部及分包单位根据建造合同完工百分比法进行工程收入成本的确认，包括预计合同损失的处理。其中，当内部分包成本与分包项目报送的建造合同收入有差异时，总包方应根据股份公司的规定调整，将自身对分包方的开累成本调整至分包方开累收入一致。期末总分包核对及收入成本确认包括调整分包成本和应付工程款，计算主营业务成本和收入，以及预计合同损失的计提、转回和转销。账务处理见表 8-25。

表 8-25　　调整分包成本和应付工程款

总包项目部	
核算时点	期末（季末）
核算依据	分包方报送的建造合同信息表、工程部成本明细表等（能够支付分包方建造合同收入计算结果的相关依据）

续上表

总包项目部	
账务处理	借：合同履约成本——工程施工——分包成本 待结算进项税额（发票未收） 应交税费——简易计税——简易计税抵减（适用于简易计税项目） ——待认证进项税额（发票未认证时） ——应交增值税（进项税额）（发票已认证） 贷：应付账款——工程款

若分包项目部开累收入小于总包项目部成本，则做负数分录冲减工程施工成本及应付账款。对于分包单位，工程施工若大于工程结算，差异在报表中“建造合同——已完工未结算款”项目列示，工程施工若小于工程结算，差异在报表中“预收款项——建造合同形成的已结算未完工款项”项目列示。

第9章
竣工决算

2017年7月，财政部公布了修订的《企业会计准则第14号——收入》（财会〔2017〕22号）（以下简称“新收入准则”），“新收入准则”对收入确认的核心原则是“控制权转移”，即在企业将商品或服务的控制权转移给客户的时点或过程中以其预计有权获得的金额予以确认。2021年1月1日，建筑施工企业将执行“新收入准则”。

9.1 建筑施工企业业务收入

建筑企业的业务收入包括建筑施工收入，以及房地产开发收入、投融资合同收入、物业管理、材料销售等。

1. 建造合同收入

建造合同收入核算建筑企业提供建造、建筑、安装等劳务，包括 EPC 工程总承包合同，BT、BOT、PPP 合同中的施工服务，以及其他专业承包施工服务所取得的收入。

2. 房地产开发收入

房地产开发收入指建筑企业自行开发的房地产在市场上进行销售获得的收入，包括土地转让收入；商品房（包括周转房）销售收入；配套设施销售收入。

3. 投融资合同收入

投融资合同核算 BT、BOT、PPP 等合同中可能包含的重大投融资对应的回报。

4. 特许经营权收入

特许经营权收入指项目公司运营期内发生的与特许经营权经营相关的收入，包括 BOT 与 PPP 模式下运营收入。

5. 其他收入

其他收入指除劳务以外的其他服务和业务收入，包括物业管理、资产管理、鉴证咨询、租赁服务、酒店服务、运输服务、混凝土生产销售、钢筋加工销售等业务产生的收入。

9.1.1 收入确认“五步法模型”

现行准则收入确认收入时以“风险报酬转移”为判断依据，而新收入准则对收入确认的核心原则是“控制权转移”（即在企业将商品或服务的控制权转移给客户的时点或过程中以其预计有权获得的金额予以确认）。

新收入准则采用“五步法”模型确认收入。

“五步法”模型如下：

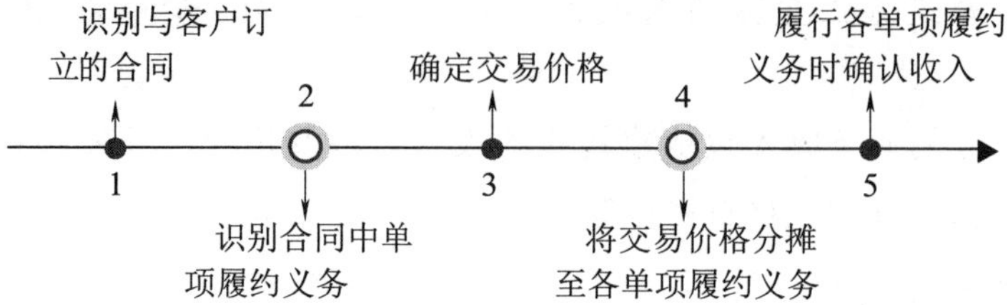

9.1.2 建造合同的含义

建造合同是指为建造一项或数项在设计、技术、功能、最终用途等方面密切相关的资产而订立的合同，主要适用于提供建造、建筑、安装、修理修配及其他劳务活动或制造大型机械设备的业务。

建造合同分为固定造价合同和成本加成合同。固定造价合同是指按照固定的合同价或固定单价确定工程价款的建造合同；成本加成合同是指以合同约定或其他方式议定的成本为基础，加上该成本的一定比例或定额费用确定工程价款的建造合同。

建造合同的特点如下：

（1）建造或生产的产品通常体积巨大，如房屋、道路、桥梁、隧道、大型机械设备等；

（2）建造或生产产品的周期比较长，往往需要一年或几年时间；

（3）产品价值比较大。

9.1.3 建造合同的形式

建造合同一般分为三种形式：合同分立、合同合并、追加资产的建造。

（1）合同分立：资产建造虽然形式上只签订了一项合同，但各项资产在商务谈判、设计施工、价款结算等方面都是可以相互分离的，实质上是多项合同，在会计上应当作为不同的核算对象。

（2）合同合并：资产建造虽然形式上签订了多项合同，但各项资产在设计、技术、功能、最终用途上是密不可分的，实质上是一项合同，在会计上应当作为一个核算对象。

（3）追加资产的建造：资产建造会出现与建造承包商协商变更原合同内容或者另行签订建造追加资产合同的情况。

具体事说明见表 9-1。

表 9-1　　建造合同的形式

类型	形成原因	满足条件
合同分立	资产建造虽然形式上只签订了一项合同，但各项资产在商务谈判、设计施工、价款结算等方面都是可以相互分离的，实质上是多项合同，在会计上应当作为不同的核算对象	1. 每项资产均有独立的建造计划； 2. 与客户就每项资产单独进行谈判，双方能够接受或拒绝与每项资产有关的合同条款； 3. 每项资产的收入与成本可以单独辨认
合同合并	资产建造虽然形式上签订了多项合同，但各项资产在设计、技术、功能、最终用途上是密不可分的，实质上是一项合同，在会计上应当作为一个核算对象	1. 该组合同按一揽子交易签订； 2. 该组合同密切相关，每项合同实际上已构成一项综合利润率工程的组成部分； 3. 该组合同同时或依次履行
追加资产的建造	资产建造会出现与建造承包商协商变更原合同内容或者另行签订建造追加资产合同的情况	1. 该追加资产在设计、技术或功能上与原合同包括的一项或数项资产存在重大差异； 2. 议定该追加资产的造价时，不需要考虑合同价款

9.1.4 新增会计科目

为了核算建筑施工企业收入，《企业会计准则第 14 号——收入（应用指南 2018）》增加一些核算成本的科目及其账务处理，见表 9-2。

表 9-2　　新增会计科目

会计科目	含　义	账务处理
合同资产	核算企业已向客户转让商品而有权收取对价的权利	企业取得有条件收款权 借：合同资产 　　贷：主营业务收入/其他务收入 　　　　应交税费——待转销项税额 企业取得无条件收款权时 借：应收账款 　　贷：合同资产

续上表

会计科目	含　义	账务处理
合同负债	核算企业已收或应收客户对价而应向客户转让商品的义务	借：银行存款/应收账款/应收票据/合同负债 贷：主营业务收入/其他业务收入 应交税费——应交增值税（销项税额）
合同履约成本	核算企业为履行当前或预期取得的合同所发生的、不属于其他企业会计准则规范范围且按照本收入准则应当确认为一项资产的成本。企业因履行合同而产生的毛利不在本科目核算。本科目可按“服务成本”“工程施工”等进行明细核算。	借：合同履约成本 贷：银行存款/应付职工薪酬/原材料 摊销时： 借：主营业务成本/其他业务成本等 贷：合同履约成本
合同履约成本减值准备	核算与合同履约成本有关的资产的减值准备。可按合同进行明细核算。	①合同履约成本有关的资产发生减值的 借：资产减值损失 贷：合同履约成本减值准备 ②转回已计提的资产减值准备时 借：合同履约成本减值准备 贷：资产减值损失
合同结算	核算同一合同下属于在某一时段内履行履约义务涉及与客户结算对价的合同资产或合同负债，设置“合同结算——价款结算”科目，定期与客户进行结算的金额，设置“合同结算——收入结转”科目，反映按履约进度结转的收入金额。 资产负债表日，“合同结算”科目的期末余额在借方的，根据其流动性，在资产负债表中分别列示为“合同资产”或“其他非流动资产”项目；期末余额在贷方的，根据其流动性，在资产负债表中分别列示为“合同负债”或“其他非流动负债”项目	

9.1.5　交易价格的确定

交易价格，是指企业因向客户转让商品而预期有权收取的对价金额。

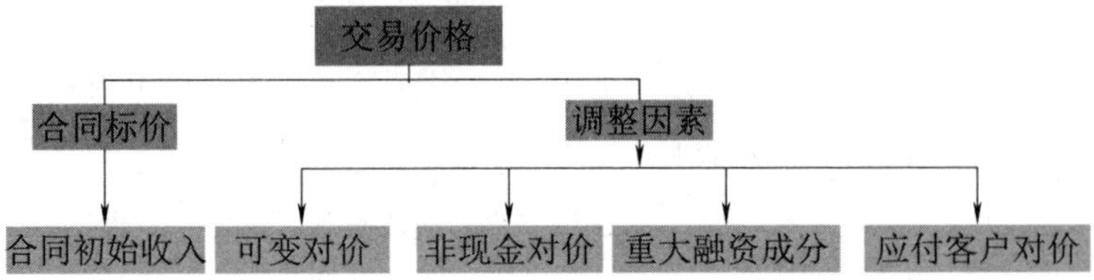

9.1.6 履约进度计量方法

“新收入准则”第十二条规定，对于在某一时段内履行的履约义务，企业应当在该段时间内按照履约进度确认收入，但是，履约进度不能合理确定的除外。建筑企业应当考虑商品的性质，采用产出法或投入法确定恰当的履约进度。

1. 产出法

产出法是根据已转移给客户的商品，对客户的价值确定履约进度的方法，通常可采用实际测量的完工进度、评估已实现的结果、已达到的里程碑、时间进度、已完工或交付的产品等产出指标确定履约进度。

2. 投入法

投入法是根据企业履行履约义务的投入确定履约进度的方法，通常可采用投入的材料数量、花费的人工工时或机器工时、发生的成本和时间进度等投入指标确定履约进度。当企业从事的工作或发生的投入是在整个履约期间内平均发生时，企业也可以按照直线法确认收入。

3. 履约进度的运用

采用完工百分比法确认合同收入和合同费用时，收入和相关费用应按以下公式计算：

本期确认的合同收入＝合同总收入×履约进度－以前会计期间累计已确认合同收入

本期确认的合同费用＝合同预计总成本×履约进度－以前会计期间累计已确认合同费用

本期确认的合同毛利＝(合同总收入－合同预计总成本）×履约进度－以前期间累计已确认合同毛利

对于当期完成的建造合同，应当按照实际合同总收入扣除以前会计期间累计已确认收入后的金额，确认为当期合同收入；同时，按照累计实际发生的合同成本扣除以前会计期间累计已确认费用后的金额，确认为当期合同费用。

9.2 建造合同收入与成本

合同收入按照合同单价和合同数量确定，合同数量按照设计单位编制经业主批准的施工图确定，单价是合同规定的单价，合同收入内容如下。

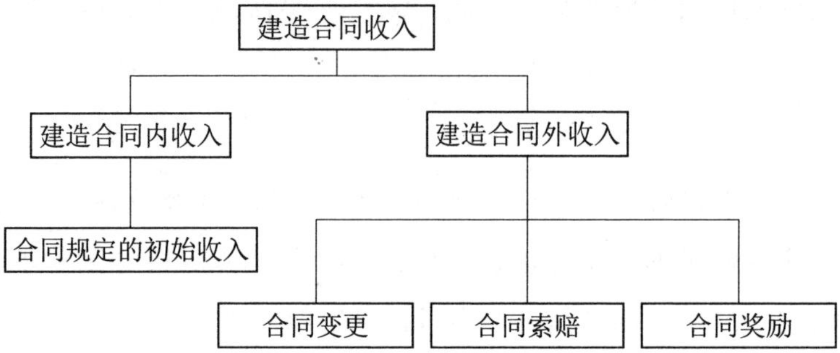

9.2.1 建造合同收入

建造合同收入包括建造合同内收入与建造合同外收入。

1. 建造合同内收入

建造合同规定的初始收入，即建造承包商与客户签订的合同中最初商定的合同总金额，它构成合同收入的基本内容。

2. 建造合同外收入

建造合同外收入是指因合同变更、索赔、奖励等形成的收入。建造承包商不能随意确认这些收入，只有在符合规定条件时才能构成合同收入。

(1) 合同变更，是指客户为改变合同规定的作业内容而提出的调整。合同变更条款同时满足下列条件的，才能构成合同收入：①客户能够认可因变更而增加的收入；②收入能够可靠地计量。

具体情形如下：

①取消合同中任何一项工作，但被取消的工作不能转由发包人或其他人实施，构成违约，按照《合同法》的规定，发包人应赔偿承包人损失；

②改变合同任何一项工作的质量和其他特性；

③改变合同过程的基线、标高、位置或尺寸；

④改变合同任何一项工作的施工时间或改变已批准的施工工艺或顺序时；

⑤为完成工程需要追加的额外工作；

⑥施工图与招标图之间存在的数量差；

⑦原材料价格涨跌形成的材料差价；

⑧非建造承包方原因引起的停工、窝工、工期延长，或客户要求的工期提前增加的费用；

⑨其他为改变合同规定的作业内容而提出的调整。

（2）索赔款，是指因客户或第三方的原因造成的、向客户或第三方收取的，用于补偿不包括在合同造价中的成本款项。索赔款同时满足下列条件的，才能构成合同收入：①根据谈判情况，预计对方能够同意这项索赔；②对方同意接受的金额能够可靠地计量。

（3）奖励款，是指工程达到或超过规定的标准，客户同意支付的额外款项。奖励款同时满足下列条件的，才能构成合同收入：①根据合同目前的完成情况，足以判断工程进度和工程质量能够达成或超过规定的标准；②奖励金额能够可靠地计量。

9.2.2 建造合同成本

建造合同成本包括从合同签订开始至合同完成为止所发生的，与执行合同有关的直接费用和间接费用。

1. 直接费用

直接费用，是指为完成合同所发生的，可以直接计入合同成本核算对象的各项费用支出。具体包括：耗用的材料费用、人工费用、机械使用费、其他直接费用。

（1）耗用的材料费用，主要包括施工生产过程中耗用的构成工程实体或有助于形成工程实体的原材料、辅助材料、构配件、零件、半成品的成本，以及钢模板、木模板、脚手架等摊销费用、租赁费用。

（2）耗用的人工费用，主要包括从事工程建造人员工资、奖金、津贴补贴、职工福利费等。

（3）耗用的机械使用费，主要包括施工生产过程中使用的自有施工机械所发生的机械使用费，租用外单位施工机械支付的租赁费和施工机械的安装、拆卸和进出场费等。

（4）其他直接费用，是指在施工过程中发生的除上述三项直接费用以外的其他可以直接计入合同成本核算对象的费用。主要包括有关的设计和技术援助费用、施工现场材料的二次搬运费、生产工具和用具使用费、检验试验费、工程定位复测费、工程点交费用、场地清理费用等。

（5）劳务分包成本，主要包括与专业化施工作业队或劳务队发生的专业外包费用。专业外包包括劳务协作成本和工程结算扣款。

（6）分包成本，施工企业在承接工程施工总成本合同时，可能存在将部分非工程主体施工进行外包的情况，施工总包方与分包方的工程结算款为分包成本。

2. 间接费用

间接费用，是指企业下属的施工单位或生产单位为组织生产和管理施工生产活动所发生的费用，包括临时设施摊销费用和施工、生产单位管理人员薪酬、固定资产折旧费及修理费、物料消耗、低值易耗品摊销、水电费、办公费、差旅费、财产保险费、工程保修费、排污费等。

直接费用在发生时直接计入合同成本；间接费用应在资产负债表日按照系统、合理的方法分摊计入合同成本。常见的用于间接费用分摊的方法有人工费用比例法和直接费用比例法。

因订立合同而发生的有关费用，如差旅费、投标费等，能够单独区分和可靠计量且合同很可能订立的，应当予以归集，待取得合同时计入合同成本；未满足相关条件的，应当直接计入当期损益。

合同完成后处置残余物资取得的收益等与合同有关的零星收益，应当冲减合同成本。

合同成本不包括应当计入当期损益的管理费用、销售费用和财务费用等期间费用，如企业行政管理部门为组织和管理生产经营活动所发生的管理费用，船舶等制造企业的销售费用，企业为建造合同借入款项所发生的、不符合借款费用资本化条件的借款费用等。

建造合同核算流程图如下。

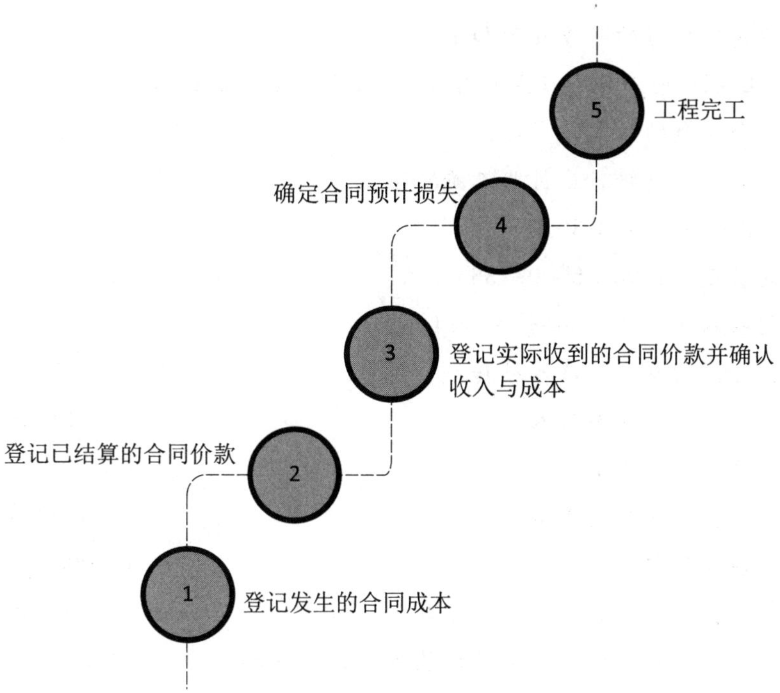

【例 9-1】2×19 年 1 月 1 日，铁岭建筑公司与甘南公司签订一项大型游艺场建造合同。根据双方合同约定，该项目造价为 5900 万元，工程期限为 1 年半，铁岭建筑公司负责项目的施工及全面管理，甘南公司按照第三方工程监理公司确认的工程完工量，每半年与铁岭建筑公司结算一次；预计 2×20 年 6 月 30 日竣工；预计可能发生的总成本为 5 000 万元。假定该建造工程整体构成单项履约义务，并属于在某一时段履行的履约义务，铁岭建筑公司采用投入法确定履约进度，增值税税率为 9%，不考虑其他相关因素。

假定铁岭建筑公司与甘南公司结算时即发生增值税纳税义务，甘南公司在实际支付工程价款的同时支付其对应的增值税款，下述价款均不含增值税额。相关数据见表 9-3。

表 9-3　　工程结算单

项目	2×19 年 6 月 30 日	2×19 年 12 月 31 日	2×20 年 6 月 30 日
累计实际发生成本	18 000 000	40 000 000	52 000 000
预计完成合同尚需发生成本	32 000 000	12 000 000	
结算合同价款	30 000 000	26 000 000	3 000 000
实际收到价款	28 000 000	24 000 000	7 000 000

铁岭建筑公司的账务处理如下：

(1) 2×19 年 1 月 1 日至 6 月 30 日实际发生工程成本时。

借：合同履约成本　　18 000 000

　　贷：原材料、应付职工薪酬等　　18 000 000

(2) 2×19 年 6 月 30 日。

履约进度＝1800÷5000＝36％

合同收入＝5900×36％ ＝2124（万元）

借：合同结算——收入结转　　21 240 000

　　贷：主营业务收入　　21 240 000

借：主营业务成本　　18 000 000

　　贷：合同履约成本　　18 000 000

借：应收账款　　32 700 000

　　贷：合同结算——价款结算　　30 000 000

　　　　应交税费——应交增值税（销项税额）　　2 700 000

借：银行存款　　28 000 000

　　贷：应收账款　　28 000 000

当日，“合同结算”科目的余额为贷方 876 万元（3 000－2 124），表明铁岭建筑公司已经与客户结算但尚未支付款项，因此，应在资产负债表中作为合同负债列示。履约义务的金额为 876 万元，由于铁岭建筑公司预计该部分履约义务将在 2×20 年内完成。

(3) 2×19 年 7 月 1 日至 12 月 31 日实际发生工程成本：4 000－1 800＝2 200（万元）

借：合同履约成本　　22 000 000

　　贷：原材料、应付职工薪酬等　　22 000 000

(4) 2×19 年 12 月 31 日。

履约进度＝4 000÷5 000＝80％

合同收入＝5 900×80％－2 124＝2 596（万元）

借：合同结算——收入结转　　25 960 000

　　贷：主营业务收入　　25 960 000

借：主营业务成本　　22 000 000

　　贷：合同履约成本　　22 000 000

借：应收账款　　28 340 000

　　贷：合同结算——价款结算　　26 000 000

　　　　应交税费——应交增值税（销项税额）　　2 340 000

借：银行存款　　24 000 000

　　贷：应收账款　　24 000 000

当日，“合同结算”科目的金额为贷方880（2 596－2 600－876）万元，表明铁岭建筑公司已经履行履约义务但尚未与客户结算的金额为880万元，由于该部分金额将在2×20年内结算，因此，应在资产负债表中作为合同负债列示。

（5）2×20年1月1日至6月30日实际发生工程成本时。

借：合同履约成本　　12 000 000

　　贷：原材料、应付职工薪酬等　　12 000 000

（6）2×20年6月30日。

由于当日该工程已竣工决算，其履约进度为100%。

合同收入＝5 900－2 124－2 596＝1 180（万元）

借：合同结算——收入结转　　11 800 000

　　贷：主营业务收入　　11 800 000

借：主营业务成本　　12 000 000

　　贷：合同履约成本　　12 000 000

借：应收账款　　3 270 000

　　贷：合同结算——价款结算　　3 000 000

　　　　应交税费——应交增值税（销项税额）　　270 000

借：银行存款　　7 000 000

　　贷：应收账款　　7 000 000

当日，“合同结算”科目的余额为0（2 124＋2 596＋1 180－3 000－2 600－300）。

借：合同结算——价款结算　　59 000 000

　　贷：合同结算——收入结转　　59 000 000

如果建造合同的结果不能可靠地估计，则不能采用投入法确认和计量合同收入及费用，而应区别以下两种情况进行会计处理：

（1）合同成本能够收回的，合同收入根据能够收回的实际合同成本予以确认，合同成本在其发生的当期确认为合同费用。

（2）合同成本不可能收回的，应在发生时立即确认为合同费用，不确认合同收入。

如果建造合同的结果不能可靠估计的不确定因素不复存在，就不应再按照上述规定确认合同收入和费用，而应转为按照投入法确认合同收入和费用。

【例 9-2】南方建筑有限公司与吉福公司签订了一项总金额为 480 万元的建造合同。第一年实际发生工程成本 340 万元，双方均能履行合同规定的义务，但该公司在年末时对该工程的完工进度无法可靠确定。账务处理如下。

借：合同履约成本　　3 400 000

　　贷：原材料、应付职工薪酬等　　3 400 000

如果该公司当年与客户只办理价款结算 140 万元，其余款项可能收不回来。该公司只能将 140 万元确认为当年的收入，200 万元确认为当年的费用。账务处理如下：

借：合同结算——收入结转　　1 400 000

　　贷：主营业务收入　　1 400 000

同时结转成本

借：主营业务成本　　3 400 000

　　贷：合同履约成本　　3 400 000

借：应收账款　　1 526 000

　　贷：合同结算——价款结算　　1 400 000

　　　　应交税费——应交增值税（销项税额）　　126 000

第 10 章 建筑施工企业增值税的核算

增值税是以商品（含应税劳务）在流转过程中产生的增值额作为计税依据而征收的一种流转税。增值税是价外税，购买方在购买商品或服务时，除需要支付约定的价款外，还需要支付按适用税率计算出来的税款。建筑施工企业增值税业务比较复杂：涉及发包方、承包方、业务外包、跨地区施工等，其税目、税率、税额以及核算方法本章一一介绍。

10.1　增值税要素

增值税纳税人、税目、税率、征税范围构成增值税要素。

10.1.1　纳税人

按照《财政部 国家税务总局关于全面推开营业税改征增值税试点的通知》（〔2016〕36号）附件1《营业税改征增值税试点实施办法》的规定（以下简称“财税〔2016〕36号”），在中华人民共和国境内提供建筑服务的单位和个人，为建筑业增值税纳税人。单位以承包、承租、挂靠方式经营的，承包人、承租人、挂靠人（以下统称承包人）以发包人、出租人、被挂靠人（以下统称发包人）名义对外经营并由发包人承担相关法律责任的，以该发包人为纳税人。否则，以承包人为纳税人。

采用承包、承租、挂靠经营方式下，区分以下两种情况界定纳税人：

（1）如果同时满足两个条件的，以发包人为纳税人：一是以发包人名义对外经营；二是由发包人承担相关法律责任。

（2）如果以上两个条件有一个不满足，则以承包人为纳税人。

增值税纳税人按照类别分为一般纳税人和小规模纳税人。

《增值税一般纳税人登记管理办法》（国家税务总局令第43号）第二条规定：“增值税纳税人，年应税销售额超过财政部、国家税务总局规定的小规模纳税人标准的，除本办法第四条规定外，应当向主管税务机关办理一般纳税人登记。”

第四条规定：“下列纳税人不办理一般纳税人登记：①按照政策规定，选择按照小规模纳税人纳税的；②年应税销售额超过规定标准的其他个人。”

另外，《财政部 国家税务总局关于统一增值税小规模纳税人标准的通知》（财税〔2018〕33号）规定："增值税小规模纳税人标准为年应征增值税销售额500万元及以下。"

那么，年应征增值税销售额超过500万元的纳税人为一般纳税人，应该办理一般纳税人登记。

需要注意的是，年应税销售额，是指纳税人在连续不超过12个月或四个季度的经营期内累计应征增值税销售额，包括纳税申报销售额、稽查查补销售额、纳税评估调整销售额。

10.1.2 税目

建筑服务，是指各类建筑物、构筑物及其附属设施的建造、修缮、装饰，线路、管道、设备、设施等的安装以及其他工程作业的业务活动。包括工程服务、安装服务、修缮服务、装饰服务和其他建筑服务。

1. 工程服务

工程服务，是指新建、改建各种建筑物、构筑物的工程作业，包括与建筑物相连的各种设备或者支柱、操作平台的安装。

2. 安装服务

安装服务，是指生产设备、动力设备、起重设备、运输设备、传动设备、医疗实验设备以及其他各种设备、设施的装配、安置工程作业，包括与被安装设备相连的工作台、梯子、栏杆的装设工程作业，以及被安装设备的绝缘、防腐、保温、油漆等工程作业。固定电话、有线电视、宽带、水、电、燃气、暖气等经营者向用户收取的安装费、初装费、开户费、扩容费以及类似收费项，均按照安装服务缴纳增值税。

3. 修缮服务

修缮服务，是指对建筑物、构筑物进行修补、加固、养护、改善，使之恢复原来的使用价值或者延长其使用期限的工程作业。

4. 装饰服务

装饰服务，是指对建筑物、构筑物进行修饰装修，使之美观或者具有特定用途的工程作业。

5. 其他建筑服务

其他建筑服务，是指上列工程作业之外的各种工程作业服务，如钻井（打井）、拆除建筑物或者构筑物、平整土地、园林绿化、疏浚（不包括航道疏浚）、建筑物平移、搭脚手架、爆破、矿山穿孔、表面附着物（包括岩层、土层、沙层等）剥离和清理等工程作业。

6. 建筑设备“湿租”

《关于明确金融房地产开发教育辅助服务等增值税政策的通知》（财税〔2016〕140号）第十六条明确：纳税人将建筑施工设备出租给他人使用并配备操作人员的，按照“建筑服务”缴纳增值税。

7. 销售设备并提供安装服务

《国家税务总局关于进一步明确营改增有关征管问题的公告》（国家税务总局公告2017年第11号）第四条规定，一般纳税人销售电梯的同时提供安装服务，其安装服务可以按照甲供工程选择适用简易计税方法计税。

纳税人对安装运行后的电梯提供的维护保养服务，按照“其他现代服务”缴纳增值税。

10.1.3 税率

增值税税率分为基本税率和征收率。

1. 基本税率

根据《财政部 税务总局 海关总署关于深化增值税改革有关政策的公告》（财政部 税务总局 海关总署公告2019年第39号）规定：

（1）增值税一般纳税人发生增值税应税销售行为或者进口货物，原适用16%税率的，税率调整为13%；原适用10%税率的，税率调整为9%。

（2）纳税人购进农产品，原适用10%扣除率的，扣除率调整为9%。

（3）纳税人购进用于生产或者委托加工13%税率货物的农产品，按照10%的扣除率计算进项税额。

（4）原适用16%税率且出口退税率为16%的出口货物劳务，出口退税率调整为13%；原适用10%税率且出口退税率为10%的出口货物、跨境应税行为，出口退税率调整为9%。

2. 征收率

小规模纳税人增值税税款计算使用的是征收率。一般纳税人采用简易计税方法计税的也使用征收率。增值税征收率为3%和5%。

小规模纳税人的征收率一般为3%，但在一些特殊项目上也按照5%征收，比如销售不动产。

建筑施工企业增值税项目具体税率见表10-1。

表10-1　　建筑服务业增值税税率及征收率表

税　目		基本税率	征收率
工程服务	工程服务	9%	3%
安装服务	安装服务	9%	3%
修缮服务	修缮服务	9%	3%
装饰服务	装饰服务	9%	3%
其他建筑服务	其他建筑服务	9%	3%

建筑施工企业也会涉及销售不动产、租赁等业务，具体税率见表10-2。

表10-2　　销售不动产等业务适用税率

税　目		基本税率	征收率
销售不动产	建筑物（1）	9%	5%（简易）
	建筑物（2）	9%	5%（一般老项目）
	构筑物（1）	9%	5%（简易）
	构筑物（2）	9%	5%（一般老项目）
租赁服务	不动产融资租赁（1）	9%	5%（简易）
	不动产融资租赁（2）	9%	5%（一般老项目）
	不动产经营租赁（1）	9%	5%（一般老项目）
	不动产经营租赁（2）	9%	5%（简易）
	有形动产融资租赁	13%	3%
	有形动产经营租赁	13%	3%

有形动产是指可以感觉或触摸的，并且可以移动的财产，如家具、汽车、珠宝以及艺术品等。

根据《关于在北京等8省市开展交通运输业和部分现代服务业营业税改征增值税试点的通知》（财税〔2012〕71号）及《财政部 国家税务总局关于在上海市开展交通运输业和部分现代服务业营业税改征增值税试点的通知》（财税〔2011〕111号）《应税服务范围注释》第二条第（五）项规定："有形动产租赁，包括有形动产融资租赁和有形动产经营性租赁"。

（1）有形动产融资租赁，是指具有融资性质和所有权转移特点的有形动产租赁业务活动。即出租人根据承租人所要求的规格、型号、性能等条件购入有形动产租赁给承租人，合同期内设备所有权属于出租人，承租人只拥有使用权，合同期满付清租金后，承租人有权按照残值购入有形动产，以拥有其所有权。不论出租人是否将有形动产残值销售给承租人，均属于融资租赁。

（2）有形动产经营性租赁，是指在约定时间内将物品、设备等有形动产转让他人使用且租赁物所有权不变更的业务活动。远洋运输的光租业务、航空运输的干租业务，属于有形动产经营性租赁。

10.1.4 预征率

根据《关于建筑服务等营改增试点政策的通知》（财税〔2017〕58号）规定，纳税人提供建筑服务取得预收款，应在收到预收款时，以取得的预收款扣除支付的分包款后的余额，按照预征率预缴增值税。

1. 缴纳办法

（1）一般纳税人跨县（市、区）提供建筑服务，适用一般计税方法的，以取得的全部价款和价外费用扣除支付的分包款后的余额，按照2%的预征率计算应预缴税款。

（2）一般纳税人跨县（市、区）提供建筑服务，适用简易计税方法的，以取得的全部价款和价外费用扣除支付的分包款后的余额，按照3%的预征率计算应预缴税款。

2. 建筑服务增值税预缴地点

（1）纳税人跨地级行政区范围提供建筑服务取得预收款的，应在收到预收款时，向建筑服务发生地主管国税机关预缴税款。

（2）纳税人在同一地级行政区范围（含在同一地级行政区范围内跨县、

市、区）内提供建筑服务取得预收款的，应在收到预收款时，向机构所在地主管国税机关预缴税款。

3. 建筑服务预缴增值税的时点

纳税人提供租赁服务采取预收款方式的，其纳税义务发生时间为收到预收款的当天。

纳税人发生应税建筑服务行为并收讫销售款项（提供建筑服务过程中或者完成后收到款项）的当天，或者取得索取销售款项凭据的当天（书面合同确定的付款日期；未签订书面合同或者书面合同未确定付款日期的，为建筑服务完成之日）；先开具发票的，为开具发票的当天。

4. 一般纳税人预缴增值税计算公式

适用一般计税方法的：

应预缴税款＝(全部价款和价外费用－支付的分包款)÷(1＋9%)×2%

适用简易计税方法的：

应预缴税款＝(全部价款和价外费用－支付的分包款)÷(1＋3%)×3%

5. 小规模纳税人预缴增值税手续

小规模纳税人跨县（市、区）提供建筑服务，以取得的全部价款和价外费用扣除支付的分包款后的余额按照3%的预征率计算应预缴税款。纳税人跨县（市、区）提供建筑服务，在向建筑服务发生地主管国税机关预缴税款时，需提交以下资料：

(1)《增值税预缴税款表》；

(2) 与发包方签订的建筑合同原件及复印件；

(3) 与分包方签订的分包合同原件及复印件；

(4) 从分包方取得的发票原件及复印件。

①如果纳税人有多个建筑工程项目同时需要预缴，应分项目填写《增值税预缴税款表》；②如果无法提供分包方的发票，将不允许进行扣除。

对跨县（市、区）提供的建筑服务，纳税人应自行建立预缴税款台账，区分不同县（市、区）和项目逐笔登记全部收入、支付的分包款、已扣除的分包款、扣除分包款的发票号码、已预交税款以及预缴税款的完税凭证号码等相关内容，留存备查。

10.1.5 增值税计税方法

增值税的计税方法，包括一般计税方法和简易计税方法。

1. 一般计税方法

一般计税方法是指依据销项税额减去进项税额的差额计算应纳税额，适用于增值税一般纳税人。销项税额即为销售额乘以增值税税率；进项税额指纳税人购进货物、加工修理修配劳务、服务、无形资产或者不动产，支付或者负担的增值税额。

销项税额计算公式：

销项税额＝不含税销售额×税率

一般情况下，如果没有合同约定，支付的价款是含增值税的，含税金额需要换算成不含税金额，计算公式计如下：

不含税销售额＝含税销售额÷（1＋税率）

【例 10-1】虹飞水泥厂销售 100 吨水泥，含税价款 101 700 元，适用税率为 13％，则：

不含税销售额＝含税销售额÷（1＋税率）

＝101 700÷（1＋13％）＝90 000（元）

销项税额＝90 000×13％＝11 700（元）

本期购进原材料 200 吨，含税价款 6 7800 元，取得增值税专用发票并于当月已认证。

不含税采购额＝含税采购额÷（1＋税率）

＝67 800÷（1＋13％）＝60 000（元）

进项税额＝60 000×13％＝7 800（元）

应纳税额计算公式：

应纳税额＝当期销项税额－当期进项税额

＝11 700－7 800

＝3 900（元）

2. 简易计税方法

简易计税方法是按照销售额与征收率的乘积计算应纳税额，一般适用于小规模纳税人，一般纳税人原则上适用一般计税方法，但是在一些特殊情形下可以使用简易计税方法，比如提供建筑服务（甲供工程、清包工）。一般纳税人以“清包工”“甲供工程”“老项目”“工程总承包”方式提供建筑服务，可以选择简易计税方法。

（1）清包工。

《财政部 国家税务总局关于全面推开营业税改征增值税试点的通知》（财税〔2016〕36号）附件2《营业税改征增值税试点有关事项的规定》：清包工是指施工方仅收取人工费、管理费或者其他费用，不采购建筑工程所需的材料或只采购辅助材料，建筑工程所需的主要材料或全部材料由建设方或上一环节工程发包方采购。

“清包工”方式可以选用简易计税，主要考虑到施工方既不采购建筑工程所需材料或只采购辅助材料，且其大部分成本为人工成本，施工方可以取得的用以抵扣的进项税额较少，按照一般计税方法计税，可能导致企业税负上升。

（2）“甲供工程”。

甲供工程，是指施工方可能采购部分设备、材料、动力，也可能完全不采购设备、材料、动力，工程所需全部或部分设备、材料、动力由工程发包方自行采购。根据《财政部 税务总局关于建筑服务等营改增试点政策的通知》（财税〔2017〕58号）规定，建筑工程总承包单位为房屋建筑的地基与基础、主体结构提供工程服务，建设单位自行采购全部或部分钢材、混凝土、砌体材料、预制构件的，适用简易计税方法计税。在建筑工程中，出于质量控制的考虑，甲方一般会自行采购主要建筑材料，也就是俗称的“甲供材”。

目前，甲供材主要有两种模式：

第一，甲供材作为工程款的一部分，甲方采购后交给建筑企业使用，并抵减部分工程款；

第二，甲供材与工程款无关，甲方采购后交给建筑企业使用，并另行支付工程款。

（3）建筑工程“老项目”。

“建筑工程老项目，是指：（1）《建筑工程施工许可证》注明的合同开工日期在2016年4月30日前的建筑工程项目；（2）未取得《建筑工程施工许可证》的，建筑工程承包合同注明的开工日期在2016年4月30日前的建筑工程项目”。

（4）总包模式下的简易计税。

根据《财政部 税务总局关于建筑服务等营改增试点政策的通知》（财税〔2017〕58号）文件规定，建筑工程总承包单位为房屋建筑的地基与基础、主体结构提供工程服务，建设单位自行采购全部或部分钢材、混凝土、砌体材料、预制构件的，适用简易计税方法计税。

地基与基础、主体结构的范围，按照《建筑工程施工质量验收统一标准》（GB 50300—2013）附录B《建筑工程的分部工程、分项工程划分》中的“地基与基础”“主体结构”分部工程的范围执行。

10.1.6 发票

由于国税地税征管体制改革，2019年1月1日起启用新版发票。

1. 发票监制章具体类型

发票监制章具体类型，见表10-3。

表10-3　最新发票监制章一览表

<table>
<tr><th>序号</th><th>发票类型</th><th>监制章情况</th><th>具体形式</th></tr>
<tr><td>1</td><td>增值税专用发票</td><td>没有变化</td><td rowspan="2">发票监制章椭圆形，上环刻制“全国统一发票监制章”字样，中间刻制“省、自治区、直辖市、计划单列市”名称，下环刻制“国家税务总局监制”。</td></tr>
<tr><td>2</td><td>增值税普通发票
（包括平推票、卷票）</td><td>没有变化</td></tr>
<tr><td>3</td><td>增值税电子普通发票</td><td>启用新版</td><td rowspan="7">新发票监制章形状为椭圆形，与原发票监制章规格相同，内环加刻一细线。上环刻制“全国统一发票监制章”字样，中间刻制“国家税务总局”字样，下环刻制“××税务局”字样，如“北京市税务局”等。</td></tr>
<tr><td>4</td><td>机动车销售统一发票</td><td>启用新版</td></tr>
<tr><td>5</td><td>二手车销售统一发票</td><td>启用新版</td></tr>
<tr><td>6</td><td>通用机打发票</td><td>启用新版</td></tr>
<tr><td>7</td><td>通用定额发票</td><td>启用新版</td></tr>
<tr><td>8</td><td>手工发票</td><td>启用新版</td></tr>
<tr><td>9</td><td>通行费（包括出租车、客票等）</td><td>启用新版</td></tr>
<tr><td>10</td><td>航空运输电子客票行程单</td><td>没有变化</td><td>发票监制章椭圆形，上环刻制“全国统一发票监制章”字样，下环刻制“国家税务总局监制”。中间无“省、自治区、直辖市、计划单列市”。</td></tr>
</table>

《国家税务总局关于开展2020年“便民办税春风行动”的意见》（税总发〔2020〕11号）指出电子专票确定先试点、后推广的方案，确保2020年年底之前推进增值税专用发票电子化。

2. 对方开具增值税发票需要的信息

企业提供建筑服务适用的税目是“建筑服务”，无论是建筑总承包企业还是分包企业，在开具发票时编码简称均为“建筑服务”。建筑总承包企业可以开具“建筑服务*工程款”或者“建筑服务*工程服务”；劳务分包公司可以开具“建筑服务*劳务费”或者“建筑服务*工程款”，如果是安装劳务，可以开具“建筑服务*安装服务”。编码简称代表该企业该业务增值税适用的税目，明细可以自行添加。

《国家税务总局关于进一步明确营改增有关征管问题的公告》（国家税务总局公告2017年第11号）第二条规定：“建筑企业与发包方签订建筑合同后，以内部授权或者三方协议等方式，授权集团内其他纳税人（以下称‘第三方）为发包方提供建筑服务，并由第三方直接与发包方结算工程款的，由第三方缴纳增值税并向发包方开具增值税发票，与发包方签订建筑合同的建筑企业不缴纳增值税。发包方可凭实际提供建筑服务的纳税人开具的增值税专用发票抵扣进项税额。”

（1）开具增值税专用发票。

纳税人开具增值税专用发票，应由购买方提供：名称（不得为自然人）、纳税人识别号、地址电话、开户行及账号。若实际付款人（现金、刷卡、第三方支付平台等）属于其他个人，但要求开具专用发票的“购买方”为单位的，实务中一般不认为违背“三流一致”的原则。

（2）开具增值税普通发票。

销售方开具增值税普通发票的，如购买方为企业、非企业性单位（有纳税人识别号）和个体工商户，购买方栏的“名称”“纳税人识别号”为必填项，其他项目根据实际业务情况需要填写。

购买方为非企业性单位（无纳税人识别号）和消费者个人的，“名称”为必填项，其他项目可根据实际业务情况填写。

3. 增值税专用发票开具

一般纳税人可以开具增值税专用发票。小规模纳税人是不可以自己开专票的，也就是说小规模纳税人不能自行开具增值税专用发票。但符合某些条件后，就可以自己开具增值税专用发票。根据《国务院关于修改〈中华人民共和国发票管理办法〉的决定》（中华人民共和国国务院令第587号）规定，《中华人民共和国发票管理办法》第十六条，需要临时使用发票的单位和个人，可以凭购销商品、提供或者接受服务以及从事其他经营活动的书面证明、经办人身份证明、直接向经营地税务机关申请代开发票。依照税收法律、行政法规定应当缴纳税款的，税务机关应当先征收税款，再开具发票。

根据《关于扩大小规模纳税人自行开具增值税专用发票试点范围等事项的公告》（国家税务总局公告2019年第8号）将小规模纳税人自行开具增值税专用发票的试点范围扩大至租赁和商务服务业，科学研究和技术服务业，居民服务、修理和其他服务业这三个行业。

4. 全电发票

根据国家税务总局海南省税务局的解释，全面数字化的电子发票（以下称全电发票）是与纸质发票具有同等法律效力的全新发票，不以纸质形式存在、不用介质支撑、无须申请领用、发票验旧及申请增版增量。纸质发票的票面信息全面数字化，将多个票种集成归并为电子发票单一票种，全电发票实行全国统一赋码、自动流转交付。

（资料来源：http://hainan.chinatax.gov.cn/gzcy_2_4/24141960.html）

根据国家税务总局统一部署，海南省全电发票受票扩围试点在2022年8月28日起上线，上海市税务局也发布《国家税务总局上海市税务局关于全面数字化的电子发票开票试点全面扩围工作安排的通告》（国家税务总局上海市税务局通告2023年第1号）。全电发票不需要票种核定、不需要领用、不需要使用税控设备，相应的开具、查验、交付、报销、用途确认等也变得简单，以数治税正成为现实。

5. 纳税人如何开具增值税红字专用发票

购买方取得专用发票已用于申报抵扣的，购买方可在增值税发票管理新系统中填开并上传《开具红字增值税专用发票信息表》（以下简称“信息表”），在填开“信息表”时不填写相对应的蓝字专用发票信息，应暂依“信息表”所列增值税税额从当期进项税额中转出，待取得销售方开具的红字专用发票后，与“信息表”一并作为记账凭证。

购买方取得专用发票未用于申报抵扣，但发票联或抵扣联无法退回的，购买方填开“信息表”时应填写相对应的蓝字专用发票信息。

销售方开具专用发票尚未交付购买方，以及购买方未用于申报抵扣并将发票联及抵扣联退回的，销售方可在新系统中填开并上传“信息表”。销售方填开“信息表”时应填写相对应的蓝字专用发票信息。

主管税务机关通过网络接收纳税人上传的“信息表”，系统自动校验通过后，生成带有“红字发票信息表编号”的“信息表”，并将信息同步至纳税人端系统中。

销售方凭税务机关系统校验通过的“信息表”开具红字专用发票，在新系统中以销项负数开具。红字专用发票应与“信息表”一一对应。

纳税人也可凭“信息表”电子信息或纸质资料到税务机关对“信息表”内容进行系统校验。

10.2 建筑工程项目增值税会计核算

建筑企业的纳税义务发生时间以收款、业主批复验工计价、发票开具时间孰早来确认，当然，业主验工计价并不立即支付工程款给建筑施工企业的情况并不影响纳税义务时间的确定。

根据《财政部 税务总局关于建筑服务等营改增试点政策的通知》（财税〔2017〕58号），纳税人提供建筑服务取得预收款，应在收到预收款时，以取得的预收款扣除支付的分包款后的余额，均须按规定预缴增值税。需要注意的是，在建筑服务发生地预缴，还是在机构所在地预缴，或者说不管是发生地还是机构注册地，取得预付款都要预缴增值税。

10.2.1 一般计税方法下预缴税款

跨县（市）提供建筑服务要在项目所在地进行预缴，并取得完税凭证，作为机构所在地抵扣税款依据。其他个人提供建筑服务，无论是否异地，均可以直接到建筑服务发生地主管税务机关申报缴纳税款，并按规定申请代开增值税发票。

国家税务总局发布2016年第17号公告规定：

纳税人按照规定从取得的全部价款和价外费用中扣除支付的分包款，应当取得符合法律、行政法规和国家税务总局规定的合法有效凭证，否则不得扣除。

有效凭证是指从分包方取得的 2016 年 5 月 1 日后开具的，备注栏注明建筑服务发生地所在县（市、区）、项目名称的增值税发票。应在增值税发票的备注栏注明建筑服务发生地所在县（市、区）以及项目名称。需要分建筑工程项目分别计算应预缴税款，分别预缴。需要注意的是，扣除金额为含税金额。

（1）扣除的分包款应当取得分包方开具给总包方的增值税发票（普通发票或专用发票）。

（2）纳税人取得的全部价款和价外费用扣除支付的分包款后的余额为负数的，可结转下次预缴税款时继续扣除。

（3）纳税人应按照工程项目分别计算应预缴税款，分别预缴。

（4）纳税人预缴的税款可以在当期增值税应纳税额中抵减，抵减不完的，结转下期继续抵扣。以预缴税款抵减应纳税额，应以完税凭证作为合法有效凭证。

一般计税方法下预缴税款计算公式如下：

预缴税金＝（全部价款和价外费用－支付并取得发票的分包款）÷（1＋9％）×2％

收到预收款当月产生纳税义务，当月预交增值税分录：

借：应交税费——预交增值税

　　贷：银行存款

【例 10-2】远大建筑有限公司属于一般纳税人，有两个建筑项目均采用一般计税方法，统一核算。2×21 年 5 月，注册地 A 项目与工程发包方办理验工计价 468.70 万元，合同约定实际付款为结算金额的 80％，应收款 374.96 万元，已开具发票，但未收款。接受小规模纳税人乙公司提供的清运服务 92.7 万元，款项已支付，取得税务机关代开的增值税专用发票。

按照施工合同，异地 B 项目进场时收取预付款不含税 320 万元，未开具发票；预付专业分包甲企业款含税金额 207.10 万元，未取得增值税专用发票；预付专业分包丁企业款含税金额 87.2 万元，取得增值税专用发票。

1. 5 月 A 项目账务处理

（1）验工计价，确认工程结算。

由于 A 项目不属于跨区项目，无须预缴税款，且已经开具发票，因此直接计提销项税额。

借：应收账款　　　　　　　　　　　　　3 749 600

贷：合同结算　　3 440 000

应交税费——应交增值税（销项税额）〔A项目〕　309 600

（2）外购服务

借：合同履约成本——合同成本　　900 000

应交税费——应交增值税（进项税额）　　27 000

贷：银行存款　　927 000

2.5月份B项目账务处理

（1）建筑服务项目收到预付款，不需要计提增值税销项税额；因为207.10万元分包款没有取得合法凭证，所以不能在预缴时扣除。

预收款含税额＝320×（1＋9%）＝348.80（万元）

借：银行存款　　3 488 000

贷：预收账款　　3 488 000

借：应交税费——预交增值税　　48 000

贷：银行存款　48 000［（348.80－87.20）÷（1＋9%）×2%］

（2）支付专业分包款

由于82.70万元预付款已经取得增值税专用发票，则该笔款项要计提进项税额：

借：预付账款——甲企业　　2 071 000

预付账款——甲企业　　872 000

贷：银行存款　　2 943 000

借：合同履约成本——合同成本（专业分包成本）　800 000

应交税费——应交增值税（进项税额）　　72 000

贷：预付账款　　872 000

（3）6月，远大建筑企业汇总应纳税额

销项税额＝309 600（元）

进项税额＝27 000＋72 000＝99 000（元）

已交税金＝48 000（元）

当月应纳税增值税额＝销项税额－进项税额－预缴税金

＝309 600－99 000－48 000＝162 600（元）

借：应交税费——应交增值税（转出未交增值税）　162 600

贷：应交税费——未交增值税　　162 600

根据计算，填写增值税申报表，见表10-4至表10-6。

表 10-4

附件 1 增值税纳税申报表

（一般纳税人适用）

根据国家税收法律法规及增值税相关规定制定本表。纳税人不论有无销售额，均应按税务机关核定的纳税期限填写本表，并向当地税务机关申报。

税款所属时间：自 2×21 年 5 月 1 日至 2×21 年 5 月 31 日　　填表日期：2×21 年 6 月 5 日　　金额单位：元至角分

纳税人识别号	8	1	2	3	4	6	7	0	0	4	3	1	5	3	4	2	5

所属行业：建筑业

纳税人名称	远大建筑有限公司（公章）	法定代表人姓名	××	注册地址	××	生产经营地址	××
开户银行及账号	××	登记注册类型	××	电话号码	××		

项目		栏次	一般项目		即征即退项目	
			本月数	本年累计	本月数	本年累计
销售额	（一）按适用税率计税销售额	1				
	其中：应税货物销售额	2	3 749 600			
	应税劳务销售额	3				
	纳税检查调整的销售额	4				
	（二）按简易办法计税销售额	5				
	其中：纳税检查调整的销售额	6				
	（三）免、抵、退办法出口销售额	7			—	—
	（四）免税销售额	8			—	—
	其中：免税货物销售额	9			—	—
	免税劳务销售额	10			—	—

续上表

项目		栏次	一般项目		即征即退项目	
			本月数	本年累计	本月数	本年累计
税款计算	销项税额	11	309 600			
	进项税额	12	99 000			
	上期留抵税额	13				—
	进项税额转出	14				
	免、抵、退应退税额	15			—	—
	按适用税率计算的纳税检查应补缴税额	16			—	—
	应抵扣税额合计	17=12+13−14−15+16		—		—
	实际抵扣税额	18(如 17<11,则为 17,否则为 11)				
	应纳税额	19=11−18	210 600			
	期末留抵税额	20=17−18				—
	简易计税办法计算的应纳税额	21				
	按简易计税办法计算的纳税检查应补缴税额	22			—	—
	应纳税额减征额	23				
	应纳税额合计	24=19+21−23	210 600			

续上表

项目		栏次	一般项目		即征即退项目	
			本月数	本年累计	本月数	本年累计
税款缴纳	期初未缴税额(多缴为负数)	25				
	实收出口开具专用缴款书退税额	26			—	—
	本期已缴税额	27＝28＋29＋30＋31	48 000			
	①分次预缴税额	28	48 000	—		—
	②出口开具专用缴款书预缴税额	29		—	—	—
	③本期缴纳上期应纳税额	30				
	④本期缴纳欠缴税额	31				
	期末未缴税额(多缴为负数)	32＝24＋25＋26－27				
	其中:欠缴税额(≥0)	33＝25＋26－27		—		—
	本期应补(退)税额	34＝24－28－29	162 600	—		—
	即征即退实际退税额	35	—	—		
	期初未缴查补税额	36			—	—
	本期入库查补税额	37			—	—
	期末未缴查补税额	38＝16＋22＋36－37			—	—

续上表

<table>
<tr><td colspan="2" rowspan="2">项　目</td><td rowspan="2">栏次</td><td colspan="2">一般项目</td><td colspan="2">即征即退项目</td></tr>
<tr><td>本月数</td><td>本年累计</td><td>本月数</td><td>本年累计</td></tr>
<tr><td>授权声明</td><td colspan="2">如果你已委托代理人申报，请填写下列资料：
为代理一切税务事宜，现授权
（地址）为本纳税人的代理申报人，任何与本申报表有关的往来文件，都可寄予此人。

授权人签字：</td><td>申报人声明</td><td colspan="3">本纳税申报表是根据国家税收法律法规及相关规定填报的，我确定它是真实的、可靠的、完整的。

声明人签字：何杰</td></tr>
</table>

主管税务机关：　　　　接收人：　　　　接收日期：

表 10-5

增值税纳税申报表附列资料(一)

（本期销售情况明细）

税款所属时间:2×21 年 5 月 1 日至 2×21 年 5 月 31 日

纳税人名称:(公章)远大建筑有限公司　　　　金额单位:元至角分

项目及栏次				开具增值税专用发票		开具其他发票		未开具发票		纳税检查调整		合计			服务、不动产和无形资产扣除项目本期实际扣除金额	扣除后	
				销售额	销项(应纳)税额	销售额	销项(应纳)税额	销售额	销项(应纳)税额	销售额	销项(应纳)税额	销售额	销项(应纳)税额	价税合计		含税(免税)销售额	销项(应纳)税额
				1	2	3	4	5	6	7	8	9=1+3+5+7	10=2+4+6+8	11=9+10	12	13=11-12	14=13÷(100%+税率或征收率)×税率或征收率
一、一般计税方法计税	全部征税项目	13%税率的货物及加工修理修配劳务	1											—	—	—	—
		13%税率的服务、不动产和无形资产	2														
		9%税率	3	3 440 000	309 600			3 200 000				3 440 000	309 600	3 749 600	—	3 749 600	309 600
		6%税率	4														
	其中:即征即退项目	即征即退货物及加工修理修配劳务	5	—	—	—	—	—	—	—	—			—	—	—	—
		即征即退服务、不动产和无形资产	6	—	—	—	—	—	—	—	—						

续上表

项目及栏次				开具增值税专用发票		开具其他发票		未开具发票		纳税检查调整		合计			服务、不动产和无形资产扣除项目本期实际扣除金额	扣除后	
				销售额	销项(应纳)税额	销售额	销项(应纳)税额	销售额	销项(应纳)税额	销售额	销项(应纳)税额	销售额	销项(应纳)税额	价税合计		含税(免税)销售额	销项(应纳)税额
				1	2	3	4	5	6	7	8	9=1+3+5+7	10=2+4+6+8	11=9+10	12	13=11−12	14=13÷(100%+税率或征收率)×税率或征收率
二、简易计税方法计税	全部征税项目	6%征收率	7							—	—			—	—	—	—
		5%征收率的货物及加工修理修配劳务	8							—	—			—	—	—	—
		5%征收率的服务、不动产和无形资产	9							—	—						
		4%征收率	10							—	—			—	—	—	—
		3%征收率的货物及加工修理修配劳务	11							—	—			—	—	—	—
		3%征收率的服务、不动产和无形资产	12							—	—						
		预征率 %	13							—	—						
		预征率 %	14							—	—						
		预征率 %	15							—	—						

续上表

项目及栏次				开具增值税专用发票		开具其他发票		未开具发票		纳税检查调整		合计			服务、不动产和无形资产扣除项目本期实际扣除金额	扣除后	
				销售额	销项(应纳)税额	销售额	销项(应纳)税额	销售额	销项(应纳)税额	销售额	销项(应纳)税额	销售额	销项(应纳)税额	价税合计		含税(免税)销售额	销项(应纳)税额
				1	2	3	4	5	6	7	8	9=1+3+5+7	10=2+4+6+8	11=9+10	12	13=11－12	14=13÷(100%+税率或征收率)×税率或征收率
二、简易计税方法计税	其中：即征即退项目	即征即退货物及加工修理修配劳务	16	—	—	—	—	—	—	—	—			—	—	—	—
		即征即退服务、不动产和无形资产	17	—	—	—	—	—	—	—	—						
三、免抵退税	货物及加工修理修配劳务		18	—	—		—		—	—	—		—	—	—	—	—
	服务、不动产和无形资产		19	—	—		—		—	—	—		—				—
四、免税	货物及加工修理修配劳务		20				—		—	—	—		—	—	—	—	—
	服务、不动产和无形资产		21	—	—		—		—	—	—		—				—

表 10-6

增值税纳税申报表附列资料(二)
(本期进项税额明细)

税款所属时间:2×21 年 5 月 1 日至 2×21 年 5 月 31 日

纳税人名称:(公章)远大建筑有限公司　　　　金额单位:元至角分

一、申报抵扣的进项税额				
项目	栏次	份数	金额	税额
(一)认证相符的增值税专用发票	1=2+3	1	1 700 000	99 000
其中:本期认证相符且本期申报抵扣	2	1	1 700 000	99 000
前期认证相符且本期申报抵扣	3			
(二)其他扣税凭证	4=5+6+7+8			
其中:海关进口增值税专用缴款书	5			
农产品收购发票或者销售发票	6			
代扣代缴税收缴款凭证	7		—	
其他	8			
(三)本期用于购建不动产的扣税凭证	9			
(四)本期不动产允许抵扣进项税额	10	—	—	
(五)外贸企业进项税额抵扣证明	11	—	—	
当期申报抵扣进项税额合计	12=1+4−9+10+11		1 700 000	99 000
二、进项税额转出额				
项目	栏次	税额		
本期进项税额转出额	13=14 至 23 之和			

续上表

其中：免税项目用	14			
集体福利、个人消费	15			
非正常损失	16			
简易计税方法征税项目用	17			
免抵退税办法不得抵扣的进项税额	18			
纳税检查调减进项税额	19			
红字专用发票信息表注明的进项税额	20			
上期留抵税额抵减欠税	21			
上期留抵税额退税	22			
其他应作进项税额转出的情形	23			
三、待抵扣进项税额				
项目	栏次	份数	金额	税额
（一）认证相符的增值税专用发票	24	—	—	—
期初已认证相符但未申报抵扣	25			
本期认证相符且本期未申报抵扣	26			
期末已认证相符但未申报抵扣	27			
其中：按照税法规定不允许抵扣	28			
（二）其他扣税凭证	29=30至33之和			
其中：海关进口增值税专用缴款书	30			

续上表

农产品收购发票或者销售发票	31			
代扣代缴税收缴款凭证	32		—	
其他	33			
	34			
四、其他				
项目	栏次	份数	金额	税额
本期认证相符的增值税专用发票	35			
代扣代缴税额	36	—	—	

10.2.2 简易计税方法下分包款的扣除

简易计税项目按照总包扣除分包后的差额作为销售额时，按照应抵减的增值税记入“销项税额抵减”科目处理，当然也可以直接在计提增值税税金时直接抵减：

借：应交税费——应交增值税（销项税额抵减）

贷：主营业务成本

简易计税项目应预缴税款＝（全部价款和价外费用－支付的分包款）÷（1＋3％）×3％

简易计税方法下的建筑服务在所在地预缴3％税款，而后期在机构所在地也是按照3％计算申报税款，其预缴税额的计算和应纳税额的计算一致。也就是，采用简易计税方法计税的纳税人所有的增值税实际上都是交在建筑服务所在地，在机构所在地实际缴纳税款为零。

【例10-3】通工建筑有限公司为一般纳税人，承包南街旧城改造建筑项目，采用简易计税方法核算。2×21年2月，按照建筑承包合同约定的日期收到预收工程款154 000元，接受采用简易征收方式计税的丙公司提供的建筑服务，价值47 000元，款项已支付，取得普通发票。

（1）收到预付款。

借：银行存款　　154 000

贷：预收账款　　154 000

借：应交税费——预交增值税

3 116.50［（154 000－47 000）÷（1＋3％）×3％］

贷：银行存款　　3 116.50

（2）支付分包款

借：合同履约成本——合同成本　　47 000

贷：银行存款　　47 000

（3）冲减分包业务的增值税额

借：应交税费——简易计税

1 368.93［47 000÷（1＋3％）×3％］

贷：合同履约成本　　1 368.93

验工计价本身不会触发纳税义务的发生。根据会计制度的规定，在确定损益时需要进行价税分离，对应的税额计入“应交税费——待转销项税额”（不区分计税方法），待现实纳税义务发生以后，再转入“应交税费”科目。

企业计量时

借：应收账款

　　贷：合同结算等

　　　　应交税费——待转销项税额

纳税义务发生时

借：应交税费——待转销项税额

　　贷：应交税费——应交增值税（销项税额）

　　　　——简易计税

10.2.3　暂未收到结算款

企业提供建筑服务，在向业主办理工程价款结算时，借记“应收账款”等科目，贷记“合同结算”科目，贷记“应交税费——应交增值税（销项税额）”等科目，企业向业主办理工程价款结算的时点早于增值税纳税义务发生的时点的，应贷记“应交税费——待转销项税额”等科目，待增值税纳税义务发生时再转入“应交税费——应交增值税（销项税额）”等科目。

“应交税费——待转销项税额”明细科目只用于一般计税方法计税项目。按照《企业会计准则》规定，收入或利得已经达到确认的条件，但按照税法的规定，纳税人现实纳税义务尚未发生，应通过“应交税费——待转销项税额”明细科目核算。

【例 10-4】天宇建筑工程公司承接甲工程项目，适用一般计税方法计税。2×21 年 11 月，业主对其 10 月已完工程量计量金额 1 526 万元，款项尚未支付，合同约定的付款日期未到，天宇建筑工程公司未对业主开具发票。

11 月末，天宇建筑工程公司甲项目部会计处理如下：

借：应收账款	15 260 000	
贷：合同结算——价款结算		14 000 000
应交税费——待转销项税额		1 260 000

若2×21年12月30日，收取工程款1 199万元，同日开具增值税专用发票，金额1 100万元，税额99万元，纳税义务发生，则：

借：银行存款　　11 990 000

　　贷：应收账款　　11 990 000

借：应交税费——待转销项税额　　990 000

　　贷：应交税费——应交增值税（销项税额）　　990 000

10.2.4　质保金、押金增值税的处理

根据《国家税务总局关于在境外提供建筑服务等有关问题的公告》（国家税务总局2016年第69号公告）文件规定，纳税人提供建筑服务，被工程发包方从应支付的工程款中扣押的质押金、保证金，未开具发票的，以纳税人实际收到质押金、保证金的当天为纳税义务发生时间。实务中，业务流程比较复杂，开票、收款不能完全匹配，存在属于“会计上已经确认收入而未达到增值税纳税义务发生时间”的情况。按照最新的增值税会计处理规定，可以使用“应交税费——待转销项税额”科目进行核算。

【例10-5】甲公司承建乙公司住宅楼装修工程，2×20年7月开工，按照一般计税方法计税。2×21年10月10日，工程项目完工后与乙公司办理工程结算，不含税工程价款为2200万元。乙公司支付了90%的工程价款，其余部分作为质保金6个月后于2×22年4月10日支付。

甲企业增值税会计如何处理？若其他条件不变，2×21年10月10日，乙企业通知甲方，由于装修工程出现缺陷，决定扣除质保金21.8万元并自行维修，2×22年4月10日支付剩余质保金218万元。则甲企业会计处理如下。

（1）2×21年10月10日办理工程价款结算，收到部分工程款时。

当日结算工程款＝2 200×(1＋9%)×90%＝2 158.20（万元）

未结算工程款＝2 200×(1＋9%)×10%＝239.80（万元）

销项税额＝2 158.2÷(1＋9%)×9%＝178.20（万元）

待转销项税额＝239.8÷(1＋9%)×9%＝19.80（万元）

①结转收入。

借：合同结算——收入结转　　22 000 000

　　贷：主营业务收入　　22 000 000

②收到工程款。

借：银行存款 21 582 000

应收账款 2 398 000

贷：合同结算——价款结算 22 000 000

应交税费——应交增值税（销项税额） 1 782 000

应交税费——待转销项税额 198 000

（2）若2×22年4月10日甲公司收到全额质保金时，结转待转销项税额。

借：银行存款 2 398 000

应交税费——待转销项税额 198 000

贷：应收账款 2 398 000

应交税费——应交增值税（销项税额） 198 000

（3）如果2×22年1月12日，扣除质保金21.8万元并自行维修，则：

借：营业外支出 218 000

应交税费——待转销项税额 18 000

贷：应收账款 218 000

应交税费——应交增值税（销项税额） 18 000

（4）2×22年4月10日，甲公司收到剩余质保金218万元（239.80－21.8）时。

借：银行存款 2 180 000

应交税费——待转销项税额 180 000

贷：应收账款 2 180 000

应交税费——应交增值税（销项税额） 180 000

如果甲企业通过“甲供材”“清包工”等方式采用简易计税方法，则核算时需要把“应交税费——应交增值税（销项税额）”科目换为“应交税费——简易计税”。

10.2.5 附加税的会计处理

根据《财政部 国家税务总局关于纳税人异地预缴增值税有关城市维护建设税和教育费附加政策问题的通知》（财税〔2016〕74号）规定：

一、纳税人跨地区提供建筑服务、销售和出租不动产的，应在建筑服务发生地、不动产所在地预缴增值税时，以预缴增值税税额为计税依据，并按预缴增值税所在地的城市维护建设税适用税率和教育费附加征收率就地计算缴纳城市维护建设税和教育费附加。

二、预缴增值税的纳税人在其机构所在地申报缴纳增值税时，以其实际缴纳的增值税税额为计税依据，并按机构所在地的城市维护建设税适用税率和教育费附加征收率就地计算缴纳城市维护建设税和教育费附加。

跨地区预交增值税款的附加税发生在计提预交增值税分录之后，每月按照计提的增值税同时计提附加税，可以设置明细科目。

借：税金及附加

　　贷：应交税费——应交城市维护建设税

　　　　　　　　——应交教育费附加

　　　　　　　　——应交地方教育附加

【例 10-6】江苏省昆山市朗玥建筑工程公司（一般纳税人）2×21 年 7 月在天津市宝坻区提供建筑服务，适用一般计税方法，当月取得建筑服务收入（含税）3 270 万元，支付购入建筑材料款价税合计为 1 039.60 万元（取得增值税专用发票上注明的增值税额为 119.6 万元）。天津市宝坻区所在地城建税税率为 7%，教育费附加征收率为 3%，地方教育费附加征收率为 2%；昆山市所在地城建税税率为 5%，教育费附加征收率为 3%，地方教育费附加征收率为 2%。假定不考虑其他涉税因素，则附加税计算情况如下：

（1）天津市宝坻区提供建筑服务发生税费。

预交增值税＝3 270÷（1＋9%）×2%＝60（万元）

缴纳城建税、教育费附加和地方教育费附加＝60×（7%＋3%＋2%）＝7.2（万元）

借：银行存款	32 700 000	
贷：合同结算——价款结算		30 000 000
应交税费——应交增值税（销项税额）		2 700 000
借：应交税费——预交增值税	600 000	
贷：银行存款		600 000

借：税金及附加　　72 000

　　贷：应交税费——应交城市维护建设税　　42 000

　　　　　　　　——应交教育费附加　　18 000

　　　　　　　　——应交地方教育附加　　12 000

借：应交税费——应交城市维护建设税　　42 000

　　　　　　——应交教育费附加　　18 000

　　　　　　——应交地方教育附加　　12 000

　　贷：银行存款　　72 000

(2) 在昆山市汇算清缴。

实际申报缴纳增值税＝3 270÷（1＋9%）×9%— 60 — 119.6

＝90.4（万元）

缴纳城建税、教育费附加和地方教育费附加＝90.4×（5%＋3%＋2%）

＝9.04（万元）

借：合同履约成本　　9 200 000

　　应交税费——应交增值税（进项税额）　　1 196 000

　　贷：银行存款　　10 396 000

借：应交税费——应交增值税（销项税额）　　2 700 000

　　贷：应交税费——应交增值税（进项税额）　　1 196 000

　　　　　　　　——应交增值税（转出未交增值税）　　1 504 000

借：应交税费——应交增值税（转出未交增值税）

（2 700 000—1 196 000）1 504 000

　　贷：应交税费——未交增值税　　1 504 000

借：应交税费——未交增值税　　600 000

　　贷：应交税费——预交增值税　　600 000

借：税金及附加　　90 400

　　贷：应交税费——应交城市维护建设税　　45 200

　　　　　　　　——应交教育费附加　　27 120

　　　　　　　　——应交地方教育附加　　18 080

借：应交税费——应交城市维护建设税　　45 200

　　　　　　——应交教育费附加　　27 120

　　　　　　——应交地方教育附加　　18 080

　　贷：银行存款　　90 400

10.2.6 项目部汇总纳税的账务处理

1. 明细科目设置

汇总纳税方式下，会计科目“应交税费——应交增值税”应增设明细科目“结转进项税额”“结转销项税额”“结转进项税转出”“预缴税款”等，在“内部往来”或“其他应收款”科目增设“增值税专项”等。

2. 项目部月末往来账的处理

项目部、事业部月末把本期发生的可抵扣进项税额、销项税额、预缴增值税额、进项税额转出应结转到总机构增值税专项，结转时项目部会计分录相应为：

借：内部往来——总机构增值税专项

　　贷：应交税费——应交增值税（进项税额）

借：应交税费——应交增值税（销项税额）

　　贷：内部往来——总机构增值税专项

借：内部往来——总机构增值税专项

　　贷：应交税费——应交增值税（已交税金）

借：应交税费——应交增值税（进项税额转出）

　　贷：内部往来——总机构增值税专项

3. 总机构账务处理

（1）对与项目部的往来账处理。月末，项目部把本期的应交税费相关科目发生额结转到总机构时，总机构做相反的分录。

（2）汇总缴纳增值税计算公式。

总机构当期应纳税额＝总机构汇总的当期销项税额－总机构汇总的当期进项税额－总机构汇总的当期已交税额（含预征税额）－总机构本部上期留抵进项税额

第一种情况，当期应纳税额大于零，则：

借：应交税费——应交增值税（转出未交增值税）

　　贷：应交税费——未交增值税

同时，计提税金及附加。月末应按各项目部当月汇总应补纳的增值税税额计算各自应分配的税金及附加，并结转到每个项目。

借：税金及附加（红字）

贷：内部往来—××项目部

次月交上月增值税时，借记“应交税费——未交增值税”，贷记“银行存款”科目。

第二种情况，当期应纳税额小于零，当期应纳增值税为零，则：

月底，将本月发生的多交增值税税额自“应交税费——应交增值税”科目转入“应交税费——未交增值税”明细科目，

借：应交税费——未交增值税

贷：应交税费——应交增值税（转出多交增值税）

第三种情况，当月销项税额小于当月进项税额和上期进项留抵税额之和，则：

当月应纳增值税为零。如当月没有已交税额（含预征税额），不需要进行账务处理。

10.3 跨县（市、区）建筑服务会计处理

《纳税人跨县（市、区）提供建筑服务增值税征收管理暂行办法》（国家税务总局公告2016年第17号）第二条规定：

本办法所称跨县（市、区）提供建筑服务，是指单位和个体工商户（以下简称纳税人）在其机构所在地以外的县（市、区）提供建筑服务。

纳税人在同一直辖市、计划单列市范围内跨县（市、区）提供建筑服务的，由直辖市、计划单列市税务局决定是否适用本办法。

其他个人跨县（市、区）提供建筑服务，不适用本办法。

根据《国家税务总局关于进一步明确营改增有关征管问题的公告》（国家税务总局公告2017年第11号）规定：纳税人在同一地级行政区范围内跨县（市、区）提供建筑服务，不适用《纳税人跨县（市、区）提供建筑服务增值税征收管理暂行办法》（国家税务总局公告2016年第17号）。

纳税人跨县（市、区）提供建筑服务，向建筑服务发生地主管国税机关预缴的增值税税款，可以在当期增值税应纳税额中抵减，抵减不完的，结转下期继续抵减。纳税人以预缴税款抵减应纳税额，应以完税凭证作为合法有效凭证。

第一，明确了预缴税款可以结转扣除。由于纳税人在申报当期可能应税收入较少，或者其他项目的进项较多，汇总之后当期纳税申报税额不足以递减后期。

第二，预缴税款要取得税务机关合法的完税证明。取得的预缴税款的完税凭证作为合法有效凭证才能够结转到下期扣减。当然这种情况下，意味着预缴税款的完税凭证需要在结转扣减的当期多次使用，要注意保存原件及复印件。

财税〔2016〕36 号文件规定：一般纳税人跨省（自治区、直辖市或者计划单列市）提供建筑服务，在机构所在地申报纳税时，计算的应纳税额小于已预缴税额，且差额较大的，由国家税务总局通知建筑服务发生地省级税务机关，在一定时期内暂停预交增值税。

同时，注意以下几点：

(1) 暂停预缴必须是一般纳税人才适用，但不一定必须要使用一般计税方法；

(2) 一定是跨省（自治区、直辖市或者计划单列市）的项目，不是跨县市区的不执行暂停预缴；

(3) 暂停预缴中的“差额较大”目前政策上还没有给出具体标准与范围；

(4) 暂停预缴也只是在一定时期内，不是无限期。

10.3.1 建立跨县（市、区）建筑工程项目台账

对跨县（市、区）提供的建筑服务，纳税人应自行建立预缴税款台账，区分不同县（市、区）和项目逐笔登记全部收入、支付的分包款、已扣除的分包款、扣除分包款的发票号码、已预缴税款以及预缴税款的完税凭证号码等相关内容，留存备查。

表 10-7　跨县（市、区）建筑工程项目预缴税款台账

单位名称：　　　　　　　　　　年度：　　　　　　　　　　单位：元

序号	日期	工程地址	项目名称	开票或收款金额	支付分包款	扣除分包款		已预缴税款	完税凭证号码	备注
						已扣除分包款	发票号码			

项目负责人：××　　　　　　　　　　　　　　经手人：××

10.3.2 跨县（市、区）建筑工程项目预缴税款计算

根据“财税〔2016〕36号文”、国家税务总局2016年第17号公告、国家税务总局2016年23号公告，纳税人跨县（市、区）提供建筑服务增值税处理，具体见表10-8。

表10-8　　建筑服务增值税处理

<table>
<tr><th>纳税人</th><th colspan="2">计税方法</th><th>税率或征收率</th><th>预缴税率</th><th>预缴税款的确认</th><th>销项税额的确定</th><th>进项抵扣</th><th>发票开具</th></tr>
<tr><td rowspan="4">一般纳税人</td><td colspan="2">一般计税</td><td>9%</td><td>2%</td><td>应预缴税款＝（全部价款和价外费用－支付的分包款）÷（1＋9%）×2%</td><td>销项税额＝（以取得的全部价款＋价外费用）÷（1＋9%）×9%</td><td>可以抵扣进项</td><td>1. 自行开具增值税发票；
2. 可以是专票也可以是普票；
3. 以销售全额开具</td></tr>
<tr><td rowspan="3">简易计税</td><td>甲供工程</td><td>3%</td><td rowspan="3">3%</td><td rowspan="4">应预缴税款＝（全部价款和价外费用－支付的分包款）÷（1＋3%）×3%</td><td rowspan="4">应纳税额＝（以取得的全部价款＋价外费用－分包款后的余额）÷（1＋3%）×3%</td><td rowspan="4">不得抵扣进项</td><td rowspan="3">1. 自行开具增值税发票；
2. 可以是专票也可以是普票；
3. 以销售全额开具</td></tr>
<tr><td>清包工</td><td>3%</td></tr>
<tr><td>老项目</td><td>3%</td></tr>
<tr><td>小规模纳税人</td><td colspan="2">简易计税</td><td>3%</td><td>3%</td><td>1. 可以自行开具增值税普通发票，按需要向税务机关申请开具专用发票；
2. 向税务机关申请开具增值税专用发票和普通发票；
3. 向劳务发生地国税机关申请开具；
4. 以销售全额开具</td></tr>
</table>

【例 10-7】深圳天都建筑工程集团公司，机构所在地是深圳市福田区，是增值税一般纳税人。2×21 年 6 月发生的相关交易如下：

①在福建省福州市为甲项目提供建筑服务，当月分别取得建筑服务收入（含税）1 308 万元，支付分包款 545 万元，取得增值税专用发票上注明的增值税额为 45 万元，该项目采用一般计税方法。

②在湖南省益阳市某区提供乙项目的建筑服务，当月分别取得建筑服务收入（含税）1 854 万元，支付分包款 824 万元，取得增值税普通发票。该项目企业自愿采用简易计税方法。

③在深圳市支付办公用房租金 436 万元，取得增值税专用发票上注明的增值税额为 36 万元。

④购入建筑材料 565 万元，取得增值税专用发票上注明的增值税额为 56 万元。

⑤支付劳务派遣公司的建筑工人劳务费用 320 万元，取得增值税专用发票含税金额为 233.2 万元，增值税普通发票为 86.8 万元。

1. 预缴异地税款

按照纳税人跨县（市、区）提供建筑服务预缴税款纳税义务时间，7 月应该分别对深圳天都建筑工程集团公司在福建省和湖南省的项目进项预缴税款：

（1）就福建省福州建筑服务计算并向福建省福州市的主管税务机关预交增值税：

当期预缴税款＝（1 308－545）÷（1＋9％）×2％＝14（万元）

（2）就湖南省益阳市的建筑服务计算并向湖南益阳某市的主管税务机关预交增值税：

当期预缴税款＝（1 854－824）÷（1＋3％）×3％＝30（万元）。

2. 天都建筑工程集团公司 7 月应该在机构所在地深圳市福田区申报纳税

（1）就福建省福州市建筑服务计算并向深圳市福田区主管税务机关申报的增值税：

当期应纳税额＝1 308÷（1＋9％）×9％－14＝94（万元）

（2）就湖南省益阳市的建筑服务计算并向深圳市福田区主管税务机关申报的增值税：

当期应纳税额＝（1 854－824）÷（1＋3％）×3％＝30（万元）

(3) 其他进项税额合计＝36＋56＋233.2÷（1＋6%）×6%＝105.20（万元）

(4) 应纳税额合计＝跨省项目机构所在地应纳税款－当月进项税额合计－预缴税款合计＝（94＋30）－105.20－（14＋30）＝－25.20（万元）

经过计算，7月当月增值税应纳税款为－25.20万元，7月深圳天都建筑工程集团公司实际在深圳市福田区缴纳的增值税额为零，可进行零申报。同时，存在－25.20万元的预缴税款没有扣减完毕，按照政策规定，可以结转到8月或以后月份继续税前扣除。

表 10-9　　增值税预缴税款表

税款所属时间：2×21年6月1日至2×21年6月30日

纳税人识别号：1 3 2 1 5 7 8 9 2 8 1 1 3 4 5 9 7 H

是否适用一般计税方法　　是 ☑　否 ☐

纳税人名称：（公章）	深圳天都建筑工程集团公司			金额单位：元（列至角分）	
项目编号		HS78561	项目名称	甲项目	
项目地址		福州市×××			
预征项目和栏次		销售额	扣除金额	预征率	预征税额
		1	2	3	4
建筑服务	1	12 000 000	5 000 000	2%	140 000
销售不动产	2				
出租不动产	3				
	4				
	5				
合计	6	12 000 000	5 000 000		140 000
授权声明	如果你已委托代理人填报，请填写下列资料：为代理一切税务事宜，现授权　　（地址）　　为本次纳税人的代理填报人，任何与本表有关的往来文件，都可寄予此人。授权人签字：	填表人申明	以上内容是真实的、可靠的、完整的。纳税人签字：××		

表 10-10　　增值税预缴税款表

税款所属时间：2×21 年 6 月 1 日至 2×21 年 6 月 30 日

纳税人识别号：13215789281134597H　　是否适用一般计税方法　是 ☑　否☐

纳税人名称：（公章）	深圳天都建筑工程集团公司			金额单位：元（列至角分）	
项目编号		XJM2343	项目名称	乙项目	
项目地址		湖南省某市某区			
预征项目和栏次		销售额	扣除金额	预征率	预征税额
		1	2	3	4
建筑服务	1	18 000 000	8 000 000	3%	300 000
销售不动产	2				
出租不动产	3				
	4				
	5				
合计	6				
授权声明	如果你已委托代理人填报，请填写下列资料：为代理一切税务事宜，现授权（地址）为本次纳税人的代理填报人，任何与本表有关的往来文件，都可寄予此人。授权人签字：××	填表人申明	以上内容是真实的、可靠的、完整的。纳税人签字：××		

10.4　小规模纳税人的会计处理

增值税小规模纳税人提供建筑服务，“应交税费——应交增值税”下不设专栏，按规定扣减销售额而减少的应交增值税应直接冲减“应交税费——应交增值税”科目，其他处理与一般纳税人的简易计税项目基本相同。

根据《财政部 国家税务总局关于部分货物适用增值税低税率和简易办法征收增值税政策的通知》（财税〔2009〕9 号）规定，一般纳税人销售自产的下列货物，可选择按照简易办法依照3%征收率计算缴纳增值税：

（1）建筑用和生产建筑材料所用的砂、土、石料。

（2）以自己采掘的砂、土、石料或其他矿物连续生产的砖、瓦、石灰（不含黏土实心砖、瓦）。

（3）商品混凝土（仅限于以水泥为原料生产的水泥混凝土）。

《财政部 税务总局关于明确增值税小规模纳税人减免增值税等政策的公告》（财政部 税务总局公告2023年第1号）规定如下：

> 一、自2023年1月1日至2023年12月31日，对月销售额10万元以下（含本数）的增值税小规模纳税人，免征增值税。
>
> 二、自2023年1月1日至2023年12月31日，增值税小规模纳税人适用3%征收率的应税销售收入，减按1%征收率征收增值税；适用3%预征率的预缴增值税项目，减按1%预征率预缴增值税。

根据《财政部 税务总局关于进一步实施小微企业"六税两费"减免政策的公告》（财政部 税务总局公告2022年第10号）规定，对增值税小规模纳税人、小型微利企业和个体工商户可以在50%的税额幅度内减征资源税、城市维护建设税、房产税、城镇土地使用税、印花税（不含证券交易印花税）、耕地占用税和教育费附加、地方教育附加。

小规模纳税人原则适用简易计税方法，不适用一般计税方法。小规模纳税人一般不需要取得增值税专用发票，因为不涉及抵扣问题。

简易计税方法的销售额不包括其应纳税额，按照下列公式计算销售额：

不含税销售额＝含税销售额÷（1＋征收率）。

简易计税方法的应纳税额，是指按照销售额和增值税征收率计算的增值税额，不得抵扣进项税额。应纳税额计算公式：

应纳税额＝不含税销售额×征收率。

10.5 增值税留抵退税新政运用

期末留抵税额，是指纳税人销项税额不足以抵扣进项税额而未抵扣完的进项税额。

10.5.1 留抵退税满足的条件

根据财政部、国家税务总局颁布的《财政部 税务总局关于进一步加大增值税期末留抵退税政策实施力度的公告》(2022 年第 14 号)规定如下。

一、适用对象

符合条件的小微企业(含个体工商户)以及“制造业”“科学研究和技术服务业”“电力、热力、燃气及水生产和供应业”“软件和信息技术服务业”“生态保护和环境治理业”和“交通运输、仓储和邮政业”(以下称“制造业等行业”)企业(含个体工商户)。

二、政策内容

(一)符合条件的小微企业,可以自 2022 年 4 月纳税申报期起向主管税务机关申请退还增量留抵税额。

(二)符合条件的微型企业,可以自 2022 年 4 月纳税申报期起向主管税务机关申请一次性退还存量留抵税额;符合条件的小型企业,可以自 2022 年 5 月纳税申报期起向主管税务机关申请一次性退还存量留抵税额。

(三)符合条件的制造业等行业企业,可以自 2022 年 4 月纳税申报期起向主管税务机关申请退还增量留抵税额。

(四)符合条件的制造业等行业中型企业,可以自 2022 年 5 月纳税申报期起向主管税务机关申请一次性退还存量留抵税额;符合条件的制造业等行业大型企业,可以自 2022 年 6 月纳税申报期起向主管税务机关申请一次性退还存量留抵税额。

三、限制条件

纳税信用等级为 A 级或者 B 级;申请退税前 36 个月未发生骗取留抵退税、骗取出口退税或虚开增值税专用发票情形;申请退税前 36 个月未因偷税被税务机关处罚两次及以上;2019 年 4 月 1 日起未享受即征即退、先征后返(退)政策。

四、允许退还的留抵税额

允许退还的留抵税额按照以下公式计算确定:

允许退还的增量留抵税额=增量留抵税额×进项构成比例×100%

允许退还的存量留抵税额=存量留抵税额×进项构成比例×100%

四、本公告所称增量留抵税额，区分以下情形确定：

（一）纳税人获得一次性存量留抵退税前，增量留抵税额为当期期末留抵税额与2019年3月31日相比新增加的留抵税额。

（二）纳税人获得一次性存量留抵退税后，增量留抵税额为当期期末留抵税额。

五、本公告所称存量留抵税额，区分以下情形确定：

（一）纳税人获得一次性存量留抵退税前，当期期末留抵税额大于或等于2019年3月31日期末留抵税额的，存量留抵税额为2019年3月31日期末留抵税额；当期期末留抵税额小于2019年3月31日期末留抵税额的，存量留抵税额为当期期末留抵税额。

（二）纳税人获得一次性存量留抵退税后，存量留抵税额为零。

六、本公告所称中型企业、小型企业和微型企业，按照《中小企业划型标准规定》（工信部联企业〔2011〕300号）和《金融业企业划型标准规定》（银发〔2015〕309号）中的营业收入指标、资产总额指标确定。其中，资产总额指标按照纳税人上一会计年度年末值确定。营业收入指标按照纳税人上一会计年度增值税销售额确定；不满一个会计年度的，按照以下公式计算：

增值税销售额（年）＝上一会计年度企业实际存续期间增值税销售额÷企业实际存续月数×12

本公告所称增值税销售额，包括纳税申报销售额、稽查查补销售额、纳税评估调整销售额。适用增值税差额征税政策的，以差额后的销售额确定。

10.5.2 留抵退税额的核算

1. 计算公式

纳税人当期允许退还的增量留抵税额，按照以下公式计算：

允许退还的增量留抵税额＝增量留抵税额×进项构成比例×100%

其中，“进项构成比例”为2019年4月至申请退税前一税款所属期内已抵扣的增值税专用发票（含带有“增值税专用发票”字样全面数字化的电子发票、税控机动车销售统一发票)、收费公路通行费增值税普通发票、海关进口增值税专用缴款书、解缴税款完税凭证注明的增值税额占同期全部已抵扣进项税额的比重。

【例 10-8】 假设甲公司 2×22 年 4 月～9 月共计申报抵扣了进项税额 500 万元，而这 500 万元包括了两部分：一部分是增值税专用发票注明的增值税额 280 万元，另一部分为取得其他扣税凭证可抵扣的进项税额 220 万元；2×19年 3 月期末留抵税额 30 万元，9 月期末留抵税额 90 万元。则：

(1) 进项构成比例＝280÷500＝56％

(2) 计算增量留抵税额＝90－30＝60（万元）

(3) 允许退还的增量留抵税额＝增量留抵税额×进项构成比例×100％

＝60×56％×100％＝33.60（万元）

借：银行存款　　336 000

　贷：应交税费——应交增值税（进项税额）　　336 000

2. 留抵退税后附加税费的计算基础

根据《财政部 国家税务总局关于增值税期末留抵退税有关城市维护建设税、教育费附加和地方教育附加政策的通知》（财税〔2018〕80 号）规定，为保证增值税期末留抵退税政策有效落实，对实行增值税期末留抵退税的纳税人，允许其从城市维护建设税、教育费附加和地方教育附加的计税（征）依据中扣除退还的增值税税额。

3. 填报纳税申报表

在纳税人办理增值税纳税申报和免抵退税申报后，税务机关核准其免抵退税应退税额前，核准其前期留抵退税的，填写《增值税纳税申报表（一般纳税人适用)》期末留抵税额，扣减税务机关核准的留抵退税额后的余额，计算当期免抵退税应退税额和免抵税额。

税务机关核准的留抵退税额，是指税务机关当期已核准，但纳税人尚未在《增值税纳税申报表附列资料（二）(本期进项税额明细)》第 22 栏“上期留抵税额退税”填报的留抵退税额。

纳税人应在收到税务机关准予留抵退税的《税务事项通知书》当期，以税务机关核准的允许退还的增量留抵税额冲减期末留抵税额，并在办理增值税纳税申报时，相应填写《增值税纳税申报表附列资料（二）(本期进项税额明细)》第 22 栏“上期留抵税额退税”。

10.6 增值税检查调整的会计处理

增值税检查后的账务调整，应设立“应交税费——增值税检查调整”明细科目。凡检查后应调减账面进项税额或调增销项税额和进项税额转出的数额，借记有关科目，贷记本科目；凡检查后应调增账面进项税额或调减销项税额和进项税额转出的数额，借记本科目，贷记有关科目；全部调账事项入账后，应结出本账户的余额，并对该余额进行处理：

(1) 若余额在借方，全部视同留抵进项税额，按借方余额数，借记“应交税费——应交增值税（进项税额）”科目，贷记本科目。

(2) 若余额在贷方，且“应交税费——应交增值税”账户无余额，按贷方余额数，借记本科目，贷记“应交税费——未交增值税”科目。

(3) 若本账户余额在贷方，“应交税费——应交增值税”账户有借方余额且等于或大于贷方余额，按贷方余额数，借记本科目，贷记“应交税费——应交增值税”科目。

(4) 若本账户余额在贷方，“应交税费——应交增值税”账户有借方余额但小于增值税检查调整贷方余额，应将这两个账户的余额冲出，其差额贷记“应交税费——未交增值税”科目。

上述账务调整应按纳税期逐期进行。

【例 10-9】 嘉兴公司为一般纳税人，2×21 年 8 月接受税务机关检查，在检查中发现企业其他应付款科目有一笔挂账两年的应付款项，金额为 87.20 万元。经检查，确认此为隐瞒收入，税务机关要求该企业在本月调账，并于 9 月 30 日前补缴税款入库（不考虑其他因素）。

企业会计处理如下。

借：其他应付款	872 000	
贷：以前年度损益调整		800 000
应交税费——增值税检查调整		72 000
借：应交税费——增值税检查调整	72 000	
贷：应交税费——未交增值税		72 000

补缴税款时：

借：应交税费——未交增值税	72 000	
贷：银行存款		72 000

10.7 增值税减免税款的会计处理

《财政部关于印发〈增值税会计处理规定〉的通知》（财会〔2016〕22号）规定，对于当期直接减免的增值税，应借记“应交税费——应交增值税（减免税款）”科目，贷记损益类相关科目。

企业按照现行增值税政策规定，取得或者应取得的上述即征即退收入，在满足确认条件时，编制如下的会计分录：

借：其他应收款或银行存款

　　贷：其他收益

自2015年7月1日起，纳税人销售自产的资源综合利用产品和提供资源综合利用劳务，可享受增值税即征即退政策。依据《资源综合利用产品和劳务增值税优惠目录》的相关规定执行。常见的有：

(1) 利用废渣生产砖瓦（不含烧结普通砖）、砌块、陶粒、墙板、管材（管桩）、混凝土、砂浆、道路井盖、道路护栏、防火材料、耐火材料（镁铬砖除外）、保温材料、矿（岩）棉、微晶玻璃、U型玻璃，产品原料70%以上来自废渣，单独核算的，享受先征后退70%；

(2) 利用建（构）筑废物、煤矸石生产建筑砂石骨料，产品原料90%以上来自建（构）筑废物、煤矸石；产品以建（构）筑废物为原料的，符合《混凝土用再生粗骨料》（GB/T 25177－2010）或《混凝土和砂浆用再生细骨料》（GB/T 25176－2010）的技术要求；以煤矸石为原料的，符合《建设用砂》（GB/T 14684－2011）或《建设用卵石、碎石》（GB/T 14685－2011）规定的技术要求，单独核算的，享受先征后退50%。

【例10-10】长江建筑材料有限公司为增值税一般纳税人，2×21年5月销售自行利用废渣生产保温材料，取得不含税销售额120万元，增值税税率为13%。另外，本月取得可抵扣进项额为7.9万元。则减免税款相关账务处理如下：

①发生了销售服务时，账务处理如下。

借：银行存款	1 356 000	
贷：主营业务收入		1 200 000
应交税费——应交增值税（销项税额）		156 000

则该企业应纳增值税额为7.7（15.6－7.9）万元，实际税负为7.7÷120＝6.4%＞3%，可享受先征即退的增值税税额为7.7－120×3%＝4.1（万元）。

②退税时，账务处理如下。

借：银行存款　　41 000

　　贷：其他收益　　41 000

10.8　差额征税的会计处理

建筑企业增值税差额征税是指建筑企业总承包方发生分包业务时，在工程项目所在税务局进行差额预缴增值税的纳税业务。

根据《纳税人跨县（市、区）提供建筑服务增值税征收管理暂行办法》（2016年公告第17号）的规定，建筑企业差额征增值税分为两类：第一类是工程施工所在地差额预交增值税，计税方法有一般计税和简易计税两种方法；第二类是公司注册地差额申报增值税，采用简易计税方法计算差额并申报增值税。

根据国家税务总局2016年公告第17号文件和国家税务总局2016年公告第53号文件的规定，建筑企业差额征增值税必须同时具备以下条件。

（1）建筑企业总承包方必须发生分包行为，其中分包包括专业分包、清包工分包和劳务分包行为。

（2）如果是在工程施工所在地差额预缴增值税，则建筑企业必须跨县（市、区）提供建筑服务。如果建筑企业公司注册地与建筑服务发生地是同一个国税局管辖地，则不在建筑服务发生地预交增值税。

（3）建筑企业跨县（市、区）提供建筑服务或建筑企业公司注册地与建筑服务发生地是同一个国税局管辖地，简易计税方法计税的总承包方，只要发生分包业务行为，总承包方都在公司注册地差额零申报增值税。

（4）分包方向总承包方开具增值税发票时，在增值税发票上的“备注栏”中必须注明建筑服务发生地所在县（市、区）、项目的名称。

（5）建筑企业跨县（市、区）提供建筑服务，在向建筑服务发生地主管国税机关预缴税款时，需填报《增值税预缴税款表》，并出示以下资料：

①与发包方签订的建筑合同复印件（加盖纳税人公章）；

②与分包方签订的分包合同复印件（加盖纳税人公章）；

③从分包方取得的发票复印件（加盖纳税人公章）。

企业发生相关成本费用允许扣减销售额的账务处理，按现行增值税制度规定，企业发生相关成本费用允许扣减销售额的，发生成本费用时，按应付或实际支付的金额，借记“主营业务成本”“存货”“合同履约成本”等科目，贷记“应付账款”“应付票据”“银行存款”等科目。待取得合规增值税扣税凭证且纳税义务发生时，按照允许抵扣的税额，借记“应交税费——应交增值税（销项税额抵减）”或“应交税费——简易计税”科目（小规模纳税人应借记“应交税费——应交增值税”科目），贷记“主营业务成本”“存货”等科目。

企业预缴增值税时：

借：应交税费——预交增值税

　　贷：银行存款

月末企业将“预交增值税”明细科目余额转入“未交增值税”明细科目。

借：应交税费——未交增值税

　　贷：应交税费——预交增值税

【例 10-11】深圳康兴建筑工程公司中标湖南郴州丽城小区改造工程，合同标的额为 3 914 万元（含增值税），该公司将部分项目分包给具有相应资质的吉隆公司，标的额 824 万元。工程完工后，该工程项目最终结算值为 3 914 万元（含增值税）。假设该项目属于老项目，两家公司均采取简易计税。深圳康兴建筑工程公司完成工程累计发生合同成本 2 650 万元。

（1）总承包方深圳康兴建筑工程公司的会计处理。

①完成合同成本。

借：合同履约成本——工程施工——合同成本　　26 500 000

　　贷：原材料等　　26 500 000

②收到总承包款 39 140 000 元，应交税费为 1 140 000 元。

借：银行存款　　39 140 000

　　贷：合同结算——价款结算　　38 000 000

　　　　应交税费——简易计税　　1 140 000

③分包工程结算。

借：合同履约成本——工程施工——合同成本　　8 240 000

　　贷：应付账款——吉隆公司　　8 240 000

④全额支付分包工程款并取得分包方开具的增值税普通发票时。

借：应付账款——吉隆公司　　8 240 000

　　贷：银行存款　　8 240 000

同时，借：应交税费——简易计税　　240 000

　　　　贷：合同履约成本——工程施工——合同成本 240 000

深圳康兴建筑工程公司确认该项目成本＝2 650＋824－24＝3 450（万元）

收入＝3 914－114＝3 800（万元）

借：合同结算——收入结转　　　　　　　　38 000 000

　　贷：主营业务收入　　　　　　　　　　　　38 000 000

借：主营业务成本　　　　　　　　　　　34 500 000

　　贷：合同履约成本　　　　　　　　　　　　3 450 000

结平“合同结算”科目。

借：合同结算——价款结算　　　　　　　　38 000 000

　　贷：合同结算——收入结转　　　　　　　　38 000 000

向项目所在地郴州税务局预缴税款＝（3 914－824）÷（1＋3％）×3％

＝900 000（万元）

借：应交税费——预交增值税　　　　　　　　900 000

　　贷：银行存款　　　　　　　　　　　　　　900 000

借：应交税费——未交增值税　　　　　　　　900 000

　　贷：应交税费——预交增值税　　　　　　　900 000

（2）全额开票，差额计税

深圳康兴建筑工程公司纳税申报按差额计算税额：（3 914－824）÷（1＋3％）×3％＝90（万元）。

发票备注栏填写：税额为114万元［3 914÷（1＋3％）×3％］，销售金额为：3 800万元（3 914－114）以及建筑服务发生地所在县（市、区）及项目名称。简易计税的情况下，一般预缴税款等于向机构所在地主管税务机关纳税申报的税额。

> 根据《关于增值税 消费税与附加税费申报表整合有关事项的公告》（国家税务总局公告2021年第20号）规定，自2021年8月1日起，增值税、消费税分别与城市维护建设税、教育费附加、地方教育附加申报表整合，启用《增值税及附加税费申报表（一般纳税人适用）》《增值税及附加税费申报表（小规模纳税人适用）》《增值税及附加税费预缴表》及其附列资料和《消费税及附加税费申报表》（附件1-附件7），《废止文件及条款清单》（附件8）所列文件、条款同时废止。

第 11 章
企业所得税

根据《中华人民共和国企业所得税法》（以下简称《企业所得税法》）规定，在中华人民共和国境内，企业和其他取得收入的组织为企业所得税的纳税人，依法缴纳企业所得税，但个人独资企业、合伙企业除外。个人独资企业、合伙企业纳入《中华人民共和国个人所得税法》的范畴。

11.1 企业所得税要素

企业所得税的五因素，一是纳税人，二是纳税对象，三是税率，四是纳税时间，五是纳税地点。

11.1.1 纳税人

企业所得税纳税人分为居民企业和非居民企业。

居民企业有两类：一类是指依法在中国境内成立，这样的公司数不胜数，如云南白药集团股份有限公司、葵花药业集团、北京当当网信息技术有限公司等；另一类是依照外国（地区）法律成立但实际管理机构在中国境内的企业，例如，在我国注册成立的家乐福（中国）公司，雅芳（中国）公司，也是我国的居民企业；

非居民企业，是指依照外国（地区）法律成立且实际管理机构不在中国境内，但在中国境内设立机构、场所的，或者在中国境内未设立机构、场所，但有来源于中国境内所得的企业。例如，在我国设立的代表处及其他分支机构等外国企业。

11.1.2 征税对象

居民企业应就来源于中国境内的生产经营所得、其他所得和清算所得缴纳企业所得税。

非居民企业在中国境内未设立机构、场所的，或者虽设立机构、场所但取得的所得与其所设机构、场所没有实际联系的，应当就其来源于中国境内的所得缴纳企业所得税。

11.1.3 税率

根据《中华人民共和国企业所得税法》规定，我国企业所得税采用25%的比例税率。但下列情形，可适用其他税率。

(1) 非居民企业在中国境内未设立机构、场所的，或者虽设立机构、场所，但取得的所得与其所设机构、场所没有实际联系的，应当就其来源于中国境内的所得缴纳企业所得税。适用税率为20%征收企业所得税。

(2) 符合条件的小型微利企业，减按20%的税率征收企业所得税。

(3) 国家需要重点扶持的高新技术企业，减按15%的税率征收企业所得税。

11.1.4 纳税时间

根据《企业所得税法》第五十三条规定：

(1) 企业所得税按纳税年度计算。纳税年度自公历1月1日起至12月31日止。

(2) 企业在一个纳税年度中间开业，或者终止经营活动，使该纳税年度的实际经营期不足12个月的，应当以其实际经营期为一个纳税年度。

(3) 企业依法清算时，应当以清算期间作为一个纳税年度。

第五十四条规定：

(1) 企业所得税分月或者分季预缴。

(2) 企业应当自月份或者季度终了之日起15日内，向税务机关报送预缴企业所得税纳税申报表，预缴税款。

(3) 企业应当自年度终了之日起5个月内，向税务机关报送年度企业所得税纳税申报表，并汇算清缴，结清应缴应退税款。

(4) 企业在年度中间终止经营活动的，应当自实际经营终止之日起60日内，向税务机关办理当期企业所得税汇算清缴。企业应当在办理注销登记前，就其清算所得向税务机关申报并依法缴纳企业所得税。

11.1.5 纳税地点

建筑企业所得税缴纳分两种情况：一种是未跨地区施工，另一种是跨地区施工。

(1) 建筑公司以总机构名义与建设单位直接签订施工合同，且由总机构直接施工的：

①持有外出经营活动税收管理证明的，一律在机构所在地缴纳企业所得税。

②未持有外出经营活动税收管理证明的，一律就地缴纳企业所得税。

(2) 建筑公司在外地设立的由总机构直接管理的项目部，应当就其取得的经营收入就地预缴 0.2%企业所得税，这部分企业所得税在总机构汇算清缴时可以减除。

(3) 挂靠建筑公司的资质从事生产经营活动的，一律视同独立企业就地缴纳企业所得税。

(4) 总分机构符合汇总缴纳企业所得税条件的，必须采取汇总缴纳企业所得税。

11.2 法定扣除项目

法定扣除项目是据以确定企业所得税应纳税所得额的项目。企业实际发生的与取得收入有关的、合理的支出，包括成本、费用、税金、损失和其他支出，准予在计算应纳税所得额时扣除。

具体项目包括工资、社保、职工福利费、财产保险、向金融机构借款利息、汇兑损失、劳动保护费、环境保护专项基金（限定用途）、职工教育经费、工会经费、招待费、公益捐赠、广告费、向金融机构以外的借款利息、手续费及佣金、保险保障基金、总机构分摊的费用、资产损失等。但这些项目有些不是能够全额扣除的，要满足一定条件时才能根据比例扣除。

11.2.1 计税工资

企业所得税计税工资是指按照税法规定，在计算纳税人的应纳税所得额时，允许扣除的工资标准，包括企业以各种形式支付给职工的基本工资、浮动工资、各类补贴、津贴、奖金等。国家根据统计部门公布的物价指数，以及国家财政状况，适时对计税工资限额进行调整。

1. 计税工资与工资薪金

计税工资与工资薪金的概念是不同的。工资薪金，是指企业每一纳税年度支付给在本企业任职或者受雇的员工的所有现金形式或者非现金形式的劳动报酬，包括基本工资、奖金、津贴、补贴、年终加薪、加班工资，以及与员工任职或者受雇有关的其他支出，但不包括企业的职工福利费、职工教育经费、工会经费以及养老保险费、医疗保险费、失业保险费、工伤保险费、生育保险费等社会保险费和住房公积金。

在标准限额以内的工资薪金支出可以全额计算扣除，超过最高限额的部分，则要进行纳税调整，不得在企业所得税前扣除。属于国有性质的企业，其工资薪金，不得超过政府有关部门给予的限定数额；超过部分，不得计入企业工资薪金总额，也不得在计算企业应纳税所得额时扣除。

2. 职工福利费

职工福利费是指企业通过举办集体福利设施、设立各种补贴、提供服务等形式，为职工改善和提高生活质量所提供的物质帮助。职工福利包括集体福利和个人福利两部分，以集体福利为主。集体福利有两个显著特点：一是免费或优待（包括低廉收费），带有补贴性；二是以消费的形式满足广大职工的共同需要，每个职工都有平等的使用权利，如职工宿舍、浴室、食堂等设施。个人福利主要是为个别职工的特殊生活困难提供必要的货币补贴，直接支付给困难者，如职工生活困补助等。根据《国家税务总局关于企业工资薪金和职工福利费等支出税前扣除问题的公告》（国家税务总局公告 2015 年第 34 号）第一条规定，列入企业员工工资薪金制度、固定与工资薪金一起发放的福利性补贴，符合《国家税务总局关于企业工资薪金及职工福利费扣除问题的通知》（国税函〔2009〕3 号）第一条规定的，可作为企业发生的工资薪金支出，按规定在税前扣除。不能同时符合上述条件的福利性补贴，应作为国税函〔2009〕3 号文件第三条规定的职工福利费，按工资薪金总额的 14% 的部分，准予扣除税前扣除。

财政部《关于企业新旧财务制度衔接有关问题的通知》（财企〔2008〕34 号）明确：

（1）补充养老保险属于企业职工福利范畴，由企业缴费和个人缴费共同组成。

（2）补充养老保险的企业缴费总额在工资总额 4% 以内的部分，从成本（费用）中列支。超出规定比例的部分，不得由企业负担，企业应当从职工个人工资中扣缴。个人缴费全部由个人负担。

（3）对于建立补充养老保险之前已经离退休或者按照国家规定办理内退

而未纳入补充养老保险计划的职工，企业按照国家有关规定向其支付的养老费用，从管理费用中列支。

职工福利费自2008年1月1日起不再采用计提方式核算，实际发生额在工资总额14%以内部分可在企业所得税税前扣除。

企业发生的职工福利费，应该单独设置账册，进行准确核算。没有单独设置账册准确核算的，税务机关应责令企业在规定的期限内进行改正。

11.2.2 职工工会经费、职工教育经费的扣除标准

职工工会经费、职工教育经费的扣除。纳税人按照计税工资标准计提的职工工会经费、职工福利费、职工教育经费（支出比例分别为2%、14%、8%），纳税人发放工资低于计税工资标准的，按其实际发放数计提三项经费。

1. 职工工会经费

根据《基层工会经费收支管理办法》（总工办发〔2017〕32号）、《中华人民共和国工会法（2016修订）》规定，工会经费不仅可以用于职工集体福利支出，还可用于年节、会员生日、婚丧嫁娶、退休离岗的慰问支出等。企业每月按全部职工实际工资总额的2%向工会拨交工会会费，作为基层工会组织开展职工教育、文体、宣传等活动所发生的支出和工会组织的职工集体福利支出。

工会经费的来源：①工会会员缴纳的会费；②建立工会组织的企业、事业单位、机关按每月全部职工工资总额的百分之二向工会拨缴的经费；③工会所属的企业、事业单位上缴的收入；④人民政府的补助；⑤其他收入。

工会经费实际缴纳并取得工会开具的收据或税务机关代征证明部分，不超对应工资总额2%部分可税前扣除。

2. 职工教育经费

《财政部 税务总局关于企业职工教育经费税前扣除政策的通知》（财税〔2018〕51号）规定，自2018年1月1日起，企业发生的职工教育经费支出，不超过工资薪金总额8%的部分，准予在计算企业所得税应纳税所得额时扣除；超过部分，准予在以后纳税年度结转扣除。

企业职工教育培训经费列支范围包括：

（1）上岗和转岗培训；

（2）各类岗位适应性培训；

(3) 岗位培训、职业技术等级培训、高技能人才培训；

(4) 专业技术人员继续教育；

(5) 特种作业人员培训；

(6) 企业组织的职工外送培训的经费支出；

(7) 职工参加的职业技能鉴定、职业资格认证等经费支出；

(8) 购置教学设备与设施；

(9) 职工岗位自学成才奖励费用；

(10) 职工教育培训管理费用；

(11) 有关职工教育的其他开支。

经单位批准或按国家和省、市规定必须到本单位之外接受培训的职工，与培训有关的费用由职工所在单位按规定承担。

企业职工参加社会上的学历教育以及个人为取得学位而参加的在职教育，所需费用应由个人承担，不能挤占企业的职工教育培训经费。

11.2.3 捐赠支出

公益性捐赠，是指企业通过公益性社会团体或者县级以上人民政府及其部门，用于《中华人民共和国公益事业捐赠法》规定的公益事业的捐赠。企业发生的直接捐赠支出，不能税前扣除。

1. 公益事业的范围

根据《关于公益性捐赠税前扣除有关问题的通知》（财税〔2008〕160号）第三条，公益事业具体包括：

(1) 救助灾害、救济贫困、扶助残疾人等困难的社会群体和个人的活动；

(2) 教育、科学、文化、卫生、体育事业；

(3) 环境保护、社会公共设施建设；

(4) 促进社会发展和进步的其他社会公共和福利事业。

2. 公益性捐赠税前扣除基本政策

财政部、税务总局和民政部三部门联合出台了《关于公益性捐赠税前扣除有关事项的公告》（财政部公告2020年第27号）规定，企业或个人通过公益性社会组织、县级以上人民政府及其部门等国家机关，用于符合法律规定的公益慈善事业捐赠支出，在年度利润总额12%以内的部分，准予在计算应纳税所得额时扣除；超过年度利润总额12%的部分，准予结转以后3年内在计算应纳税所得额时扣除。

（1）年度利润总额，是指企业依照国家统一会计制度的规定计算的大于零的数额。

（2）在计算公益性捐赠支出年度扣除限额时，不包括可据实扣除的扶贫捐赠金额。

11.2.4 业务招待费

业务招待费，是指纳税人为生产、经营业务的合理需要而发生的交际应酬费用。税法规定，营业收入的5‰与业务招待费实际发生额的60%中较低者允许在税前扣除。

11.2.5 经营业务发生的支出

经营业务发生的支出包括现金折扣、质量罚款、违约金等。

1. 现金折扣

《国家税务总局关于确认企业所得税收入若干问题的通知》（国税函〔2008〕875号）规定，债权人为鼓励债务人在规定的期限内付款而向债务人提供的债务扣除属于现金折扣，销售商品涉及现金折扣的，应当按扣除现金折扣前的金额确定销售商品收入金额，现金折扣在实际发生时作为财务费用扣除。

根据上述规定，企业在生产经营过程中支付的现金折扣，可凭双方盖章确认的有效合同、根据实际情况计算的折扣金额明细、银行付款凭据、收款收据等证明该业务真实发生的合法凭据据实列支。

2. 质量罚款

《国家税务总局关于推行增值税发票系统升级版有关问题的公告》（国家税务总局公告2014年第73号）第四条第（一）项规定，公司支付的质量罚款，应当属于质量不合格而给购买方的销售折让，应当开具红字发票，取得收据不能税前扣除。

3. 违约金

《增值税暂行条例实施细则》第十二条规定，价外费用，包括价外向购买方收取的手续费、补贴、基金、集资费、返还利润、奖励费、违约金、滞纳金、延期付款利息、赔偿金、代收款项、代垫款项、包装费、包装物租金、储备费、优质费、运输装卸费以及其他各种性质的价外收费。

价外费用，是指价外收取的各种性质的价外收费。

根据上述规定，公司支付的违约金，如果是因为购入货物、应税服务或者劳务而支付的，则属于增值税价外费用，应当取得相应的发票税前扣除，其他形式的违约金，比如未按合同约定采购货物等支付的违约金可以凭收据、合同、银行付款凭证等税前扣除，不需要取得发票。

11.2.6 其他费用的扣除

（1）固定资产租赁费的扣除。纳税人以经营租赁方式租入固定资产的租赁费，可以直接在税前扣除；以融资租赁方式租入固定资产的租赁费，则不得直接在税前扣除，但租赁费中的利息支出、手续费可在支付时直接扣除。

（2）坏账准备金、呆账准备金和商品削价准备金的扣除。减值准备除保险公司准备金支出，金融企业贷款损失准备金外，各类资产减值准备、风险准备等均不得税前扣除。

（3）转让固定资产支出的扣除。纳税人转让固定资产支出是指转让、变卖固定资产时所发生的清理费用等支出。纳税人转让固定资产支出准予在计税时扣除。

（4）固定资产、流动资产盘亏、流动资产毁损、报废净损失的扣除。纳税人发生的固定资产盘亏、毁损、报废的净损失，由纳税人提供清查、盘存资料，经主管税务机关备案后，准予扣除。这里所说的净损失，不包括企业固定资产的变价收入。

（5）总机构管理费的扣除。母公司为其子公司提供各种服务而发生的费用，应按照独立企业之间公平交易原则确定服务的价格，作为企业正常的劳务费用进行税务处理。

（6）国债利息收入的扣除。纳税人购买国债利息收入，不计入应纳税所得额。

（7）其他收入的扣除。包括各种财政补贴收入、减免或返还的流转税，除国务院、财政部和国家税务总局规定有指定用途者，可以不计入应纳税所得额外，其余则应并入企业应纳税所得额计算征税。

（8）亏损弥补的扣除。纳税人发生的年度亏损，可以用下一年度的所得弥补，下一纳税年度的所得不足弥补的，可以逐年延续弥补，但最长不得超过5年。

（9）企业防疫捐赠支出在企业所得税前全额扣除。自2020年1月1日起，企业和个人通过公益性社会组织或县级（含县级）以上人民政府及其部门等国家机关，捐赠用于应对新型冠状病毒感染的肺炎的现金和物品。自2020年1月1日起，企业直接向承担疫情防治任务的医院捐赠用于应对新型冠状病毒感染的肺炎疫情的物品。

11.3 企业所得税前不得扣除项目

税法对企业所得税前不得扣除项目作出详细规定。

11.3.1 税前不得扣除项目

在计算应纳税所得额时，下列支出不得扣除：

(1) 资本性支出，是指纳税人购置、建造固定资产，以及对外投资的支出。企业的资本性支出，不得直接在税前扣除，应以提取折旧的方式逐步摊销。在计算应纳税所得额时，企业按照规定计算的固定资产折旧，准予扣除。

> 下列固定资产不得计算折旧扣除：
> （一）房屋、建筑物以外未投入使用的固定资产；
> （二）以经营租赁方式租入的固定资产；
> （三）以融资租赁方式租出的固定资产；
> （四）已足额提取折旧仍继续使用的固定资产；
> （五）与经营活动无关的固定资产；
> （六）单独估价作为固定资产入账的土地；
> （七）其他不得计算折旧扣除的固定资产

(2) 无形资产受让、开发支出，是指纳税人购置无形资产以及自行开发无形资产的各项费用支出。无形资产受让、开发支出也不得直接扣除，应在其受益期内分期摊销。

(3) 违法经营的罚款和被没收财物的损失。纳税人违反国家法律、法规和规章，被有关部门处以的罚款以及被没收财物的损失，不得扣除。

(4) 各项税收的滞纳金、罚金和罚款。纳税人违反国家税收法规，被税务部门处以的滞纳金和罚款、司法部门处以的罚金，以及上述以外的各项罚款，不得在税前扣除。

(5) 自然灾害或者意外事故损失有赔偿的部分。纳税人遭受自然灾害或者意外事故，保险公司给予赔偿的部分，不得在税前扣除。

(6) 超过国家允许扣除的公益、救济性捐赠，以及非公益、救济性捐赠。

(7) 各种赞助支出。

(8) 与取得收入无关的其他各项支出。

11.3.2 税前扣除凭证

2018年6月6日，国家税务总局发布《企业所得税税前扣除凭证管理办法》(国家税务总局公告〔2018〕28号)，放宽了税前扣除凭证的范围，财政票据、完税凭证、收款凭证、分割单等也可以作为税前扣除凭证，但是发票仍然是最重要的税前扣除凭证。

税前扣除凭证根据取得来源可分为内部凭证和外部凭证。内部凭证是指企业自制用于成本、费用、损失和其他支出核算的会计原始凭证，其填制和使用应当符合国家会计法律、法规等相关规定。外部凭证是企业从其他单位、个人取得的凭证，包括发票（包括纸质发票和电子发票）、财政票据、完税凭证、收款凭证、分割单等，具体内容见表11-1。

表11-1　税前扣除凭证

<table>
<tr><th>支出类别</th><th>对象</th><th>税前扣除凭证</th></tr>
<tr><td rowspan="5">增值税应税项目</td><td>对方已经办理税务登记（例如采购货物、服务）</td><td>增值税专用发票、增值税普通发票</td></tr>
<tr><td rowspan="4">对方为依法无须办理税务登记，或者是从事小额零星经营业务的个人</td><td>税务机关代开的发票</td></tr>
<tr><td>收款凭证（须载明收款单位名称、个人姓名及身份证号、支出项目、收款金额等信息）</td></tr>
<tr><td>内部凭证（与收款凭证兼有）</td></tr>
<tr><td rowspan="2">非增值税应税项目</td><td>支付给单位的（例如政府性基金、行政事业类收费、税金、五险一金、土地出让金、工会经费、公益性捐赠支出等）</td><td>对开具发票以外的其他外部凭证，但是如果可以开具发票的，发票仍然可以作为税前扣除凭证（比如财政票据、完税凭证、相关部门收款凭证等）</td></tr>
<tr><td>支付给个人</td><td>内部凭证</td></tr>
<tr><td rowspan="3">境外发生的支出</td><td rowspan="3">支付给境外货物或者劳务供应商</td><td>对方开具的发票</td></tr>
<tr><td>具有发票性质的收款凭证</td></tr>
<tr><td>相关税费缴纳凭证</td></tr>
</table>

11.4 企业所得税额的计算

企业所得税是根据企业收入总额减去成本支出总额，再乘以适用税率计算得出。

11.4.1 收入总额

根据《中华人民共和国企业所得税法》（中华人民共和国主席令第 63 号）第六条规定：企业以货币形式和非货币形式从各种来源取得的收入，为收入总额。包括：

（1）销售货物收入；

（2）提供劳务收入；

（3）转让财产收入；

（4）股息、红利等权益性投资收益；

（5）利息收入；

（6）租金收入；

（7）特许权使用费收入；

（8）接受捐赠收入；

（9）其他收入。

其中，其他收入是指企业取得的除《企业所得税法》第六条第（1）项至第（8）项规定的收入外的其他收入，包括企业资产溢余收入，逾期未退包装物押金收入，确实无法偿付的应付款项，已作坏账损失处理后又收回的应收款项、债务重组收入、补贴收入、违约金收入、汇兑收益等。

根据《中华人民共和国企业所得税法》，企业所得税分月或者分季预缴。企业应当自月份或者季度终了之日起 15 日内，向税务机关报送预缴企业所得税纳税申报表，预缴税款。年度终了后 5 个月内汇算清缴，多退少补。

11.4.2 应纳税所得额计算方法

应纳税所得额有两种计算方法：一是直接法；二是间接法。

1. 直接计算法

应纳税所得额＝收入总额－不征税收入－免税收入－各项扣除金额－弥补亏损

2. 间接计算法

应纳税所得额＝会计利润总额±纳税调整项目金额

【例 11-1】恒昌建筑工程有限公司经税务机关同意，每个季度按实际利润数预缴所得税。2×21 年第一季度实现利润总额 580 万元，第二季度实现利润总额为 610 万元，第三季度实现利润总额为 340 万元，第四季度实现利润总额为 430 万元。2×21 年全年应纳税所得额为 2 500 万元。要求：试计算 2×21年各季度应预缴和年终汇算清缴的企业所得税税额。

第一季度预缴所得税＝580×25％＝145（万元）

第二季度预缴所得税＝610×25％＝152.50（万元）

第三季度预缴所得税＝340×25％＝85（万元）

第四季度预缴所得税＝430×25％＝107.50（万元）

四个季度共预缴 490 万元。

汇算应补（退）所得税税额＝全年应纳所得税税额－各月（季）预缴所得税税额合计

应补缴所得税＝2500×25％－490＝135（万元）

11.5 所得税的会计处理方法

我国所得税会计经历了应付税款法、纳税影响会计法（又分为递延法和债务法）和资产负债表债务法三个阶段。新准则摒弃了应付税款法和递延法，规定采用资产负债表债务法（纳税影响会计法中债务法属于收益表债务法），与国际会计准则一致。

企业所得税核算应采用资产负债表债务法，对当期应交所得税加以调整计算后，据以确认应从当期利润总额中扣除的所得税费用，通过“所得税费用”科目核算。

会计所得与应纳税所得额，由于存在永久性和时间性的差异，应采用不同的会计处理方法。

采用资产负债表债务法核算时，利润表中的所得税费用是由当期所得税和递延所得税两部分组成。

11.5.1 当期所得税

当期所得税是指企业按照税法规定计算确定的针对当期发生的交易和事项，应缴纳税务部门的所得税金额，即当期应交所得税。

当期所得税（即应交所得税）＝当期应纳税所得额×适用税率

当期所得税不是利润表中的所得税费用，而是当期确认的应交所得税。企业在确定当期应交所得税时，对于当期发生的交易或事项，会计处理与税收处理不同的，应在会计利润的基础上，按照适用税收法规的规定进行调整，计算出当期应纳税所得额。

应纳税所得额的计算公式有不同的表述方法。

公式1：

应纳税所得额＝每一纳税年度的收入总额－不征税收入－免税收入－各项扣除－允许弥补的以前年度亏损

公式2：

应纳税所得额＝会计利润±纳税调整额

＝会计利润±永久性差异纳税调整额±暂时性差异纳税调整额

＝会计利润＋纳税调整增加项目金额－纳税调整减少项目金额

应纳税额计算公式为：

当期应缴所得税（应纳税额）＝应纳税所得额×适用税率－减免税额－抵免税额

账务处理如下：

①计算。

借：所得税费用

　　贷：应交税费——应交所得税

②交纳。

借：应交税费——应交所得税

　　贷：银行存款

③结转入本年利润。

借：本年利润

　　贷：所得税费用

11.5.2 递延所得税

递延所得税根据企业会计准则规定来确定：①递延所得税负债，核算企业在未来期间应缴纳的所得税；②递延所得税资产，核算企业在未来期间可以抵减的所得税。计算公式如下：

递延所得税费用＝（递延所得税负债的期末余额－递延所得税负债的期初余额）－（递延所得税资产的期末余额－递延所得税资产的期初余额）

利润表中的所得税费用＝当期所得税＋递延所得税费用（或收益）

【例 11-2】 天通公司适用的所得税税率为 10%，2×20 年 12 月 31 日，由于该公司业务规模扩大，年销售额达到 500 万元以上，所得税率变更为 25%。

(1) 2×20 年 12 月 1 日，期初余额资料见表 11-2。

表 11-2　　期初余额资料

期初	应纳税暂时性差异	可抵扣暂时性差异	递延所得税资产	递延所得税负债
交易性金融资产	450			45
预计负债		180	18	

(2) 2×20 年 12 月 31 日期末余额资料：交易性金融资产账面价值为 3 500 万元，计税基础为 2 800 万元；预计负债账面价值为 220 万元，计税基础为 0 万元。

除上述项目外，该企业其他资产、负债的账面价值与其计税基础不存在差异。该企业预计在未来期间能够产生足够的应纳税所得额用来抵扣可抵扣暂时性差异。2×20 年 12 月税前会计利润为 2 300 万元，调整后应纳税所得额 2 090 万元。

递延所得税负债发生额＝(3 500－2 800)×25%－45＝130（万元）

递延所得税资产发生额＝(220－0)×25%－18＝37（万元）

应交所得税＝2 090×25%＝522.50（万元）

递延所得税费用＝130－37＝93（万元）

所得税费用＝522.50＋93＝615.50（万元）

借：所得税费用　　6 155 000

　　递延所得税资产　　370 000

贷：应交税费——应交所得税　　5 225 000

　　递延所得税负债　　1 300 000

根据上述资料，填写申报表，见表11-3。

表11-3　　中华人民共和国企业所得税月（季）度预缴纳税申报表（A类）

税款所属期间：2×20年12月1日至2×20年12月31日

纳税人识别号（统一社会信用代码）：□□□□□□□□□□□□□□□□□□□□□□□□□

纳税人名称：天通公司　　金额单位：人民币元（列至角分）

<table>
<tr><td>预缴方式</td><td colspan="10">☑ 按照实际利润额预缴　□按照上一纳税年度应纳税所得额平均额预缴　□按照税务机关确定的其他方法预缴</td></tr>
<tr><td>企业类型</td><td colspan="10">☑ 一般企业　□跨地区经营汇总纳税企业总机构　□跨地区经营汇总纳税企业分支机构</td></tr>
<tr><td colspan="11">按季度填报信息</td></tr>
<tr><td rowspan="2">项　目</td><td colspan="2">一季度</td><td colspan="2">二季度</td><td colspan="2">三季度</td><td colspan="2">四季度</td><td colspan="2" rowspan="2">季度平均值</td></tr>
<tr><td>季初</td><td>季末</td><td>季初</td><td>季末</td><td>季初</td><td>季末</td><td>季初</td><td>季末</td></tr>
<tr><td>从业人数</td><td></td><td></td><td></td><td></td><td></td><td></td><td></td><td></td><td colspan="2"></td></tr>
<tr><td>资产总额（万元）</td><td></td><td></td><td></td><td></td><td></td><td></td><td></td><td></td><td colspan="2"></td></tr>
<tr><td>国家限制或禁止行业</td><td colspan="4">□是☑ 否</td><td colspan="4">小型微利企业</td><td colspan="2">□是☑ 否</td></tr>
<tr><td colspan="11">预缴税款计算</td></tr>
<tr><td>行次</td><td colspan="8">项目</td><td colspan="2">本年累计金额</td></tr>
<tr><td>1</td><td colspan="8">营业收入</td><td colspan="2">103 000 000</td></tr>
<tr><td>2</td><td colspan="8">营业成本</td><td colspan="2">80 000 000</td></tr>
<tr><td>3</td><td colspan="8">利润总额</td><td colspan="2">23 000 000</td></tr>
<tr><td>4</td><td colspan="8">加：特定业务计算的应纳税所得额</td><td colspan="2"></td></tr>
<tr><td>5</td><td colspan="8">减：不征税收入</td><td colspan="2"></td></tr>
<tr><td>6</td><td colspan="8">减：免税收入、减计收入、所得减免等优惠金额（填写A201010）</td><td colspan="2"></td></tr>
<tr><td>7</td><td colspan="8">减：资产加速折旧、摊销（扣除）调减额（填写A201020）</td><td colspan="2"></td></tr>
<tr><td>8</td><td colspan="8">减：弥补以前年度亏损</td><td colspan="2"></td></tr>
<tr><td>9</td><td colspan="8">实际利润额（3＋4－5－6－7－8）＼按照上一纳税年度应纳税所得额平均额确定的应纳税所得额</td><td colspan="2">20 900 000</td></tr>
</table>

续上表

<table>
<tr><td>10</td><td colspan="3">税率（25%）</td><td></td></tr>
<tr><td>11</td><td colspan="3">应纳所得税额（9×10）</td><td>5 225 000</td></tr>
<tr><td>12</td><td colspan="3">减：减免所得税额（填写 A201030）</td><td></td></tr>
<tr><td>13</td><td colspan="3">减：实际已缴纳所得税额</td><td></td></tr>
<tr><td>14</td><td colspan="3">减：特定业务预缴（征）所得税额</td><td></td></tr>
<tr><td>L15</td><td colspan="3">减：符合条件的小型微利企业延缓缴纳所得税额（是否延缓缴纳所得税 □是 □否）</td><td></td></tr>
<tr><td>15</td><td colspan="3">本期应补（退）所得税额（11－12－13－14－L15）\税务机关确定的本期应纳所得税额</td><td></td></tr>
<tr><td colspan="5">汇总纳税企业总分机构税款计算</td></tr>
<tr><td>16</td><td rowspan="4">总机构填报</td><td colspan="2">总机构本期分摊应补（退）所得税额（17＋18＋19）</td><td></td></tr>
<tr><td>17</td><td colspan="2">其中：总机构分摊应补（退）所得税额（15×总机构分摊比例____%）</td><td></td></tr>
<tr><td>18</td><td colspan="2">财政集中分配应补（退）所得税额（15×财政集中分配比例____%）</td><td></td></tr>
<tr><td>19</td><td colspan="2">总机构具有主体生产经营职能的部门分摊所得税额（15×全部分支机构分摊比例____%×总机构具有主体生产经营职能部门分摊比例____%）</td><td></td></tr>
<tr><td>20</td><td rowspan="2">分支机构填报</td><td colspan="2">分支机构本期分摊比例</td><td></td></tr>
<tr><td>21</td><td colspan="2">分支机构本期分摊应补（退）所得税额</td><td></td></tr>
<tr><td colspan="5">附报信息</td></tr>
<tr><td colspan="2">高新技术企业</td><td>□是□否</td><td>科技型中小企业</td><td>□是□否</td></tr>
<tr><td colspan="2">技术入股递延纳税事项</td><td>□是□否</td><td></td><td></td></tr>
<tr><td colspan="5">谨声明：本纳税申报表是根据国家税收法律法规及相关规定填报的，是真实的、可靠的、完整的。
纳税人（签章）：×× 2×21 年 1 月 5 日</td></tr>
<tr><td colspan="3">经办人：
经办人身份证号：
代理机构签章：
代理机构统一社会信用代码：</td><td colspan="2">受理人：
受理税务机关（章）：
受理日期：2×21 年 1 月 5 日</td></tr>
</table>

国家税务总局监制

纳税人不能提供完整的、准确的收入及成本、费用凭证，不能正确计算应纳税所得额的税务机关核定应纳税所得额。计算公式为：

应纳企业所得税税额＝税务机关核定应纳税所得额×25％

本期应预缴的企业所得税＝本期利润总额×25％－本年度已预缴的企业所得税额

11.6 企业所得税汇算清缴

根据《企业所得税汇算清缴管理办法》，凡在纳税年度内从事生产、经营（包括试生产、试经营），或在纳税年度中间终止经营活动的纳税人，无论是否在减税、免税期间，也无论盈利或亏损。均应按照《企业所得税法》及其实施条例和有关规定进行企业所得税汇算清缴。实行核定定额征收企业所得税的纳税人，不进行汇算清缴。

企业所得税按年计算，但为了保证税款及时、均衡入库，对企业所得税采取分期（按月或季）预缴、年终汇算清缴的办法。纳税人预缴所得税时，应当按纳税期限的实际数预缴，按实际数预缴有困难的，可以按上一年度应纳税所得额的1/12或1/4，或者经当地税务机关认可的其他方法分期预缴所得税。预缴方法一经确定，不得随意改变。

企业所得税汇算清缴，是指纳税人自纳税年度终了之日起5个月内或实际经营终止之日起60日内，依照税收法律、法规、规章及其他有关企业所得税的规定。

11.6.1 一般企业汇算清缴

自行计算本纳税年度应纳税所得额和应纳所得税额，根据月度或季度预缴企业所得税的数额，确定该纳税年度应补或者应退税额，并填写企业所得税年度纳税申报表，向主管税务机关办理企业所得税年度纳税申报，提供税务机关要求提供的有关资料，结清全年企业所得税税款的行为。

（1）收入，核查企业收入是否全部入账，特别是往来款项是否还存在该确认为收入而没有入账。

（2）成本，核查企业成本结转与收入是否匹配，是否真实反映企业成本水平。

（3）费用，核查企业费用支出是否符合相关税法规定，计提费用项目和税前列支项目是否超过税法规定标准。

（4）税收，核查企业各项税款是否提取并缴纳。

（5）补亏，用企业当年实现的利润对以前年度发生亏损的合法弥补（5年内）。

（6）调整，对以上项目按税法规定分别进行调增和调减后，依法计算本企业年度应纳税所得额，从而计算并缴纳本年度实际应当缴纳的所得税税额。

对所属年度的所得税费用的调整，属于对所属年度财务报表信息的更正，应通过“以前年度损益调整——所得税费用”科目，进而结转计入“利润分配——未分配利润”科目，并调整计提的“盈余公积”等科目。

11.6.2 跨地区企业所得税汇算清缴

跨地区经营汇总纳税是指居民企业在中国境内跨省、自治区、直辖市和计划单列市，设立不具有法人资格分支机构，实行“统一计算、分级管理、就地预缴、汇总清算、财政调库”的企业所得税征收管理办法。根据《国家税务总局关于印发〈跨地区经营汇总纳税企业所得税征收管理办法〉的公告》（国家税务总局2012年第57号）规定，对跨地区经营汇总纳税作出了具体规定。

（1）总机构按以下公式计算分摊税款。

总机构分摊税款＝汇总纳税企业当期应纳所得税额×50％

（2）分支机构按以下公式计算分摊税款。

所有分支机构分摊税款总额＝汇总纳税企业当期应纳所得税额×50％

某分支机构分摊税款＝所有分支机构分摊税款总额×该分支机构分摊比例

（3）总机构应按照上年度分支机构的营业收入、职工薪酬和资产总额三个因素计算各分支机构分摊所得税款的比例；三级及以下分支机构，其营业收入、职工薪酬和资产总额统一计入二级分支机构；三因素的权重依次为0.35、0.35、0.30。

计算公式如下：

某分支机构分摊比例＝（该分支机构营业收入÷各分支机构营业收入之和）×0.35＋（该分支机构职工薪酬÷各分支机构职工薪酬之和）×0.35＋（该分支机构资产总额÷各分支机构资产总额之和）×0.30

【例 11-6】甲建筑集团公司机构所在地为深圳，适用 25%企业所得税，下属 A、B、C 三个子公司。A 公司位于长沙，适用 25%企业所得税税率；B 公司位于福州，适用 25%企业所得税税率；C 公司位于天津，适用 25%企业所得税税率。2×20 年，甲建筑集团公司汇总应纳税所得额 3 000 万元，总机构分摊 1 500 万元，三个分公司共分摊 1 500 万元。经测算，A、B、C 三家子公司企业所得税分摊比例分别是 0.25、0.4、0.35。

根据上述资料，计算各公司应分摊的企业所得税额。

(1) 总机构分摊税额。

总机构应纳税额＝总机构分摊应纳税所得额×总机构适用税率

甲建筑集团公司＝3 000×50%×25%＝375（万元）

(2) 分支机构按分摊比例分摊税额。

各分支机构应纳税额＝分支机构分摊应纳税所得额合计数×各分支机构分摊比例×适用税率

A 公司应纳税额＝3 000×50%×0.25×25%＝93.75（万元）

B 公司应纳税额＝3 000×50%×0.4×25%＝150（万元）

C 公司应纳税额＝3 000×50%×0.35×25%＝131.25（万元）

(3) 计算总应纳税额。

总分机构总应纳税额＝总机构应纳税额＋各分支机构应纳税额合计

＝375＋93.75＋150＋131.25＝750（万元）

根据上述资料，填写分支机构所得税分配，见表 11-4。

表 11-4　　企业所得税汇总纳税分支机构所得税分配表

金额单位：元

<table>
<tr><td colspan="2">应纳所得税额</td><td>总机构分摊所得税额</td><td colspan="3">总机构财政集中分配所得税额</td><td colspan="2">分支机构分摊所得税额</td></tr>
<tr><td colspan="2">30 000 000</td><td>3 750 000</td><td colspan="3"></td><td colspan="2">3 750 000</td></tr>
<tr><td rowspan="5">分支机构情况</td><td rowspan="2">分支机构统一社会信用代码（纳税人识别号）</td><td rowspan="2">分支机构名称</td><td colspan="3">三项因素</td><td rowspan="2">分配比例</td><td rowspan="2">分配所得税额</td></tr>
<tr><td>营业收入</td><td>职工薪酬</td><td>资产总额</td></tr>
<tr><td>3252934-28</td><td>A 公司</td><td>1 500</td><td></td><td></td><td>0.25</td><td>937 500</td></tr>
<tr><td>742036270</td><td>B 公司</td><td>1 500</td><td></td><td></td><td>0.4</td><td>1 500 000</td></tr>
<tr><td>746924262</td><td>C 公司</td><td>1 500</td><td></td><td></td><td>0.35</td><td>1 312 500</td></tr>
</table>

续上表

<table>
<tr><td rowspan="6">分支机构情况</td><td rowspan="2">分支机构统一社会信用代码（纳税人识别号）</td><td rowspan="2">分支机构名称</td><td colspan="3">三项因素</td><td rowspan="2">分配比例</td><td rowspan="2">分配所得税额</td></tr>
<tr><td>营业收入</td><td>职工薪酬</td><td>资产总额</td></tr>
<tr><td></td><td></td><td></td><td></td><td></td><td></td><td></td></tr>
<tr><td></td><td></td><td></td><td></td><td></td><td></td><td></td></tr>
<tr><td></td><td></td><td></td><td></td><td></td><td></td><td></td></tr>
<tr><td colspan="2">合计</td><td>4 500</td><td></td><td></td><td></td><td>3 750 000</td></tr>
</table>

第12章 个人所得税

2018年8月31日，关于修改《中华人民共和国个人所得税法》的决定经十三届全国人大常委会第五次会议表决通过。具体规定基本扣除项目、专项扣除项目以及汇算清缴办法。

12.1 税前扣除项目

个人所得税扣除项目分为两类：一类是基本扣除项目；另一类是专项扣除项目。

12.1.1 基本扣除项目

基本扣除项目具体如下。

(1) 按照规定，单位为个人缴付和由个人缴付的基本养老保险费、基本医疗保险费、失业保险费、住房公积金，从纳税义务人的应纳税所得额中扣除。未超过国家或省（自治区、直辖市）人民政府规定的缴费比例或办法的，免征个人所得税。

(2) 企事业单位和个人超过规定的比例和标准缴付的基本养老保险费、基本医疗保险费和失业保险费，应将超过部分并入个人当期的工资、薪金收入，计征个人所得税。

(3) 企业为员工缴纳的社会保险没有超过国家或省（自治区、直辖市）人民政府规定的缴费比例或办法的，免征个人所得税；超过的部分应并入个人当期的工资、薪金收入，计征个人所得税。因此，企业为员工缴纳的社会保险费超过了按其本人上一年度月平均工资300%计算的社会保险费部分，应并入个人当期的工资、薪金收入，计征个人所得税。

(4) 企业为员工缴纳的所有商业保险是不免个人所得税的。应在向保险公司缴付时并入员工当期的工资收入，按“工资、薪金所得”项目计征个人所得税。

但是，对于商业保险中的企业年金，根据《财政部 人力资源社会保障部 国家税务总局关于企业年金职业年金个人所得税有关问题的通知》（财税

〔2013〕103号）规定，企业为员工缴纳的企业年金（包括企业为个人缴付的和个人缴付的），可以迟延到退休领取时再缴纳个人所得税。

12.1.2　专项附加扣除项目

专项附加扣除项目，见表12-1。

表12-1　　专项附加扣除项目

<table>
<tr><th>项目</th><th colspan="2">扣除条件</th><th>扣除标准</th><th>扣除方式</th></tr>
<tr><td rowspan="4">子女教育</td><td rowspan="3">子女接受全日制学历教育</td><td>义务教育（小学、初中）</td><td rowspan="4">每个子女1 000元/月</td><td rowspan="4">父母各扣50%或指定一方扣100%</td></tr>
<tr><td>高中（普通高中、中等职业、技工教育）</td></tr>
<tr><td>高等教育（大专、本科、硕士、博士）</td></tr>
<tr><td>子女接受学前教育</td><td>年满3岁至小学前</td></tr>
<tr><td rowspan="2">继续教育</td><td colspan="2">在中国境内接受学历（学位）继续教育</td><td>400元/月</td><td>本科以下的，本人/父母扣</td></tr>
<tr><td colspan="2">接受技能人员职业资格继续教育、专业技术人员职业资格继续教育，并取得相关证书</td><td>3 600元/年</td><td>本人扣</td></tr>
<tr><td>大病医疗</td><td colspan="2">一个纳税年度内，与基本医保相关的医药费用支出，扣除医保报销后个人负担累计超过1 500元的部分</td><td>据实扣除，限额80 000元</td><td>本人/配偶扣：未成年子女费用，可由父母一方扣</td></tr>
<tr><td>住房贷款利息</td><td colspan="2">购买中国境内住房，享受“首套住房贷款利率”的住房贷款利息</td><td>1 000元/月</td><td>本人扣，夫妻可选择一方扣</td></tr>
<tr><td rowspan="3">住房租金</td><td rowspan="3">在主要工作城市没有自有住房</td><td>直辖市、省会（首府）城市、计划单列市以后国务院确定的其他城市</td><td>1 500元/月</td><td rowspan="3">承租人扣。夫妻双方同城的，只能一方扣</td></tr>
<tr><td>市辖区户籍人口超过100万的</td><td>1 100元/月</td></tr>
<tr><td>市辖区户籍人口不超过100万的</td><td>800元/月</td></tr>
<tr><td rowspan="2">赡养老人</td><td rowspan="2">赡养一位及以上被赡养人（年满60岁的父母，子女均已过世的年满60岁的祖父母、外祖父母）</td><td>独生子女</td><td>2 000元/月</td><td>本人扣</td></tr>
<tr><td>非独生子女</td><td>不超过1 000元/月</td><td>均摊/约定分摊/指定分摊</td></tr>
</table>

国家税务总局公布个人所得税专项附加扣除采集表（电子模板），见表 12-2，纳税人可根据个人情况如实填写。

表 12-2　　专项附加扣除采集表

*扣除年度	2019	*纳税人姓名	
*纳税人身份证件类型		*纳税人身份证件号码	
*手机号码		纳税人识别号	
联系地址		电子邮箱	
扣缴义务人名称（支付工资薪金的单位）		扣缴义务人纳税人识别号（统一社会信用代码）	
*配偶情况		配偶姓名	
配偶身份证件类型		配偶身份证件号码	

本人承诺：我已仔细阅读填写说明，并根据《中华人民共和国个人所得税法》及其实施条例、《个人所得税专项附加扣除暂行办法》、《个人所得税专项附加扣除操作办法（试行）》等相关法律法规规定填写。本人已就所填扣除信息进行了核实，并对所填内容的真实性、准确性、完整性负责。

纳税人签字：　　年　月　日

扣缴义务人签章： 经办人签字： 接收日期：　年　月　日	代理机构签章： 代理机构统一社会信用代码： 代理机构（人）经办人： 经办人身份证件号码：	受理人： 受理税务机关（章）： 受理日期：　年　月　日

填写说明　首页　子女教育支出　住房租金支出　住房贷款利息支出　赡养老人支出　继续教育支出

12.1.3　税率以及计算方法

工资、薪金所得七级超额累计税率，见表 12-3。

表 12-3　　工资、薪金所得个人所得税税率表

级　数	月应纳税所得额	税率（%）	速算扣除数
1	不超过 3 000 元部分	3	0
2	超过 3 000～12 000 元	10	210
3	超过 12 000～25 000 元	20	1 410
4	超过 25 000～35 000	25	2 660
5	超过 35 000～55 000	30	4 410
6	超过 55 000～80 000	35	7 160
7	超过 80 000 元部分	45	15 160

1. 一般计算方法

《中华人民共和国个人所得税法》规定：居民个人的综合所得，以每一纳税年度的收入额减除费用 60 000 元以及基本扣除项目、专项附加扣除和依法确定的其他扣除后的余额，为应纳税所得额。计算公式如下：

应纳税所得额＝月收入－5 000 元（起征点）－基本扣除项目－专项附加扣除项目－依法确定的其他扣除

【例 12-1】 职工张研在深圳一家建筑公司工作，本月税前收入 14 000 元，社保与住房公积金为 3 400 元；住房贷款 7 800 元，按规定可税前扣除 1 000 元；张研为非独生子女，父母均已退休，赡养老人可扣除 1 000 元。计算本月张研本月应交个人所得税。

应纳税额＝（14 000－3 400－1 000－1 000－5 000）×10％－210＝150（元）

2. 预缴个人所得税计算公式

根据《国家税务总局关于完善调整部分纳税人个人所得税预扣预缴方法的公告》（国家税务总局公告 2020 年第 13 号）规定，减轻当年新入职人员个人所得税预扣预缴阶段的税收负担，现就完善调整年度中间首次取得工资、薪金所得等人员有关个人所得税预扣预缴方法。

本期应预扣预缴税额＝（累计收入额－累计减除费用）×预扣率－速算扣除数－累计减免税额－累计已预扣预缴税额

其中，累计减除费用按照 5 000 元/月乘以纳税人在本单位开始实习月份起至本月实习月份数计算。

上述公式中的预扣率、速算扣除数，按照 2018 年第 61 号公告所附的《个人所得税预扣率表一》执行。

例如，大学生欧佳明 2020 年 7 月毕业后进入某公司工作，公司发放 7 月份工资、计算当期应预扣预缴的个人所得税时，可减除费用 35 000（7×5 000）元。欧佳明 7 月取得工资 4 400 元，扣缴单位在为其预扣预缴劳务报酬所得个人所得税时，可采取累计预扣法预扣预缴税款。欧佳明 7 月份工资 4 400元扣除 5 000 元减除费用后是负数，则无须预缴税款。

12.2 年度汇算清缴

《个人所得税法》颁布后，取得收入的居民个人应于第二年 3 月至 6 月办理汇算清缴。依据税法规定，年度终了后，居民个人（以下称“纳税人”）需要汇总上一年取得的工资薪金、劳务报酬、稿酬、特许权使用费等四项所得（以下称“综合所得”）的收入额，减除费用 60 000 元以及专项扣除、专项附加扣除，依法确定的其他扣除和符合条件的公益慈善事业捐赠后，计算本年度最终应纳税额，再减去上一年度已预缴税额，得出本年度应退或应补税额，向税务机关申报并办理退税或补税。具体计算公式如下：

年度汇算应退或应补税额＝［（综合所得收入额－60 000 元－“社保公积金”等专项扣除－子女教育等专项附加扣除－依法确定的其他扣除－捐赠）×适用税率－速算扣除数］－已预缴税额

12.2.1 需要办理年度汇算的几种情形

下列情形，需要办理年度汇算。

（1）预缴税额高于应纳税额，需要申请退税的纳税人。

（2）符合享受条件的专项附加扣除，但预缴税款时没有申报扣除的。

例如，顾飞每月工资 10 000 元，个人缴付“五险一金”2 000 元。他有两个上小学的孩子，按规定可以每月享受 2 000 元（全年 24 000 元）的子女教育专项附加扣除。但因其在预缴环节未填报，使得计算个税时未减除子女教育专项附加扣除。全年预缴个税 1 080 元，顾飞可在年度汇算时填报相关信息后可补充扣除 24 000 元，扣除后全年应纳个税 360 元，按规定可以申请退税 720 元。

（3）因年中就业、退休或者部分月份没有收入等原因，减除费用 60 000 元，“社保及住房公积金”等专项扣除、子女教育等专项附加扣除、企业（职业）年金以及商业健康保险、税收递延型养老保险等扣除不充分的。

例如，罗缨 2019 年 8 月底退休，退休前每月工资 10 000 元，个人缴付“三险一金”2 000 元，退休后领取基本养老金。假设没有专项附加扣除，1～8 月预缴个税 720 元；后 4 个月基本养老金按规定免征个人所得税。从全年看，该纳税人仅扣除了 40 000 元减除费用（8×5 000），未充分扣除 60 000 元减除费用。年度汇算足额扣除后，该纳税人可申请退税 600 元。

（4）没有任职受雇单位，仅取得劳务报酬、稿酬、特许权使用费所得，需要通过年度汇算办理各种税前扣除的；

（5）纳税人取得劳务报酬、稿酬、特许权使用费所得，年度中间适用的预扣率高于全年综合所得年适用税率的；

例如，张琳是自由职业者，专职从事写作。全年取得稿酬收入 60 000 元，假定出版社代扣代缴稿酬个人所得税 8 400 元。第二年汇算清缴时，减除 60 000 元费用（不考虑其他扣除）后，无须缴纳税费。因此，可申请退税 8 400 元。

（6）预缴税款时，未申报享受或者未足额享受综合所得税收优惠的，如残疾人减征个人所得税优惠等。

（7）有符合条件的公益慈善事业捐赠支出，但预缴税款时未办理扣除的。

12.2.2 无须办理年度汇算的纳税人

经国务院批准，依据《财政部 税务总局关于个人所得税综合所得汇算清缴涉及有关政策问题的公告》（2019 年第 94 号）有关规定，纳税人在 2019 年度已依法预缴个人所得税且符合下列情形之一的，无须办理年度汇算：

（1）纳税人年度汇算需补税但年度综合所得收入不超过 12 万元的；

（2）纳税人年度汇算需补税金额不超过 400 元的；

（3）纳税人已预缴税额与年度应纳税额一致或者不申请年度汇算退税的。

12.2.3 申报方式

纳税人可优先通过网上税务局（包括手机个人所得税 App）办理年度汇算，税务机关将按规定为纳税人提供申报表预填服务；不方便通过上述方式办理的，也可以通过邮寄方式或到办税服务厅办理。

（1）手机申报。

在手机应用宝中下载个人所得税 App，下载完成后打开 App 点击个人中心，先注册后登录。进入首页，直接单击常用业务下面的“综合所得年度汇算”。系统自动识别“简易申报”或者“标准申报”。

①简易申报：查看并单击简易申报须知，核实相关数据。

②标准申报：单击“使用已申报数据填写”，查看并单击标准申报须知，单击“下一步”，逐项核实“工资薪金、劳务报酬、稿酬和特许权使用费”四项所得相关数据。

一般来说，需要补税与退税的情形不多。如果有以上情形，系统有两个选项，申请退税或补税，纳税人按照提示办理即可。

（2）其他申报方式。

纳税人也可以委托代扣代缴单位办理退税。

12.3 其他税费

其他税费包括城市维护建设税、教育费附加、车辆购置税、印花税、契税等。

12.3.1 城市维护建设税

《中华人民共和国城市维护建设税法》已由中华人民共和国第十三届全国人民代表大会常务委员会第二十一次会议于 2020 年 8 月 11 日通过，现予公布，自 2021 年 9 月 1 日起施行。

1. 纳税人

在中华人民共和国境内缴纳增值税、消费税的单位和个人，为城市维护建设税的纳税人。

2. 计税依据

城市维护建设税以纳税人依法实际缴纳的增值税、消费税税额为计税依据。城市维护建设税的计税依据应当按照规定扣除期末留抵退税退还的增值税税额。

3. 税率

城市维护建设税税率如下：

(1) 纳税人所在地在市区的，税率为百分之七；

(2) 纳税人所在地在县城、镇的，税率为百分之五；

(3) 纳税人所在地不在市区、县城或者镇的，税率为百分之一。

12.3.2 车辆购置税

2018 年 12 月 29 日，第十三届全国人民代表大会常务委员会第七次会议通过《中华人民共和国车辆购置税法》。

1. 纳税人

在中华人民共和国境内购置汽车、有轨电车、汽车挂车、排气量超过 150 毫升的摩托车（以下统称应税车辆）的单位和个人，为车辆购置税的纳税人。

2. 税率

车辆购置税实行一次性征收。购置已征车辆购置税的车辆，不再征收车辆购置税。车辆购置税的税率为10%。

3. 应纳税额的计算

车辆购置税的应纳税额按照应税车辆的计税价格乘以税率计算。

4. 计税价格

应税车辆的计税价格，按照下列规定确定：

(1) 纳税人购买自用应税车辆的计税价格，为纳税人实际支付给销售者的全部价款，不包括增值税税款；

(2) 纳税人进口自用应税车辆的计税价格，为关税完税价格加上关税和消费税；

(3) 纳税人自产自用应税车辆的计税价格，按照纳税人生产的同类应税车辆的销售价格确定，不包括增值税税款；

(4) 纳税人以受赠、获奖或者其他方式取得自用应税车辆的计税价格，按照购置应税车辆时相关凭证载明的价格确定，不包括增值税税款。

5. 税收优惠

下列车辆免征车辆购置税：

(1) 依照法律规定应当予以免税的外国驻华使馆、领事馆和国际组织驻华机构及其有关人员自用的车辆；

(2) 中国人民解放军和中国人民武装警察部队列入装备订货计划的车辆；

(3) 悬挂应急救援专用号牌的国家综合性消防救援车辆；

(4) 设有固定装置的非运输专用作业车辆；

(5) 城市公交企业购置的公共汽、电车辆。

12.3.3 印花税

2021年6月10日，第十三届全国人民代表大会常务委员会第二十九次会议通过《中华人民共和国印花税法》，自2022年7月1日起施行。1988年8月6日国务院发布的《中华人民共和国印花税暂行条例》同时废止。

1. 计税依据

印花税的计税依据，按照下列方法确定，见表12-4。

表 12-4　　　　印花税计税依据

计税依据	含义
应税合同的计税依据	为合同列明的价款或者报酬，不包括增值税税款；合同中价款或者报酬与增值税税款未分开列明的，按照合计金额确定
应税产权转移书据的计税依据	为产权转移书据列明的价款，不包括增值税税款；产权转移书据中价款与增值税税款未分开列明的，按照合计金额确定
应税营业账簿的计税依据	为营业账簿记载的实收资本（股本）、资本公积合计金额
应税权利、许可证照的计税依据	按件确定
证券交易的计税依据	为成交金额

2. 税目、税率

印花税率见表 12-5。

表 12-5　　　　印花税税目、税率表

税目		税率	备注
合同	买卖合同	支付价款的万分之三	指动产买卖合同
	借款合同	借款金额的万分之零点五	指银行业金融机构和借款人（不包括银行同业拆借）订立的借款合同
	融资租赁合同	租金的万分之零点五	
	租赁合同	租金的千分之一	
	承揽合同	支付报酬的万分之三	
	建设工程合同	支付价款的万分之三	
	运输合同	运输费用的万分之三	指货运合同和多式联运合同（不包括管道运输合同）
	技术合同	支付价款、报酬或者使用费的万分之三	
	保管合同	保管费的千分之一	
	仓储合同	仓储费的千分之一	
	财产保险合同	保险费的千分之一	不包括再保险合同

续上表

税目		税率	备注
产权转移书据	土地使用权出让和转让书据；房屋等建筑物、构筑物所有权、股权（不包括上市和挂牌公司股票）、商标专用权、著作权、专利权、专有技术使用权转让书据	支付价款的万分之五	
权利、许可证照	不动产权证书、营业执照、商标注册证、专利证书	每件5元	
营业账簿		实收资本（股本）、资本公积合计金额的万分之二点五	
证券交易		成交金额的千分之一	对证券交易的出让方征收，不对证券交易的受让方征收

免征或者减征印花税的情形如下：

（1）应税凭证的副本或者抄本，免征印花税；

（2）农民、农民专业合作社、农村集体经济组织、村民委员会购买农业生产资料或者销售自产农产品订立的买卖合同和农业保险合同，免征印花税；

（3）无息或者贴息借款合同、国际金融组织向我国提供优惠贷款订立的借款合同、金融机构与小型微型企业订立的借款合同，免征印花税；

（4）财产所有权人将财产赠予政府、学校、社会福利机构订立的产权转移书据，免征印花税；

（5）军队、武警部队订立、领受的应税凭证，免征印花税；

（6）转让、租赁住房订立的应税凭证，免征个人（不包括个体工商户）应当缴纳的印花税；

（7）国务院规定免征或者减征印花税的其他情形。

前款第七项免征或者减征印花税的规定，由国务院报全国人民代表大会常务委员会备案。

12.3.4 契税

2020年8月11日，第十三届全国人民代表大会常务委员会第二十一次会议通过《中华人民共和国契税法》，自2021年9月1日起施行。

1. 纳税人

在中华人民共和国境内转移土地、房屋权属，承受的单位和个人为契税的纳税人。

2. 税率

契税实行幅度比例税率，税率幅度为3%～5%。具体执行税率，由各省、自治区、直辖市人民政府在规定的幅度内，根据本地区的实际情况确定。

3. 计税依据

（1）土地使用权出让、出售，房屋买卖，为土地、房屋权属转移合同确定的成交价格，包括应交付的货币以及实物、其他经济利益对应的价款；

（2）土地使用权互换、房屋互换，为所互换的土地使用权、房屋价格的差额；

（3）土地使用权赠予、房屋赠予以及其他没有价格的转移土地、房屋权属行为，为税务机关参照土地使用权出售、房屋买卖的市场价格依法核定的价格。

纳税人申报的成交价格、互换价格差额明显偏低且无正当理由的，由税务机关依照《中华人民共和国税收征收管理法》的规定核定。

4. 应纳税额的计算

$$应纳税额=计税依据\times税率$$

5. 优惠政策

有下列情形之一的，免征契税：

（1）国家机关、事业单位、社会团体、军事单位承受土地、房屋权属用于办公、教学、医疗、科研、军事设施；

（2）非营利性的学校、医疗机构、社会福利机构承受土地、房屋权属用于办公、教学、医疗、科研、养老、救助；

（3）承受荒山、荒地、荒滩土地使用权用于农、林、牧、渔业生产；

（4）婚姻关系存续期间夫妻之间变更土地、房屋权属；

（5）法定继承人通过继承承受土地、房屋权属；

（6）依照法律规定应当予以免税的外国驻华使馆、领事馆和国际组织驻华代表机构承受土地、房屋权属。

根据国民经济和社会发展的需要，国务院对居民住房需求保障、企业改制重组、灾后重建等情形可以规定免征或者减征契税，报全国人民代表大会常务委员会备案。

第13章 财务报表

财务报表是对企业财务状况、经营成果和现金流量的结构性表述。根据《企业会计准则》规定，一套完整的财务报表至少应当包括“四表一注”：①资产负债表；②利润表；③现金流量表；④所有者权益（或股东权益）变动表；⑤附注。

13.1 财务报表基本要求

会计报表所提供的财务信息主要表现在投资决策、经营管理、利润分配、政府调控等方面。对经营者来说，企业运营的最终目标就是盈利，编制会计报表可以直接反映企业一段时间的经营成果，根据盈亏，及时调整经营策略；对税务部门来说，可通过财务报表知悉企业的盈利状况，并根据相关数据完成税收；对债务人来说，通过财务报表核实企业偿债能力；对股东来说，看企业的成长能力和发展前景等。为了满足国家对企业实行间接调控的信息需要，会计报表可为财政、税务、审计、企业上级主管机关等部门提供干预或管制所依据的信息，有利于政府管理部门对企业进行管理，借以引导企业的发展。

13.1.1 编制要求

财务报表编制基本要求如下：

1. 以持续经营为基础编制

企业应当按照《企业会计准则》的规定，以持续经营为基础，对实际发生的交易和事项进行确认和计量。破产的企业就不符合这条规定，破产企业要编制清算利润表 、清算资产负债表、债务清偿表等。

2. 按照正确的会计核算基础编制

除现金流量表按照收付实现制原则编制之外，企业应当按照权责发生制原则编制资产负债表、利润表等。

3. 至少按年编制财务报表

一般企业至少应当按年编制财务报表。年度财务报表涵盖的期间短于一年的，应当披露年度财务报表的涵盖期间，短于一年的原因以及报表数据不具可比性的事实。

上市公司的财务报表一年公布四次，一般称作第一季报、半年报、第三季报、年报。第一季报公告时间是在每年的 4 月。半年报公告时间是在每年 7 月到 8 月。第三季报公告时间是在每年的 10 月。年报公告时间是在次年的 1 到 4 月。

4. 项目列报遵守重要性原则

重要性，是指在合理预期下，财务报表某项目的省略或错报会影响使用者据此作出经济决策的，该项目具有重要性。

重要性应当根据企业所处的环境，从项目的性质和金额两方面予以判断：一是该项目是否属于企业日常活动，是否显著影响企业的财务状况、经营成果和现金流量等因素；二是项目金额的大小，该项目金额占资产总额、负债总额、所有者权益总额、营业收入总额、营业成本总额、净利润、综合收益总额等直接相关项目金额的比重或所属报表单列项目金额的比重。

（1）基本方法。

通常先选定一个基准，再乘以某一百分比作为财务报表整体的重要性。

（2）选择基准。

实务中较为常用的基准，见表 13-1。

表 13-1　　选择基准条件

企业情况	可能选择的基准
1. 企业盈利状况比较稳定	经常性业务的税前利润
2. 企业近年经营不稳定，经常亏损	过去三到五年经常性业务的税前利润/亏损绝对数的平均值
3. 企业设立新公司，目前正在建造厂房及购买机器设备	总资产
4. 企业处于新兴行业，目前侧重于抢占市场份额、扩大企业知名度和影响力	主营业务收入
5. 企业为下属各企业提供研发服务，并收取费用	成本与营业费用总额

(3) 选择百分比。

为选定的基准确定百分比需要运用职业判断。百分比和选定的基准之间存在一定的联系，如经常性业务的税前利润对应的百分比通常比营业收入对应的百分比要高，表 13-2 为判断标准。

表 13-2　　选择百分比

选择的基准	通常可选择的百分比
经常性业务的税前利润	不超过 10%
主营业务收入	不超过 2%
总资产	不超过 2%
非营利机构：收入或费用总额	不超过 2%

《企业会计准则第 30 号——财务报表列报》规定在财务报表中单独列报的项目，应当单独列报。其他会计准则规定单独列报的项目，应当增加单独列报项目。

5. 保持各个会计期间财务报表项目列报的一致性

财务报表项目的列报应当在各个会计期间保持一致，除会计准则要求改变财务报表项目的列报或企业经营业务的性质发生重大变化后，变更财务报表项目的列报能够提供更可靠、更相关的会计信息外，不得随意变更。

6. 各项目之间的金额不得相互抵销

财务报表中的资产项目和负债项目的金额，收入项目和费用项目的金额，直接计入当期利润的利得项目和损失项目的金额不得相互抵销，但其他会计准则另有规定的除外。

一组类似交易形成的利得和损失应当以净额列示，但具有重要性的除外。

资产或负债项目按扣除备抵项目后的净额列示，不属于抵销。

非日常活动产生的利得和损失，以同一交易形成的收益扣减相关费用后的净额列示更能反映交易实质的，不属于抵销。

7. 至少应当提供所有列报项目上一个可比会计期间的比较数据

当期财务报表的列报，至少应当提供所有列报项目上一个可比会计期间的比较数据，以及与理解当期财务报表相关的说明，但其他会计准则另有规定的除外。

财务报表的列报项目发生变更的，应当至少对可比期间的数据按照当期的列报要求进行调整，并在附注中披露调整的原因和性质，以及调整的各项目金额。对可比数据进行调整不切实可行的，应当在附注中披露不能调整的原因。

8. 应当在财务报表的显著位置披露编报企业的名称等重要信息

企业应当在财务报表的显著位置（如表首）至少披露：①编报企业的名称；②资产负债表日或财务报表涵盖的会计期间；③人民币金额单位；④财务报表是合并财务报表的，应当予以标明。

13.1.2 哪些人需要财务报表

企业的股东、债权人、管理者、供应商和客户、政府部门、企业内部财务人员通常要用到财务报表。

1. 股东

股东最关注的是企业的利润表，毕竟投资的目的是赚钱。通过利润表，可以看出收入、销售毛利润、净利润，进而分析企业的销售毛利率、净利率等。

2. 债权人

资产负债表是给债权人看的。债权人看的是企业资金的流动性，借出的钱是否安全，企业能否有能力支付本金和利息。所以债权人十分注重债务人的偿还能力，通过分析企业的财务报表，了解企业的短期与长期偿债能力。

3. 管理者

对于企业管理者来说，他们重视的是企业的绩效。会计报表可以反映企业的营利能力、偿债能力、营运能力、成长能力的好坏。只有利润丰厚，才能让投资者、债权人、企业员工和管理者均受益。

关注企业经营理财的各方面，包括偿债能力、运营能力、获利能力、发展能力，主要进行各方面综合分析，并关注企业财务风险和经营风险。

4. 政府部门工作人员

为了满足政府对企业实行间接调控的信息需要，政府相关部门工作人员也必须学会看懂企业的财务报表，因为这些财务报表可提供干预或管制所依据的信息。

5. 企业内部员工

作为企业内部员工，可能重视的是企业的经营现状，期望在企业经营好的情况下，得到更多薪水，所以他们多关注利润表。

企业的财报是对其财务状况、经营成果和现金流量的高度概括总结。从企业经营状况可分析报表项目三大财务报表钩稽关系，如图 13-1 所示。

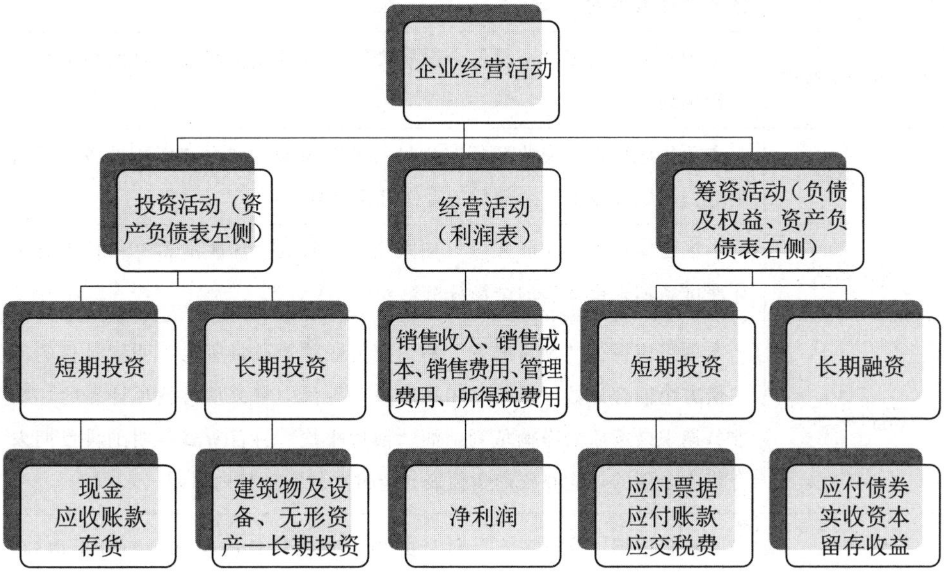

13.2 资产负债表

资产负债表是企业在某一特定时日（通常为各会计期末）财务状况（即资产、负债和所有者权益的状况）的主要会计报表。一般以一个月最后一天的日期为节点。

13.2.1 资产负债表的编制方法

资产负债表各项目均需填列“年初余额”和“期末余额”两栏。

资产负债表“年初余额”栏内各项数字，应根据上年年末资产负债表的“期末余额”栏内所列数字填列。如果上年度资产负债表规定的各个项目的名称和内容与本年度不一致，应对上年年末资产负债表各项目的名称和数字按照本年度的规定进行调整，填入本表“年初余额”栏内。

1. 资产项目的填列说明

资产负债表的“期末余额”栏内各项数字，其填列方法，见表13-3。

表13-3　　资产项目的填列说明

项目	填列说明
货币资金	本项目应根据“库存现金”“银行存款”“其他货币资金”科目期末余额的合计数填列
交易性金融资产	本项目应当根据“交易性金融资产”科目的相关明细科目的期末余额分析填列
应收票据	本项目应根据“应收票据”科目的期末余额，减去“坏账准备”科目中有关坏账准备期末余额后的金额分析填列
应收账款	本项目应根据“应收账款”期末余额，减去“坏账准备”科目中有关坏账准备期末余额后的金额分析填列
预付款项	本项目应根据“预付账款”和“应付账款”科目所属各明细科目的期末借方余额合计数，减去“坏账准备”科目中有关预付款项计提的坏账准备期末余额后的净额填列。如“预付账款”科目所属各明细科目期末有贷方余额的，应在资产负债表“应付账款”项目内填列
合同资产	本项目根据“合同资产”科目的相关明细科目的期末余额分析填列，同一合同下的合同资产和合同负债应当以净额列示，其中净额为借方余额的，应当根据其流动性在“合同资产”或“其他非流动资产”项目中填列，已计提减值准备的，还应减去“合同资产减值准备”科目中相关的期末余额后的金额填列
其他应收款	本项目应根据“应收利息”“应收股利”“其他应收款”科目的期末余额，减去“坏账准备”科目中相关坏账准备期末余额后的金额填列
其他流动资产	是指除货币资金、短期投资、应收票据、应收账款、其他应收款、存货等流动资产以外的流动资产。 合同取得成本，初始确认时摊销期限不超过一年或一个正常营业周期的，在资产负债表中计入“其他流动资产”项目

续上表

项目	填列说明
存货	本项目应根据“材料采购”“原材料”“低值易耗品”“库存商品”“周转材料”“委托加工物资”“委托代销商品”“生产成本”等科目的期末余额合计，减去“代销商品款”“存货跌价准备”科目期末余额后的净额填列。材料采用计划成本核算，以及库存商品采用计划成本核算或售价核算的企业，还应按加或减材料成本差异、商品进销差价后的金额填列。 合同履约成本，初始确认时摊销期限不超过一年或一个正常营业周期的，在资产负债表中计入“存货”项目
一年内到期的非流动资产	本项目应根据有关科目的期末余额分析填列
长期股权投资	本项目应根据“长期股权投资”科目的期末余额，减去“长期股权投资减值准备”科目的期末余额后的净额填列
固定资产	本项目应根据“固定资产”科目的期末余额，减去“累计折旧”和“固定资产减值准备”科目期末余额后的金额，以及“固定资产清理”科目余额填列
在建工程	本项目应根据“在建工程”科目的期末余额，减去“在建工程减值准备”科目期末余额后的金额，以及“工程物资”科目的期末余额，减去“工程物资减值 准备”科目的期末余额后的金额填列
无形资产	本项目应根据“无形资产”的期末余额，减去“累计摊销”和“无形资产减值准备”科目期末余额后的金额填列
长期待摊费用	本项目应根据“长期待摊费用”科目的期末余额减去将于一年内（含一年）摊销的数额后的金额分析填列
其他非流动资产	本项目应根据有关科目的期末余额填列 合同履约成本初始确认时摊销期限在一年或一个正常营业周期以上的，在资产负债表中计入“其他非流动资产”项目。 合同取得成本初始确认时摊销期限在一年或一个正常营业周期以上的，在资产负债表中计入“其他非流动资产”项目

2. 负债项目的填列说明

负债项目的填列说明，见表 13-4。

表 13-4 负债项目填列说明

项目	填列说明
短期借款	本项目应根据“短期借款”科目的期末余额填列
应付票据	本项目应根据“应付票据”科目的期末余额填列
应付账款	本项目应根据“应付账款”和“预付账款”科目所属的相关明细科目的期末贷方余额合计数填列
预收款项	本项目应根据“预收账款”和“应收账款”科目所属各明细科目的期末贷方余额合计数填列
合同负债	本项目根据“合同负债”科目的相关明细科目的期末余额分析填列，同一合同下的合同资产和合同负债应当以净额列示，其中净额为贷方余额的，应当根据其流动性在“合同负债”或“其他非流动负债”项目中填列
应付职工薪酬	反映企业根据有关规定应付给职工的工资、职工福利、社会保险费、住房公积金、工会经费、职工教育经费、非货币性福利、辞退福利等各种薪酬。外商投资企业按规定从净利润中提取的职工奖励及福利基金，也在本项目列示
其他应付款	本项目应根据“应付利息”、“应付股利”和“其他应付款”科目的期末余额合计数填列
应交税费	本项目应根据“应交税费”科目的期末贷方余额填列；如“应交税费”科目期末为借方余额，应以“－”号填列
一年内到期的非流动负债	本项目应根据有关科目的期末余额分析填列
长期借款	本项目应根据“长期借款”科目的期末余额填列
应付债券	本项目应根据“应付债券”科目的期末余额填列
其他非流动负债	本项目应根据有关科目的期末余额填列。其他非流动负债项目应根据有关科目期末余额减去将于1年内（含1年）到期偿还数后的余额分析填列。非流动负债各项目中将于1年内（含1年）到期的非流动负债，应在“一年内到期的非流动负债”项目内反映
长期应付款	本项目应根据“长期应付款”科目的期末余额，减去相关的“未确认融资费用”科目的期末余额后的金额，以及“专项应付款”科目的期末余额填列
递延收益	摊销期限只剩一年或不足一年的，或预计在一年内（含一年）进行摊销的部分，不得归类为流动负债，仍在该项目中填列，不转入“一年内到期的非流动负债”项目

3. 所有者权益项目的填列说明

(1)“实收资本(或股本)”项目，反映企业各投资者实际投入的资本(或股本)总额。本项目应根据“实收资本”(或“股本”)科目的期末余额填列。

(2)“资本公积”项目，反映企业资本公积的期末余额。本项目应根据“资本公积”科目的期末余额填列。

(3)“盈余公积”项目，反映企业盈余公积的期末余额。本项目应根据“盈余公积”科目的期末余额填列。

(4)“未分配利润”项目，反映企业尚未分配的利润。本项目应根据“本年利润”科目和“利润分配”科目的余额计算填列。未弥补的亏损在本项目内以“—”号填列。

13.2.2 具体示例

资产负债表项目填列方法有以下几种。

1. 根据总账科目的余额填列

资产负债表中的有些项目，可直接根据有关总账科目的余额填列，如“交易性金融资产”“短期借款”“应付票据”“应付职工薪酬”等项目；有些项目，则需根据几个总账科目的余额计算填列，如“货币资金”项目，需根据“库存现金”“银行存款”“其他货币资金”三个总账科目余额合计填列。

【例 13-1】 2×21 年 1 月 31 日，科达建筑工程有限公司科目余额表，见表 13-5。

表 13-5 **科目余额表**

账户名称	期末借方余额(元)	账户名称	期末贷方余额(元)
库存现金	3 000	存货跌价准备	45 000
银行存款	29 586 120	累计折旧	2 348 000
其他货币资金	1 000 000	固定资产减值准备	72 000
原材料	1 680 000	合同结算	109 000 000
周转材料	260 000	累计摊销	152 000
固定资产	9 000 000		
无形资产	450 000		
合同履约成本	151 450 000		

根据表中资料，计算资产负债表时，期末余额栏按下列数值填列。

货币资金＝3 000＋29 586 120＋1 000 000＝30 589 120（元）

存货＝1 680 000＋260 000＋（151 450 000－109 000 000）－45 000＝44 345 000（元）

固定资产＝9 000 000－2 348 000－72 000＝6 580 000（元）

无形资产＝450 000－152 000＝298 000（元）

2. 根据有关明细科目的余额计算填列

资产负债表中的有些项目，需要根据明细科目余额填列，如“应付账款”项目，需要分别根据“应付账款”和“预付账款”两科目所属明细科目的期末贷方余额计算填列。

【例 13-2】2×21 年 1 月 31 日，科达建筑工程有限公司有关余额所属明细余额，见表 13-6。

表 13-6　　　　明细账户余额表

账户名称	明细账户	借方余额（元）	贷方余额（元）
应收账款			
	天星建筑公司	3 400 000	
	梅州工程公司	2 300 000	
预收账款	昌城混凝土厂		240 000
合同资产		760 000	
	梅州交通银行	450 000	
	宏德商贸公司	310 000	
预付账款	如捷机械设备公司	239 000	
应付账款	惠民建筑公司		239 000
合同负债	正通建筑公司		740 000
其他应收款	89 400		
坏账准备	应收账款		0
	其他应收款		54 300

“应收账款”项目金额＝3 400 000＋2 300 000＝5 700 000（元）

“预收账款”项目金额＝240 000（元）

“合同资产”项目金额＝450 000＋310 000＝760 000（元）

“应付账款”项目金额＝239 000（元）

“合同负债”项目金额＝740 000（元）

“其他应收款”＝89 400－54 300＝35 100（元）

3. 根据总账科目和明细账科目的余额分析计算填列

资产负债表的有些项目，需要依据总账科目和明细科目两者的余额分析填列，如“长期借款”项目，应根据“长期借款”总账科目余额扣除“长期借款”科目所属的明细科目中将在资产负债表日起一年内到期，且企业不能自主地将清偿义务展期的长期借款后的金额填列。

4. 根据有关科目余额减去其备抵科目余额后的净额填列

如资产负债表中的“应收账款”“长期股权投资”等项目，应根据“应收账款”“长期股权投资”等科目的期末余额减去“坏账准备”“长期股权投资减值准备”等科目余额后的净额填列；“固定资产”项目，应根据“固定资产”科目期末余额减去“累计折旧”“固定资产减值准备”科目余额后的金额，以及“固定资产清理”科目余额填列；“无形资产”项目，应根据“无形资产”科目期末余额减去“累计摊销”“无形资产减值准备”科目余额后的净额填列。

5. 综合运用上述填列方法分析填列

如资产负债表中的“存货”项目，需根据“原材料”“库存商品”“委托加工物资”“周转材料”“材料采购”“在途物资”“发出商品”“材料成本差异”等总账科目期末余额的分析汇总数，再减去“存货跌价准备”备抵科目余额后的金额填列。①“长期待摊费用”项目需要根据“长期待摊费用”总账科目余额扣除将在一年内摊销完毕的长期待摊费用后的金额计算填列。②关于“未分配利润”项目，如果是在年末应该根据“利润分配——未分配利润”科目余额填列；如果是在非年末，则要根据“利润分配——未分配利润”和“本年利润”科目余额计算填列。

【例 13-3】2×21 年 1 月 31 日，科达建筑工程有限公司总账及明细余额，见表 13-7。

表 13-7　　　　　　　　　　　　**总账及明细账期末余额表**

单位：元

资产账户	总账及明细账期末余额		负债及权益账户	总账及明细账期末余额	
	借方余额	贷方余额		借方余额	贷方余额
库存现金	3 000		短期借款		0
银行存款	29 586 120		应付票据		500 000
其他货币资金	1 000 000		应付账款		239 000
银行汇票	800 000		惠民建筑公司		239 000
信用证	100 000		其他应付款		950 000
应收票据	180 000		预收账款		240 000
应收账款	5 700 000		昌城混凝土厂		240 000
天星建筑公司	3 400 000		合同负债		740 000
梅州工程公司	2 300 000		正通建筑公司		740 000
预付账款	239 000		应付职工薪酬		1 280 000
如捷机械设备公司	239 000		应付税费		890 000
其他应收款	89 400		递延所得税负债		389 000
坏账准备（应收账款）		0	工程结算		109 000 000
坏账准备（其他应收款）		54 300	实收资本		60 000 000
合同资产	760 000		盈余公积		6 760 860
梅州交通银行	450 000		利润分配		31 200 000
宏德商贸公司	310 000		资本公积		8 451 240
合同履约成本	151 450 000				
原材料	1 680 000				
周转材料	260 000				
存货跌价准备		45 000			
固定资产	9 000 000				
累计折旧		2 348 000			
固定资产减值准备		72 000			
在建工程					
无形资产	450 000				
累计摊销		152 000			

根据上述资料，编制资产负债表，见表13-8。

表13-8 **资 产 负 债 表**

编制单位：科达建筑工程有限公司　　2×21年1月31日　　单位：元

资　产	期末余额	年初余额	负债和所有者权益（或股东权益）	期末余额	年初余额
流动资产：			流动负债：		
货币资金	30 589 120	21 459 600	短期借款	0	
应收票据	180 000	220 000	应付票据	500 000	670 000
应收账款	5 700 000	6 540 000	应付账款	239 000	490 000
预付账款	239 000	456 000	预收款项	240 000	150 000
其他应收款	35 100	55 400	合同负债	40 000	74 500
存货	44 345 000	25 227 320	应交税费	890 000	912 500
合同资产	760 000	629 000	应付职工薪酬	1 280 000	993 400
持有待售资产			其他应付款	950 000	760 000
一年内到期的非流动资产			一年内到期的非流动负债		
其他流动资产	22 213 880	24 330 080	其他流动负债		
流动资产合计	104 062 100	78 917 400	流动负债合计	4 139 000	4 050 400
非流动资产：			非流动负债：		
债权投资			长期借款		
其他债权投资			应付债券		
			其中：优先股		
长期应收款			永续债		
长期股权投资			长期应付款		
投资性房地产			预计负债		
固定资产	6 580 000	6 690 000	递延收益		
在建工程			递延所得税负债	389 000	448 900
生产性生物资产			其他非流动负债		
油气资产			非流动负债合计	389 000	448 900
无形资产	298 000	332 000	负债合计	4 528 000	4 499 300

续上表

资　产	期末余额	年初余额	负债和所有者权益（或股东权益）	期末余额	年初余额
开发支出			所有者权益（或股东权益）：		
商誉			实收资本(或股本）	60 000 000	60 000 000
长期待摊费用			其他权益工具		
递延所得税资产			其中：优先股		
其他非流动资产			永续债		
非流动资产合计	6 878 000	7 022 000	资本公积	8 451 240	6 134 987
			减：库存股		
			其他综合收益		
			盈余公积	6 760 860	4 755 047
			未分配利润	31 200 000	10 750 066
			所有者权益（或股东权益）合计	106 412 100	81 640 100
资产总计	110 940 100	86 139 400	负债和所有者权益(或股东权益）总计	110 940 100	86 139 400

13.3　利润表

利润表是反映企业在一定会计期间的经营成果的报表。

13.3.1　利润表结构与项目列示

通过利润表，可以反映企业在一定会计期间收入、费用、利润（或亏损）、其他综合收益的数额构成情况，帮助财务报表使用者全面了解企业的经营成果，分析企业的获利能力及盈利增长趋势，从而为其作出经济决策提供依据。

1. 利润表的结构

我国企业的利润表采用多步式格式，多步式利润表通常分为如下几步：

第一步，以营业收入为基础，减去营业成本、税金及附加、销售费用、管理费用、财务费用、资产减值损失，加上公允价值变动收益（减去公允价值变动损失）和投资收益（减去投资损失），计算出营业利润；

第二步，以营业利润为基础，加上营业外收入，减去营业外支出，计算出利润总额；

第三步，以利润总额为基础，减去所得税费用，计算出净利润（或净亏损）。

2. 利润表项目列示

利润表各项目均需填列"本期金额"和"上期金额"两栏。利润表"本期金额""上期金额"栏内各项数字，应当按照相关科目的发生额分析填列。

利润表项目的填列说明，见表 13-9。

表 13-9　　利润表项目填列说明

营业收入	本项目应根据"主营业务收入"和"其他业务收入"科目的发生额分析填列
营业成本	本项目应根据"主营业务成本"和"其他业务成本"科目的发生额分析填列
税金及附加	本项目应根据"税金及附加"科目的发生额分析填列
销售费用	本项目应根据"销售费用"科目的发生额分析填列
管理费用	本项目应根据"管理费用"科目的发生额分析填列
研发费用	本项目根据"管理费用"科目下的"研究费用"明细科目的发生额，以及"管理费用"科目下的"无形资产摊销"明细科目的发生额分析填列
财务费用	本项目应根据"财务费用"科目的发生额分析填列
利息收入	本项目应根据"财务费用"科目的相关明细科目的发生额分析填列
利息费用	本项目应根据"利息费用"科目的相关明细科目的发生额分析填列

续上表

其他收益	本项目应根据“其他收益”科目的发生额分析填列
资产减值损失	本项目应根据“资产减值损失”科目发生额分析填列
信用减值损失	本项目应根据“信用减值损失”科目发生额分析填列
资产处置损益	本项目应根据“资产处置损益”科目发生额分析填列，如为处置损失，则以“－”号填列
公允价值变动收益	本项目应根据“公允价值变动损益”科目的发生额分析填列，如为净损失，本项目以“－”号填列
投资收益	本项目应根据“投资收益”科目的发生额分析填列。如为投资损失，本项目用“－”号填列
营业利润	反映企业实现的营业利润。如为亏损，本项目以“－”号填列
营业外收入	本项目应根据“营业外收入”科目的发生额分析填列
营业外支出	本项目应根据“营业外支出”科目的发生额分析填列
利润总额	反映企业实现的利润。如为亏损，本项目以“－”号填列
所得税费用	本项目应根据“所得税费用”科目的发生额分析填列
净利润	反映企业实现的净利润。如为亏损，本项目以“－”号填列
每股收益	包括基本每股收益和稀释每股收益两项指标，反映普通股或潜在普通股已公开交易的企业，以及正在公开发行普通股或潜在普通股过程中的企业的每股收益信息
其他综合收益	反映企业根据《企业会计准则》规定未在损益中确认的各项利得和损失扣除所得税影响后的净额
综合收益总额	反映企业净利润与其他综合收益的合计金额

13.3.2 具体示例

【例 13-4】2×21 年 1 月 31 日，科达建筑工程有限公司损益类账户发生额，见表 13-10。

表 13-10　　账户发生额

账户名称	借方发生额（元）	贷方发生额（元）
主营业务收入		220 969 380
主营业务成本	98 700 000	
其他业务收入		1 120 000
其他业务成本	765 000	
税金及附加	869 000	
销售费用	9 854 000	
管理费用	5 290 000	
研发费用	3 270 000	
财务费用	155 600	
其中：利息费用	155 600	
利息收入	0	
投资收益		252 000
营业外收入		82 800
营业外支出	732 000	
资产减值损失	554 000	
所得税费用	22 782 490	

营业收入＝220 969 380 ＋1 120 000＝222 089 380（元）

营业成本＝98 700 000＋765 000＝99 465 000（元）

根据上述资料，编制利润表，见表 13-11。

表 13-11　　利　润　表

编制单位：科达建筑工程有限公司　　2×21 年 1 月 31 日　　单位：元

项目	本期金额	上期金额（略）
一、营业收入	222 089 380	
减：营业成本	99 465 000	
税金及附加	869 000	
销售费用	9 854 000	
管理费用	5 290 000	
研发费用	3 270 000	

续上表

项目	本期金额	上期金额（略）
财务费用	155 600	
其中：利息费用	155 600	
利息收入	0	
资产减值损失	554 000	
加：其他收益		
投资收益（损失以“－”号填列）	252 000	
其中：对联营企业和合营企业的投资收益		
公允价值变动收益（损失以“－”号填列）		
信用减值损失（损失以“－”号填列）		
资产减值损失		
资产处置收益（损失以“－”号填列）		
二、营业利润（亏损以“－”号填列）	102 883 780	
加：营业外收入	82 800	
减：营业外支出	732 000	
三、利润总额（亏损总额以“－”号填列）	102 234 580	
减：所得税费用	22 782 490	
四、净利润（净亏损以“－”号填列）	79 452 090	
（一）持续经营净利润（净亏损以“－”号填列）		
（二）终止经营净利润（净亏损以“－”号填列）		
五、其他综合收益的税后净额		
（一）不能重分类进损益的其他综合收益		
1. 重新计量设定受益计划变动额		
2. 权益法不能损益的其他综合收益		
3. 其他权益工具投资公允价值变动		
4. 企业自身信用风险公允价值变动		
……		
（二）将重分类进损益的其他综合收益		
1. 权益法下可转损益的其他综合收益		
2. 其他债权投资公允价值变动		

续上表

项目	本期金额	上期金额（略）
3. 金融资产重分类为计入其他综合收益的金额		
4. 其他债权投资信用减值准备		
5. 现金流量套期储备		
6. 外币财务报表折算差额		
……		
六、综合收益总额		
七、每股收益		
（一）基本每股收益		
（二）稀释每股收益		

13.4 现金流量表

现金流量表是反映企业在一定会计期间现金和现金等价物流入和流出的报表。

13.4.1 现金流量表结构与项目列示

现金流量是一定会计期间内企业现金和现金等价物的流入和流出。企业从银行提取现金，用现金购买短期到期的国库券等现金和现金等价物之间的转换不属于现金流量。

现金是企业库存现金以及可以随时用于支付的存款，包括库存现金、银行存款和其他货币资金（如外埠存款、银行汇票存款、银行本票存款）等。不能随时用于支付的存款不属于现金。

现金等价物是企业持有的期限短、流动性强、易于转换为已知金额现金、价值变动风险很小的投资。期限短，一般是指从购买日起三个月内到期。现金等价物通常包括三个月内到期的债券投资等。权益性投资变现的金额通常不确定，因而不属于现金等价物。企业应当根据具体情况，确定现金等价物的范围，一经确定不得随意变更。

企业产生的现金流量分为三类，主要内容如下：

13.4.2 具体示例

1. 经营活动产生的现金流量项目计算

经营活动产生的现金流量净额计算。经营活动产生的现金流量净额的各个子项目计算方法，具体见表 13-12。

表 13-12　　经营活动产生的现金流量净额计算

项目	计算公式
销售商品、提供劳务收到的现金	=利润表“主营业务收入”+“其他业务收入”+按利润表中“主营业务收入”+“其他业务收入”计算的应交税费（应交增值税——销项税额）+资产负债表中（“应收账款”期初数－“应收账款”期末数）+（“应收票据”期初数－“应收票据”期末数）+（“预收账款”期末数－“预收账款”期初数）－当期计提的“坏账准备”
收到的税费返还	=（应收补贴款期初余额－应收补贴款期末余额）+补贴收入+所得税本期贷方发生额累计数
收到的其他与经营活动有关的现金	=“营业外收入”相关明细本期贷方发生额+“其他业务收入”相关明细本期贷方发生额+“其他应收款”相关明细本期贷方发生额+“其他应付款”相关明细本期贷方发生额+银行存款利息收入
购买商品、接受劳务支付的现金	=利润表中“主营业务成本”+“其他业务成本”+资产负债表中（“存货”期末价值－“存货”期初价值）+应交税金（应交增值税——进项税额）+（“应付账款”期初数－“应付账款”期末数）+（“应付票据”期初数－“应付票据”期末数）+（“预付账款”期末数－“预付账款”期初数）
支付给职工以及为职工支付的现金	=资产负债表中“应付职工薪酬”（期末数－期初数）+本期为职工支付的工资和福利总额（包含在销售费用，管理费用里面）。
支付的各项税费（不包括耕地占用税及退回的增值税所得税）	= 利润表中“所得税”+“税金及附加”+“应交税费（应交增值税——已交税金）（本期利润表中营业收入计算的各项税费）”
支付的其他与经营活动有关的现金（剔除各项因素后的费用）	=利润表中“管理费用+销售费用+营业外收入－营业外支出”－资产负债表中“累计折旧”增加额（期末数－斯初数）（也就是计入各项费用的折旧，这部分是没有在本期支付现金的）－费用中的工资（已在“为职工支付的现金”中反映）。

（1）销售商品、提供劳务收到的现金。

【例 13-5】科达建筑工程有限公司2×21年3月31日增值税专用发票上注明的不含税金额为219 849 380元，租金收入1 120 000元，税率均为9%。应收票据期初余额为220 000元，期末余额为180 000元；应收账款期初余额为6 540 000元，期末余额为5 700 000元；预收账款期初余额为150 000元，预收账期末余额为240 000元，本月核销坏账损失为132 000元。

本期销售商品提供劳务收到的现金［（219 849 380＋1 120 000）×（1＋9%）］240 856 624.2

加：本期收到前期的应收票据（220 000－180 000）40 000

本期收到前期的应收账款（6 540 000－5 700 000－132 000）708 000

本期预收账款（240 000－150 000）90 000

合计：本期销售商品、提供劳务收到的现金241 694 624.20元

（2）收到的税费返回。

“收到的税费返还”项目，反映企业收到返还的各种税费，如收到的增值税、所得税、消费税、关税和教育费附加返还款等。本项目可以根据有关科目的记录分析填列。

【例 13-6】2×21年3月31日，科达建筑工程有限公司预缴所得税49 761 200元，本月应交所得税款48 745 200元，月末收到所得税返还款1 016 000元，已存入银行。

本期收到的税费返还　1 016 000元

（3）收到的其他与经营有关的现金。

“收到的其他与经营活动有关的现金”项目，反映企业除上述各项目外，收到的其他与经营活动有关的现金，如罚款收入、经营租赁固定资产收到的现金、投资性房地产收到的租金收入、流动资产损失中由个人赔偿的现金收入、除税费返还外的其他政府补助收入等。其他现金流入如价值较大的，应单列项目反映。

本项目可以根据“现金”“银行存款”“营业外收入”“管理费用”“销售费用”等科目的记录分析填列。

【例 13-7】科达建筑工程有限公司收到出租设备收入134 900元。

收到的其他与经营活动有关的现金为134 900元。

（4）购买商品、接受劳务支付的现金。

“购买商品、接受劳务支付的现金”项目，反映企业购买材料、商品、接受劳务实际支付的现金，包括支付的货款以及与货款同时支付的增值税进项税额，具体包括：本期购买商品、接受劳务支付的现金，以及本期支付前期购买商品、接受劳务的未付款项和本期预付款项，减去本期发生的购货退回收到的现金。为购置存货而发生的借款利息资本化部分，应在“分配股利、利润或偿付利息支付的现金”项目中反映。企业购买材料和代购代销业务支付的现金，也在本项目反映。

本项目可以根据“库存现金”“银行存款”“应付票据”“应付账款”“预付账款”“主营业务成本”“其他业务成本”等科目的记录分析填列。

【例 13-8】科达建筑工程有限公司本期购买砂石及水泥，收到的专用发票上注明不含税价款为 98 700 000 元；租用临时活动房支出 765 000 元。应付账款月末余额为 2 490 000 元，月初余额为 9 239 000 元；应付票据月末余额为 2 670 000元，月初余额为 6 500 000 元；预付账款期初余额为 3 316 920 元，期末余额为 7 239 000 元；购买工程用物资 4 230 000 元，货款已通过银行转账支付。

本期购买商品、接受劳务支付的现金计算如下：

本期购买砂石及水泥支付的价款［（98 700 000＋765 000）×（1＋13％）］112 395 450

加：

本期支付的前期应付账款：（9 239 000－2 490 000）6 749 000

本期支付的前期应付票据（6 500 000－2 670 000）3 830 000

本期预付货款（7 239 000－3 316 920）3 922 080

本期购买商品、接受劳务支付的现金　126 896 530 元

（5）支付给职工以及为职工支付的现金。

“支付给职工以及为职工支付的现金”项目，反映企业实际支付给职工的现金以及为职工支付的现金，包括企业为获得职工提供的服务，本期实际给予各种形式的报酬以及其他相关支出，如支付给职工的工资、奖金、各种津贴和补贴，为职工支付的医疗、养老、失业、工伤、生育等社会保险基金、补充养老保险、住房公积金，为职工缴纳的商业保险金，因解除与职工劳动关系给予的补偿，现金结算的股份支付，以及支付给职工或为职工支付的其

他福利费用等，不包括支付给在建工程人员的工资。支付的在建工程人员的工资，在“购建固定资产、无形资产和其他长期资产所支付的现金”项目中反映。应根据职工的工作性质和服务对象，分别在“购建固定资产、无形资产和其他长期资产所支付的现金”和“支付给职工以及为职工支付的现金”项目中反映。

本项目可以根据“库存现金”“银行存款”“应付职工薪酬”等科目的记录分析填列。

【例 13-9】科达建筑工程有限公司本期实际支付工资 3 690 000 元，其中工程施工人员工资 1 350 000 元，管理人员工资 2 340 000 元。

支付给职工的工资 3 690 000 元

（6）支付的各项税费。

“支付的各项税费”项目，反映企业按规定支付的各项税费，包括本期发生并支付的税费，以及本期支付以前各期发生的税费和预交的税金，如支付的增值税、消费税、企业所得税、教育费附加、印花税、房产税、土地增值税、车船使用税等。不包括本期退回的增值税、所得税。本期退回的增值税、所得税等，在“收到的税费返还”项目中反映。本项目可以根据“应交税费”“库存现金”“银行存款”等科目的记录分析填列。

【例 13-10】科达建筑工程有限公司本月支付的增值税、城建税、教育费附加、企业所得税、印花税、车船税等税款共计 51 642 350 元。

本期支付的各项税费　51 642 350 元

2. 投资活动产生的现金流量项目计算

投资活动产生的现金流量净额计算。投资活动产生的现金流量净额各个子项目计算方法，具体见表 13-13。

表 13-13　　投资活动产生的现金流量净额计算

项目	计算公式
收回投资所收到的现金	＝资产负债表中“债权投资”和各项长期投资科目的变动数
取得投资收益所收到的现金	＝利润表“投资收益－（应收利息期末数－应收利息期初数）－（应收股利期末数－应收股利期初数）”

续上表

项目	计算公式
处置固定资产、无形资产和其他长期资产所收回的现金净额	=资产负债表中“固定资产”+“在建工程”+“无形资产”等其他科目变动额（增加了计入收到的现金流量中，减少了计入支付的现金流量中）
收到的其他与投资活动有关的现金	如收回融资租赁设备本金等
购建固定资产、无形资产和其他长期资产所支付的现金	=（在建工程期末数−在建工程期初数）（剔除利息）+（固定资产期末数−固定资产期初数）+（无形资产期末数−无形资产期初数）+（其他长期资产期末数−其他长期资产期初数）
投资所支付的现金	=（短期投资期末数−短期投资期初数）+（长期股权投资期末数−长期股权投资期初数）（剔除投资收益或损失）+（长期债权投资期末数−长期债权投资期初数）（剔除投资收益或损失）
支付的其他与投资活动有关的现金	如投资未按期到位罚款

（1）“收回投资收到的现金”项目，反映企业出售、转让或到期收回除现金等价物以外的交易性金融资产、债权投资、其他债权投资、长期股权投资等而收到的现金。不包括债权性投资收回的利息、收回的非现金资产，以及处置子公司及其他营业单位收到的现金净额。债权性投资收回的本金，在本项目反映，债权性投资收回的利息，不在本项目中反映，而在“取得投资收益所收到的现金”项目中反映。处置子公司及其他营业单位收到的现金净额单设项目反映。

本项目可以根据“交易性金融资产”“债权投资”“其他债权投资”“长期股权投资”“库存现金”“银行存款”等科目的记录分析填列。

【例 13-11】科达建筑工程有限公司出售招商银行股票，收到的金额为 971 200 元；出售用过的碎石机，收到价款 23 200 元。

本期收回投资所收到的现金 971 200 元

（2）取得投资收益收到的现金。

“取得投资收益收到的现金”项目，反映企业因股权性投资而分得的现金股利，因债权性投资而取得的现金利息收入。

本项目可以根据“其他应收款”科目中“应收股利”“应收利息”以及“投资收益”“库存现金”“银行存款”等科目的记录分析填列。

（3）“处置固定资产、无形资产和其他长期资产收回的现金净额”项目，反映企业出售固定资产、无形资产和其他长期资产（如投资性房地产）所取得的现金，减去为处置这些资产而支付的有关税费用后的净额。

本项目可以根据“固定资产清理”“库存现金”“银行存款”等科目的记录分析填列。

根据【例 **13-11**】，本期收到出售碎石机 23 200 元

（4）购建固定资产、无形资产和其他长期资产支付的现金。

“购建固定资产、无形资产和其他长期资产支付的现金”项目，反映企业购买、建造固定资产，取得无形资产和其他长期资产（如投资性房地产）支付的现金（含增值税款），以及用现金支付的应由在建工程和无形资产负担的职工薪酬。

本项目可以根据“固定资产”“在建工程”“工程物资”“无形资产”“库存现金”“银行存款”等科目的记录分析填列。

【例 13-12】科达建筑工程有限公司本期购入 3 台推土机，价款共计 3 400 000 元，货款已付。购买工程材料 980 000 元；在建工程工人工资 153 400 元。

本期购建固定资产、无形资产和其他长期资产支付的现金计算如下：

购买挖掘机支付的现金　3 400 000

加：为在建工程购买材料支付的现金　980 000

　　在建工程人员工资及费用　153 400

本期购建固定资产、无形资产和其他长期资产支付的现金　4 533 400 元

（5）投资支付的现金。

“投资支付的现金”项目，反映企业进行权益性投资和债权性投资所支付的现金，包括企业取得的除现金等价物以外的交易性金融资产、债权投资、其他债权投资而支付的现金，以及支付的佣金、手续费等交易费用。

本项目可根据“交易性金融资产”“债权投资”“其他债权投资”“投资性房地产”“长期股权投资”“库存现金”“银行存款”等科目的记录分析填列。

（6）支付的其他与投资活动有关的现金。

“支付的其他与投资活动有关的现金”项目，反映企业除上述各项目外，支付的其他与投资活动有关的现金流出。其他与投资活动有关的现金，如果价值较大的，应单列项目反映。

3. 筹资活动产生的现金流量有关项目的计算

融资活动产生的现金流量净额各个子项目计算方法，具体见表13-14。

表13-14　融资活动产生的现金流量净额计算

项目	计算公式
吸收投资所收到的现金	=（实收资本或股本期末数－实收资本或股本期初数）+（应付债券期末数－应付债券期初数）
借款收到的现金	=（短期借款期末数－短期借款期初数）+（长期借款期末数－长期借款期初数）
收到的其他与融资活动有关的现金	如投资人未按期缴纳股权的罚款现金收入等
偿还债务所支付的现金	=（短期借款期初数－短期借款期末数）+（长期借款期初数－长期借款期末数）（剔除利息）+（应付债券期初数－应付债券期末数）（剔除利息）
分配股利、利润或偿付利息所支付的现金	利润表中“投资收益”本期发生额－资产负债表中“应收股利”（期末数－期初数）－“应收利息”（期末数－期初数）
支付的其他与融资活动有关的现金	如发生融资费用所支付的现金、融资租赁所支付的现金、减少注册资本所支付的现金（收购本公司股票，退还联营单位的联营投资等）、企业以分期付款方式购建固定资产，除首期付款支付的现金以外的其他各期所支付的现金等

（1）“吸收投资收到的现金”项目，反映企业以发行股票、债券等方式筹集资金实际收到的款项净额（发行收入减去支付的佣金等发行费用后的净额）。

本项目可以根据“实收资产（或股本）”“资本公积”“库存现金”“银行存款”等科目的记录分析填列。

（2）借款收到的现金。

“取得借款收到的现金”项目，反映企业举借各种短期、长期借款而收到的现金。

本项目可以根据“短期借款”“长期借款”“交易性金融资产”“应付债券”“库存现金”“银行存款”等科目的记录分析填列。

（3）“收到的其他与筹资活动有关的现金”项目，反映企业除上述各项目外，收到的其他与筹资活动有关的现金流入，如接受现金捐赠等。其他与筹资活动有关的现金，如果价值较大的，应单列项目反映。本项目可以根据有关科目的记录分析填列。

（4）“偿还债务所支付的现金”项目，反映企业以现金偿还债务的本金。本年归还：6 042 311.20 元

本项目可以根据“短期借款”“长期借款”“交易性金融资产”“应付债券”“库存现金”“银行存款”等科目的记录分析填列。

（5）“分配股利、利润或偿付利息所支付的现金”项目，反映企业实际支付的现金股利，支付给其他投资单位的利润或用现金支付的借款利息，债券利息。

本项目可根据“应付股利”“应付利息”“利润分配”“财务费用”“在建工程”“制造费用”“研发支出”“库存现金”“银行存款”等科目的记录分析填列。

【例 13-13】本月向投资者支付利润 29 575 733 元。

本期分配股利、利润或偿付利息所支付的现金计算如下：

分配股利、利润或偿付利息所支付的现金 29 575 733

4. 汇率变动对现金及现金等价物的影响

企业外币现金流量折算成记账本位币时，所采用的是现金流量发生日的汇率或即期汇率的近似汇率，而现金流量表“现金及现金等价物净增加额”项目中外币现金净增加额是按资产负债表日的即期汇率折算。这两者的差额即为汇率变动对现金的影响。

5. 现金的计算公式

现金的期末余额＝资产负债表“货币资金”期末余额

现金的期初余额＝资产负债表“货币资金”期初余额

现金及现金等价物的净增加额＝现金的期末余额－现金的期初余额

期初现金余额＝9 129 520 元

期末现金余额＝30 589 120 元

根据上述资料，编制科达建筑工程有限公司现金流量表，见表 13-15。

表 13-15　　　　现金流量表

编制单位：科达建筑工程有限公司　　2×21 年 3 月 31 日　　单位：元

项目	本期金额	上期金额（略）
一、经营活动产生的现金流量		
销售商品、提供劳务收到的现金	241 694 624.20	
收到的税费返还	1 016 000	
收到其他与经营活动有关的现金	134 900	
经营活动现金流入小计	242 845 524.20	
购买商品、接受劳务支付的现金	126 896 530	
支付给职工以及为职工支付的现金	3 690 000	
支付的各项税费	51 642 350	
支付其他与经营活动有关的现金		
经营活动现金流出小计	182 228 880	
经营活动产生的现金流量净额	60 616 644.20	
二、投资活动产生的现金流量		
收回投资收到的现金	971 200	
取得投资收益收到的现金		
处置固定资产、无形资产和其他长期资产收回的现金净额	23 200	
处置子公司及其他营业单位收到的现金净额		
收到其他与投资活动有关的现金		

续上表

项目	本期金额	上期金额（略）
投资活动现金流入小计	994 400	
购建固定资产、无形资产和其他长期资产支付的现金	4 533 400	
投资支付的现金		
取得子公司及其他营业单位支付的现金净额		
支付其他与投资活动有关的现金		
投资活动现金流出小计	4 533 400	
投资活动产生的现金流量净额	－3 539 000	
三、筹资活动产生的现金流量		
吸收投资收到的现金		
取得借款收到的现金		
收到其他与筹资活动有关的现金		
筹资活动现金流入小计	0	
偿还债务支付的现金	6 042 311.20	
分配股利、利润或偿付利息支付的现金	29 575 733	
支付其他与筹资活动有关的现金		
筹资活动现金流出小计	35 618 044.20	
筹资活动产生的现金流量净额	－35 618 044.20	
四、汇率变动对现金及现金等价物的影响		
五、现金及现金等价物净增加额	21 459 600	
加：期初现金及现金等价物余额	9 129 520	
六、期末现金及现金等价物余额	30 589 120	

13.5 所有者权益变动表

所有者权益变动表是指反映构成所有者权益各组成部分当期增减变动情况的报表。

通过所有者权益变动表，既可以为报表使用者提供所有者权益总量增减变动的信息，也能为其提供所有者权益增减变动的结构性信息，特别是能够让报表使用者理解所有者权益增减变动的根源。所有者权益变动表在一定程度上体现企业的综合收益。

综合收益＝净利润＋直接计入当期所有者权益的利得和损失

净利润＝收入－费用＋直接计入当期损益的利得和损失

13.5.1 所有者权益变动表结构

在所有者权益变动表上，企业至少应当单独列示反映下列信息的项目：①综合收益总额；②会计政策变更和差错更正的累积影响金额；③所有者投入资本和向所有者分配利润等；④提取的盈余公积；⑤实收资本或资本公积、盈余公积、未分配利润的期初和期末余额及其调节情况。

所有者权益变动表以矩阵的形式列示：一方面，列示导致所有者权益变动的交易或事项，即所有者权益变动的来源对一定时期所有者权益的变动情况进行全面反映；另一方面，按照所有者权益各组成部分（即实收资本、资本公积、盈余公积、未分配利润和库存股）列示交易或事项对所有者权益各部分的影响。

13.5.2 具体示例

所有者权益变动表各项目均需填列“本年金额”和“上年金额”两栏。

所有者权益变动主要项目的列报说明

1.“上年年末余额”项目

反映企业上年资产负债表中实收资本（或股本）、资本公积、盈余公积、未分配利润的年末余额。

2.“会计政策变更”和“前期差错更正”项目

分别反映企业采用追溯调整法处理会计政策重要的累计影响金额和采用追溯重述法处理会计差错更正的累积影响金额。

3.“本年增减变动额”项目

（1）“综合收益总额”项目，反映净利润和其他综合收益扣除所得税影响后的净额相加后的金额。

（2）“所有者投入和减少资本”项目，反映企业接受投资者投入形成的实收资本（或股本）和资本溢价（或股本溢价）及减少的资本。

（3）“利润分配”项目，反映企业当年的利润分配金额。

（4）“所有者权益内部结转”下各项目，反映企业构成所有者权益各组成部分之间的增减变动情况。

其中：①“资本公积转增资本（或股本）”项目，反映企业以资本公积转增资本或股本的金额。

②“盈余公积转增资本（或股本）”项目，反映企业以盈余公积转增资本或股本的金额。

③“盈余公积弥补亏损”项目，反映企业以盈余公积弥补亏损的金额。

【例 13-14】科达建筑工程有限公司 2×21 年 1 月有关所有者权益账户年初余额本年增减变化见表 13-16。根据表 13-16，编制所有者权益（股东权益）变动见表 13-17（上年金额略）。

表 13-16　　专项附加扣除项目

单位：元

账户	年初余额	本年增加原因	本年减少原因	期末余额
实收资本（或股本）	60 000 000	0	0	60 000 000
资本公积	6 134 987	资产增值 2 316 253 元		8 451 240
盈余公积	4 755 047	从净利润中提取 2 005 813 元		6 760 860
未分配利润	10 750 066	实现净利润 52 031 480 元	提取盈余公积 2 005 813 元，分配利润 29 575 733 元	31 200 000
所有者权益（或股东权益）合计	81 640 100	56 353 546	31 581 546	106 412 100

我国企业所有者权益变动表的格式，见表 13-17。

表 13-17

所有者权益变动表

编制单位：科达建筑工程有限公司　　　　年度　2×21　　　　单位：元

项目	本年金额										上年金额（略）									
	实收资本（或股本）	其他权益工具			资本公积	减：库存股	其他综合收益	盈余公积	未分配利润	所有者权益合计	实收资本（或股本）	其他权益工具			资本公积	减：库存股	其他综合收益	盈余公积	未分配利润	所有者权益合计
		优先股	永续债	其他								优先股	永续债	其他						
一、上年年末余额	60 000 000				6 134 987			4 755 047	10 750 066	81 640 100										
加：会计政策变更																				
前期差错更正																				
其他																				
二、本年年初余额	60 000 000				6 134 987			4 755 047	10 750 066	81 640 100										
三、本年增减变动金额（减少以“－”号填列）					2 316 253			2 005 813	20 449 934	24 772 000										
（一）综合收益总额																				

续上表

项目	本年金额										上年金额(略)									
	实收资本或股本)	其他权益工具			资本公积	减：库存股	其他综合收益	盈余公积	未分配利润	所有者权益合计	实收资本或股本)	其他权益工具			资本公积	减：库存股	其他综合收益	盈余公积	未分配利润	所有者权益合计
		优先股	永续债	其他								优先股	永续债	其他						
(二)所有者投入和减少资本																				
1. 所有者投入普通股																				
2. 其他权益工具持有者投入资本																				
3. 股份支付计入所有者权益金额																				
4. 其他					2 316 253															
(三)利润分配																				
1. 提取盈余公积								2 005 813												
2. 对所有者(或股东)的分配									—29 575 733											

续上表

项目	本年金额										上年金额（略）									
	实收资本或股本）	其他权益工具			资本公积	减：库存股	其他综合收益	盈余公积	未分配利润	所有者权益合计	实收资本或股本）	其他权益工具			资本公积	减：库存股	其他综合收益	盈余公积	未分配利润	所有者权益合计
		优先股	永续债	其他								优先股	永续债	其他						
3. 其他																				
（四）所有者权益内部结转																				
1. 资本公积转增资本（或股本）																				
2. 盈余公积转增资本（或股本）																				
3. 盈余公积弥补亏损																				
4. 设定受益计划变动额结转留存收益																				
5. 其他综合收益结转留存收益																				

续上表

项目	本年金额										上年金额(略)									
	实收资本或股本)	其他权益工具			资本公积	减：库存股	其他综合收益	盈余公积	未分配利润	所有者权益合计	实收资本或股本)	其他权益工具			资本公积	减：库存股	其他综合收益	盈余公积	未分配利润	所有者权益合计
		优先股	永续债	其他								优先股	永续债	其他						
4. 其他																				
四、本年年末余额	60 000 000				8 451 240			6 760 860	31 200 000	106 412 100										

未分配利润本年增减变动额=52 031 480 — 2 005 813 — 29 575 733=20 449 934(元)

未分配利润年末余额=10 750 066+20 449 934=31 200 000(元)

13.6 会计报表附注

会计报表附注是会计报表的补充，主要是对会计报表不能包括的内容或者披露不详尽的内容做进一步的解释说明，包括对基本会计假设发生变化，会计报表各项目的增减变动（报表主要项目的进一步注释），以及或有事项、资产负债表日后事项中的不可调整事项的说明，关联方关系及交易的说明等。

13.6.1 重要会计政策的说明

会计政策是指企业在会计确认、计量和报告中所采用的原则、基础和会计处理方法。企业采用的会计计量基础也属于会计政策。

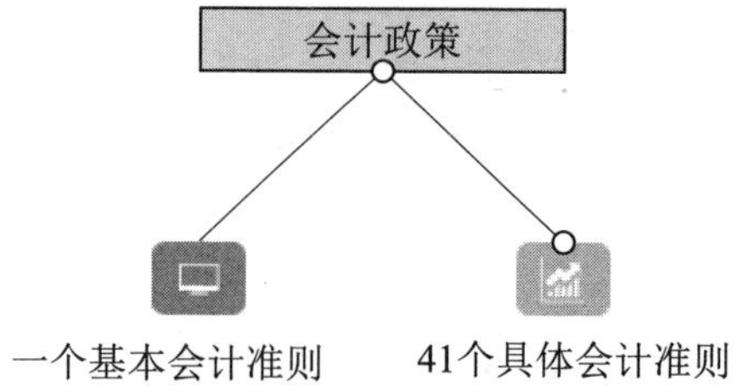

会计政策变更的条件有以下两点：

（1）法律、行政法规或国家统一的会计制度等要求变更。

依照法律、行政法规以及国家统一的会计准则制度的规定，要求企业采用新的会计政策。例如，《企业会计准则第 14 号——收入》（财会〔2017〕22 号）发布实施以后，同时在境内境外上市的公司于 2018 年 1 月 1 日执行。

（2）会计政策的变更能够提供更可靠、更相关的会计信息。

年报中财务报告—重要会计政策及会计估计部分，每家公司的会计政策都会清清楚楚的列式出来。以下是 2018 年东阿阿胶年报中会计政策变更的部分内容。

> 根据《关于修订印发 2018 年度一般企业财务报表格式的通知》（财会［2018］15 号）要求，资产负债表中，将“应收票据”和“应收账款”归并至新增的“应收票据及应收账款”项目，将“应收利息”和“应收股利”归并至“其他应收款”项目，将“固定资产清理”归并至“固定资产”项目，

将“工程物资”归并至“在建工程”项目，将“应付票据”和“应付账款”归并至新增的“应付票据及应付账款”项目，将“专项应付款”归并至“长期应付款”项目：在利润表中，增设“研发费用”项目列报研究与开发过程中发生的费用化支出，“财务费用”项目下分拆“利息费用”和“利息收入”明细项目，本集团相应追溯调整了比较数据。该会计政策变更对合并及公司净利润和股东权益无影响。

上述会计政策变更引起的追溯调整对财务报表的主要影响如下：

	会计政策变更前 年初余额/ 本年发生额	会计政策变更	会计政策变更后 年初余额/ 本年发生额
应收票据	551 832 220. 20	(551 832 220.20)	—
应收账款	504 726 197.67	(504 726 197.67)	—
应收票据及应收账款	—	1 056 558 417.87	1 056 558 417.87
应收利息	1 324 138.04	(1 324 138.04)	—
其他应收款	59 163 575.81	1 324 138.04	60 487 713.85
应付票据	31 191 868.31	(31 191 868.31)	—
应付账款	829 133 848.64	(829 133 848.64)	—
应付票据及应付账款	—	860 325 716.95	860 325 716.95

会计报表附注应披露的重要会计政策主要包括以下内容：

(1) 编制会计合并报表所采纳的原则；

(2) 外币折算时所采用的方法；

(3) 收入的确认原则；

(4) 所得税的会计处理方法；

(5) 短期投资的期末计价方法；

(6) 存货的计价方法；

(7) 长期股权投资的核算方法；

(8) 长期债权投资的溢折价的摊销方法；

(9) 坏账损失的具体会计处理方法；

(10) 借款费用的处理方法；

(11) 无形资产的计价及摊销方法；

（12）应付债券的溢折价的摊销方法。

13.6.2 会计估计及其变更的说明

会计估计，是指企业对其结果不确定的交易或事项以最近可利用的信息为基础所作的判断。会计估计具有以下特点：

下列各项属于常见的需要进行估计的项目如下：

（1）存货可变现净值的确定；

（2）采用公允价值模式下的投资性房地产公允价值的确定；

（3）固定资产的预计使用寿命与净残值，固定资产的折旧方法；

（4）使用寿命有限的无形资产的预计使用寿命与净残值；

（5）预计负债初始计量的最佳估计数、公允价值的确定。

会计估计变更，是指由于资产和负债的当前状况及预期经济利益和义务发生了变化，从而对资产或负债的账面价值或者资产的定期消耗金额进行调整。

通常情况下，企业可能由于以下原因而发生会计估计变更：

（1）赖以进行估计的基础发生了变化。企业进行会计估计，总是要依赖于一定的基础，如果其所依赖的基础发生了变化，则会计估计也应相应作出改变。例如，企业某项无形资产的摊销年限原定为 15 年，后来获得了国家专利保护，该资产的受益年限已变为 10 年，则应相应调减摊销年限。

（2）取得了新的信息，积累了更多的经验。企业进行会计估计是就现有资料对未来所作的判断，随着时间的推移，企业有可能取得新的信息、积累更多的经验，在这种情况下，也需要对会计估计进行修订。例如，东阿阿胶对生物性资产按 15 年计提折旧，后来根据新得到的信息——使用 5 年后对该固定资产所能生产的产品的产量有了比较准确的证据，企业改按 5 年计提固定资产折旧。

以下是东阿阿胶发布的《关于公司会计估计变更的议案》公告。

证券代码：000423　证券简称：东阿阿胶公告编号：2018-08

东阿阿胶股份有限公司

关于公司会计估计变更的公告

本公司及董事会全体成员保证信息披露内容的真实、准确和完整，没有虚假记载、误导性陈述或重大遗漏。

东阿阿胶股份有限公司（以下简称“公司”）2018 年 3 月 14 日召开的第八届董事会第十五次会议审议通过了《关于公司会计估计变更的议案》。现将相关事项公告如下：

一、会计估计变更的内容

（一）变更前：成熟生产性生物资产的成龄种驴，按照年限平均法计提折旧，折旧年限为 5 年，净残值率为 5%。

（二）变更后：成熟生产性生物资产的成龄种驴，按照年限平均法计提折旧，折旧年限为 10 年，净残值率为 60%。

二、本次会计估计变更对财务报表的影响及变更时间

按照《企业会计准则》规定本次会计估计变更采用未来适用法，不改变以前期间的会计估计，也不调整以前期间的报告结果。

会计估计变更后，根据测算预计影响每年增加净利润 325.55 万元。

13.6.3 重要承诺及或有事项的说明

重要承诺及或有事项说明，主要包括控股股东、实际控制人部分股份解除质押资产抵押公告等。

关于公司控股股东、实际控制人部分股份解除质押的公告（部分）

一、股权解除质押事项

股东名称	是否为第一大股东及一致行动人	股权质押情况			解除质押日期	质权人	本次质押占其所持股份比例
		质押股数	质押开始日期	公告编号			
新筑投资	是	1 015 万股	2016-12-19	2016-076	2017-2-23	长城华西银行股份有限公司成都分行	6.76%
		414 万股	2016-11-21	2016-069	2017-2-24	德阳银行股份有限公司成都分行	2.76%
合计		1 429 万股					9.52%

13.6.4 资产负债表日后事项的说明

资产负债表日后事项包括未决诉讼、仲裁，担保等，如獐子岛披露的或

有事项（部分）如下。

1. 或有事项

（1）资产负债表日存在的重要或有事项。

①未决诉讼或仲裁形成的或有事项及其财务影响。期末本公司及个别子公司是某些法律诉讼中的被告，也是在日常业务中出现的其他诉讼中的原告。尽管现时无法确定这些或有事项、法律诉讼或其他诉讼的结果，管理层相信任何因此引致的负债不会对本公司的财务状况或经营业绩构成重大的负面影响。

②为子公司提供担保。

截至 2018 年 12 月 31 日本公司为下属子公司提供担保如下：

被担保方	担保金额（万元）	被担保贷款期限	担保期限	担保是否已经履行完毕
大连獐子岛通远食品有限公司	2 838.82	2018/7/13～2019/7/12	债务履行期限届满之日起 2 年	否

13.6.5 关联方关系及其交易的说明

关联方是上市公司财报中必须披露内容，关联方是母公司、子公司、合营及联营企业、其他关联方等。关联方交易是指购销业务、租赁、担保、资金拆借、关联方债务重组、资产转让。如菱王电梯股份有限公司关联方关系、关联方交易情况说明（节选）如下。

关联方	关联关系
1. 控股股东、实际控制人	
梁永标	直接持有本公司 48%股份、持有股东菱王控股 100%股份、持有股东佛山朗越 66.3%股份
邹雍然	直接持有本公司 5%股份，梁永标的配偶
梁永源	直接持有本公司 12 股份，梁永标的兄弟
2. 发行人子公司	
广东菱王电梯工程有限公司	本公司子公司
广东菱王实业有限公司	本公司子公司
佛山菱王科技有限公司	本公司子公司

13.6.6 会计报表中重要项目的说明

如应收票据、应收账款、应收利息、其他应收款及计提坏账准备、长期股权投资、对联营合营企业的投资、营业收入及营业成本、投资收益，等等。某公司会计报表重要项目说明节选如下。

十七、母公司财务报表主要项目注释

1. 应收票据及应收账款

单位：元

项目	期末余额	期初余额
应收票据	15 377 699.84	9 422 305.57
应收账款	94 308 144.70	95 910 570.04
合计	109 685 844.54	105 352 875.61

（1）应收票据。

1）应收票据分类列示。

单位：元

项目	期末余额	期初余额
银行承兑票据	15 377 699.84	9 442 305.57
合计	15 377 699.84	9 442 305.57

2）期末公司已质押的应收票据。

单位：元

项目	期末已质押金额

13.6.7 其他重大会计事项的说明

其他重大会计事项说明内容如下：

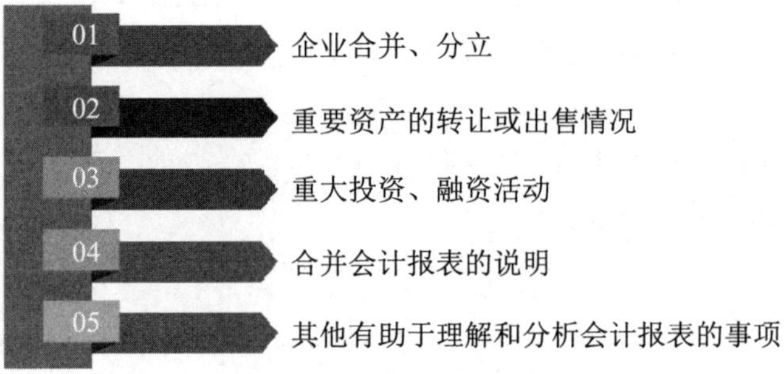

参考文献

[1] 企业会计准则编审委员会. 企业会计准则详解与实务 [M]. 北京：人民邮电出版社，2021.

[2] 李志远，全晶晶. 建筑施工企业税务与会计 [M].4 版. 北京：中国市场出版社，2020.

[3] 王宁. 建筑施工企业全税种税务处理与会计核算 [M]. 北京：中国市场出版社，2020.

[4] 栾庆忠. 增值税纳税实务与节税技巧 [M].6 版. 北京：中国市场出版社，2020.

[5] 马泽方. 企业所得税实务与风险防控 [M].3 版. 北京：中国市场出版社，2020.

[6] 林久时. 建筑企业财税处理与合同涉税管理 [M]. 北京：中国铁道出版社有限公司，2020.

[7] 企业会计准则编审委员会. 企业会计准则及应用指南实务详解 [M]. 北京：人民邮电出版社，2019.

[8] 财政部会计司编写组. 企业会计准则第 14 号——收入应用指南 2018 [M]. 北京：中国财政经济出版社. 2018.

[9] 林佳良. 土地增值税清算指南 [M].5 版. 北京：中国市场出版社，2018.

[10] 计敏，王庆，王立新. 全行业增值税操作实务与案例分析 [M]. 北京：中国市场出版社，2018.

[11] 中华人民共和国财政部. 企业会计准则应用指南（2018 年版）[M]. 上海：立信会计出版社，2018.

[12] 中国注册会计师协会. 会计 CPA [M]. 北京：中国财政经济出版社，2018.